陈瑜教授

陈瑜教授在全球首届知识资本高峰论坛致开幕词

全球首届知识资本高峰论坛会场

陈瑜教授与国外专家 Mr. Joris Claeys 在茶歇交流

陈瑜教授与中外专家合影

陈瑜教授在全球首届消费资本高峰论坛讲话

陈瑜教授在十大系列英才颁奖典礼上

陈瑜教授与经济学家厉以宁教授同时获得中国十大财智英才奖

陈瑜教授与著名经济学家于光远合影

陈瑜教授与著名经济学家萧灼基教授合影

陈瑜教授与股神巴菲特合影

陈瑜教授同《大趋势》作者
约翰·奈斯比特合影

陈瑜教授在多哈与巴黎大学著名教授
合影

陈瑜教授在多哈会议上同与会代表合影

陈瑜教授在美国麻省理工学院讲学

陈瑜教授同麻省理工学院学者合影

陈瑜教授同出席学术报告会的部分专家合影

陈瑜教授在第四届中国–东盟企业家交流研讨会讲话

陈瑜教授在第四届中国–东盟企业家交流研讨会上同瑞典知识资本专家 L. Edvinsson 合影

陈瑜教授在第十六届中国北京国际科技产业博览会讲话

荣誉证书

编号：KXJ-12J-02

授予：陈瑜"知识资本量化长效激励机制管理系统"

2012年度中国科技创新最佳发明成果奖

中国未来研究会　中国高科技产业化研究会　科技导报社　发现杂志社

二〇一二年十一月

《知识资本量化长效激励机制管理系统》软件荣获2012年度中国科技创新最佳发明成果奖

陈瑜教授在新闻发布会上被授予“中国知识资本量化之父”

中国科学院著名科学家郑志鹏
在新闻发布会上讲话

新闻发布会会场一角

书房独照

陈瑜教授著作

部分新闻媒体对陈瑜教授的报道

陈瑜教授在广西现场签名售书

知识资本论

知识资本理论与应用

陈瑜 著

中国财富出版社有限公司

图书在版编目（CIP）数据

知识资本论：知识资本理论与应用／陈瑜著．—北京：中国财富出版社有限公司，2021.10

ISBN 978－7－5047－7565－8

Ⅰ.①知… Ⅱ.①陈… Ⅲ.①知识经济—研究 Ⅳ.①F062.3

中国版本图书馆 CIP 数据核字（2021）第 220004 号

策划编辑	郭　莹	责任编辑	张红燕　郭　莹	版权编辑	李　洋
责任印制	尚立业	责任校对	卓闪闪	责任发行	董　倩

出版发行	中国财富出版社有限公司		
社　　址	北京市丰台区南四环西路 188 号 5 区 20 楼	邮政编码	100070
电　　话	010－52227588 转 2098（发行部）		010－52227588 转 321（总编室）
	010－52227566（24 小时读者服务）		010－52227588 转 305（质检部）
网　　址	http：//www.cfpress.com.cn	排　　版	宝蕾元
经　　销	新华书店	印　　刷	宝蕾元仁浩（天津）印刷有限公司
书　　号	ISBN 978－7－5047－7565－8/F·3373		
开　　本	710mm×1000mm　1/16	版　　次	2022 年 3 月第 1 版
印　　张	16.75　　彩　插　6	印　　次	2022 年 3 月第 1 次印刷
字　　数	305 千字	定　　价	78.00 元

进入21世纪，世界经济发生了深刻的变化：一种全新的经济形态——知识经济正疾步向我们走来。它以独特的魅力登上了社会经济发展的历史舞台。知识经济成为推动世界经济发展的关键资源和主导力量。

人们从来没有像现在这样深切地感受到“知识就是力量”的真正含义。知识的空前传播和知识资本的广泛应用，为新时期社会经济的发展注入了强大的动力和无限的活力。对知识经济、知识资本的研究已经成为全球瞩目的世纪性课题。它犹如巨大的磁石，吸引了一大批有识之士瞩目，凝聚了有志于此的经济学专家和学者。

经济学是一门历史科学。每个经济时代都有代表人物提出新的经济理论，引领社会经济发展。知识经济时代的到来，正在催生着知识资本理论的诞生。

知识经济是以知识的生产、流通、分配和消费为主线运行的新的经济形态，以实现知识资源最优化配置，达到人类社会经济高速、高效和高质量发展为目的。为此，只有对知识资本进行量化才能依据知识资本的数量和比例实现知识资源最优化配置，引领并主导知识经济时代的经济发展。所有经济领域的发展都需要知识资本量化和知识资源的最优化配置。知识资本量化是知识经济时代经济发展的内在要求，是知识经济时代经济发展最重要的前提条件。因此，知识经济时代也催生着科学的知识资本量化系统的诞生。

作者正是基于上述考虑，着手撰写《知识资本论——知识资本理论与应用》一书。

知识经济形态的出现，激发了世界各国专家学者对知识经济研究的巨大热情。对知识资本和知识资本量化的研究，已经成为全球范围的世纪性课题，涌现出许多卓越的研究者。

对知识资本的探索，首先来自美国。美国是最早在知识经济发展过程中受益的国家。

1969 年，美国经济学家加尔布雷斯首次提出了知识资本概念。他认为，知识资本是一种知识性的活动，是一种动态的资本，而非固定的资本形式。此后，知识资本概念正式以理论的形态为社会所认可，从而开启了对知识资本进行系统的理论形态研究的序幕。随后，1980 年，日本学者弘之伊丹出版了专著《发动无形资产》，对知识资本与企业价值的关系做了系统的开创性的研究。1986 年，卡尔·艾里克·斯维比出版了第一本探讨员工知识和创造力的著作，对知识资本的本质进行了深入的分析，认为知识资本体现在公司员工的竞争力和公司的内外结构上。

20 世纪 90 年代以来，有越来越多的经济学家和管理学家投入对知识资本的研究，不断为知识资本理论和实践的发展做出贡献。但迄今为止，全面、深入、系统地研究知识资本的论著尚未出现，系统的、严谨的、科学的、完整的知识资本理论体系尚未建立起来。

这是因为，经过深入研究，我们发现以往在知识资本研究的过程中，由于缺乏深入的知识资本定性研究、知识资本内涵难以界定而出现了一定的研究误区，影响了对知识资本和知识资本量化研究的进程。

在研究过程中出现的误区主要表现为：①认为知识资本是无形的；②认为知识性资产是无形资产；③认为知识资本是难以量化甚至不能量化的。

我们认为这里存在三个问题：①由于研究不够深入、研究工作没有完全到位，因此，没有发现知识资本由无形到有形的转化过程；②由于对知识资本的研究还没有进一步系统地展开，因此，还没有认识到知识资本存在的各种形式；③最重要的是没有认识到知识资本内涵的实质，从而形成了一定的研究误区。

我们必须从以往的研究误区中走出来。

第一，我们要认识到，当一项技术方案或知识成果储存在脑海中的时候，除所有者外，其他人是看不见、摸不着的，是“无字真经”，对他人而言，是处于无形状态。但是，由于市场经济发展的需要，要在实践中应用，这项无形的技术方案或知识成果就不能继续是“无字真经”，必须用语言表述出来，必须用准确的文字记录下来，告知他人、告知社会。此时，原储存在所有者头脑中的无形的知识成果就已转化为有形的知识成果了，或者说，知识成果已完成了由无形到有形的转化过程。认识这一点十分重要，它将帮助人们走出知识资本是无形的这个误区。

第二，通过对知识资本深入地研究，我们发现知识资本有多种存在形式。知识性资产，实际上是已经物化的，或者说是已经固化的知识资本。固化的知识资本包括科学仪器、仪表、精密的技术设备等，可见，知识性资产作为物化的或者说是固化的知识资本，也是有形的。

第三，由于以往的研究没有完全到位，对知识资本内涵认识不深刻，没有了解知识资本的实质，这是形成研究误区的最根本的原因。经过深入研究，我们清晰地认识到，所谓的知识资本的内涵，或者说知识资本的实质，或者说知识成果的实质内容，其实就是智力劳动者完成这一知识成果时所付出的、凝结在其中的劳动。认识到这一点，知识资本量化问题迎刃而解。因为，智力劳动者凝结在其中的劳动是由所凝结的劳动量决定的，而劳动量则可以用劳动时间来计量。因此，知识资本是完全可以量化的。但必须指出的是，这里所说的劳动，不是一般的劳动，也不是一般的抽象劳动，而是经过市场的选择被证明是社会所需要的、必要的劳动。因此，决定知识资本量的不是普通的劳动时间，而是社会平均必要劳动时间。

当所有的知识资本所有者及其成果，包括学术著作、创新成果、发明专利等都折合成社会平均必要劳动时间的量，就可以使不同领域、不同类型的专家及其成果具有统一的计量标准，通过对统一的计量标准赋值，就可以具有统一的计价标准，进而计算专家及其成果的货币值。这将使知识资本成果——知识产权和发明专利能够在市场上进行流通，充分发挥对社会经济发展的重大作用。

我们今天对知识资本的量化研究，已经取得了可喜的成果。它既可以量化像人的智力等无形的知识资本，如专家、学者、管理者和社会各界人士的知识资本；也可以量化有形的知识资本，如发明专利、知识产权、科技成果等；还可以量化已经固化或物化的知识资本，如各种硬件、仪器、仪表、技术设备设施等；还可以量化以组织形式表现的集合知识资本，如企业、学校、文化机构、管理部门、社团组织等的知识资本。

建立科学的知识资本量化系统，是本书最重要的研究任务。它是知识资本理论体系的重要组成部分，是知识资本充分发挥作用的前提和最关键的条件。

知识资本量化研究是目前全球瞩目的、世纪性的前沿课题，具有无限的科学理论价值和实际意义。它不但是重大经济理论创新，还将对国家、地区和企业经济发展产生不可估量的重大作用。

第一，知识资本量化是衡量一个国家创新能力最重要的标准和最精确的指标，而且也是测量和激活国家、地区和企业知识资本存量，并使之最充分发挥作用的最重要前提和最关键的条件。

第二，知识资本量化研究将有助于准确量化国家、地区和企业在发展过程中运行着的资本总量，为国家、地区和企业经济发展从资本构成方面提供非常精确的量化说明，对于推动国家、地区和企业经济发展提速、优化资本结构、充分发挥知识资本的作用具有重大意义。

第三，知识资本量化研究将有助于国家、地区和企业实现经济发展方式转型，建立新经济运行体系、新企业制度、新分配制度，实现国家、地区和企业经济发展升级。

第四，知识资本量化是计量知识产权价值、实现知识产权流通、完善知识产权制度的关键因素。因为知识产权反映的是知识资本的成果，只有解决了知识资本量化问题，才能精确计算出知识产权的价格。同时，将知识成果中的单体知识资本转化为可以比较的标准量，也才能形成被国内、国际普遍接受的客观的、科学的、统一的衡量标准，从根本上突破国内各地区之间（包括内地和港澳台之间）、国与国之间知识产权难以流通，甚至无法流通的瓶颈。

第五，知识资本量化研究能够为我国在世界最前沿的课题上争取话语权。目前，我们对知识资本量化的研究已经做了理论成果和方法论上的充分准备。

第六，知识资本量化研究是经济学发展至今必须解决的问题，它将从根本上丰富经济学研究的内容，这对于完善经济学研究方法，客观、全面地用经济理论指导经济实践具有重大的现实意义。同时，知识资本量化对于经济学相关学科的建设也具有重大指导意义。由于它增加了市场经济的资本构成，而且使以前无法量化的知识资本得以量化，为经济学建立模型提供了新的可以量化说明的因变量，因此，为计量经济学、数理经济学、统计学等分支学科的发展提供了理论创新平台。同时，知识资本量化项目的成果，进一步丰富了 IT 技术服务的内容，推动 IT 技术服务功能向纵深层次发展。

因此，有不少国家很早就组织专家学者着手于知识资本量化的研究。在探索知识资本量化的过程中，各国经济学家、管理专家和财务专家提出了许多富有建设性的核算方法和模式。据不完全统计，目前各国专家，包括美国、瑞典、法国、英国等国专家提出的知识资本量化方法有二十几种。纵观已提出的量化方法，主要沿着两条思路展开。一是宏观方法。这种方法是把企业的知识资本作为一个整体来估算，如美国学者斯图尔特提出的市场余额法。二是微观方法。这种方法把知识资本分为各类独立项目，如美国哈佛商学院卡普兰和诺顿提出的平衡计分卡方法，主要指标包括财务、内部经营流程、学习与成长、顾客。

这些探索是有益的，每种方法都有可取之处，对进一步寻找并建立统一的量化标准和方法具有一定的启迪和借鉴意义。

已提出的核算方法和模式，基本满足了知识经济目前发展的需要，推动了知识资本量化实践的发展。这些成果开启了知识资本量化内容和量化方法研究的思路，有助于进一步深入研究和进行完善；同时，已提出的多种核算方法，包括数学和统计学的方法，都具有参考意义。

但是，以往专家在知识资本量化研究中还存在着诸多不足之处，主要表现在：①没有形成统一的测评指标体系。没有形成一个完善的要素系统和指标体系，缺乏统一的量化标准，其计算结果不具有可比性。②在知识资本量化的逻辑起点上存在偏差。不是以单体知识资本量化作为研究的起点，而是以知识资本次总体量化作为研究起点，这种做法是不科学的。③知识资本量化的主观性很强。无论是平衡计分卡方法等微观方法，还是市场余额法等宏观方法，都具有很强的主观性，对知识资本难以给出一个客观、公正的评价。

实际上，近年来在不断探索中，我们已经找到了知识资本量化的方向和路径，并成功地研发出了很有实用价值的应用软件。这就是以个人知识资本量化研究为出发点，将知识资本量化研究的目标分为个人、组织（机构、企业）、地区和国家四个层次；进而设定知识资本量化的要素系统和指标体系，采用分层分析方法构建数学模型，最终求出每个单位的知识资本的含量。由于个人是知识资本的载体，所以只要求出单个人的知识资本含量，就可以准确地计算出组织、地区和国家的知识资本总量，从而建立起科学的、完善的知识资本量化系统。

本书在对知识资本量化系统的研究中，取得的主要成果为：

（1）开创性地提出了知识资本的计量单位。

知识资本计量单位的中文名称为“知量”，英文为“KC（Knowledge Capital）”（命名为“陈瑜定义1”）。这是在世界知识资本量化研究史上第一次提出的知识资本的计量单位。由此，我们可以准确地计量和表示知识资本成果和知识资本所有者拥有的知识资本的数量。这是对知识资本量化具有度量衡标准意义的重大突破，是对知识资本量化研究的重大贡献。

（2）首次提出了知识资本的计量标准。

知识资本的计量标准（命名为“陈瑜定义2”）是指知识资本所有者，通过智力劳动，凝结一个标准计量单位的知识资本含量所需要的社会平均必要劳动时间。社会平均必要劳动时间是指在现有的社会正规的教育和培训条件下，在社会平均的研究水平和研究难度下，形成一个标准计量单位知识资本含量所需要的劳动时间，而不是某个单体知识资本所有者在个别情况下完成研究所需的劳动时间。

知识资本计量单位和计量标准的提出，为知识资本量化提供了最关键也是最重要的科学依据，为知识资本量化研究奠定了坚实的科学基础，从而使知识资本量化研究进入新的实质性的发展阶段，开启了知识资本量化研究的新局面。因此，知识资本计量标准的提出，是在世界知识资本理论研究史上具有里程碑意义的重大实质性突破，它将有力地推动知识资本量化研究深入而迅速地发展。

（3）设计和构建了知识资本量化要素系统和指标体系。

根据知识资本定义、计量单位和计量标准，把体现人及其知识成果的知识资本的节点，组成和构建知识资本量化要素系统和指标体系。它是构建知识资本计量模型的基础，可以计算出每个知识资本载体及其知识成果的知识资本含量。这套要素系统和量化指标体系，被命名为“陈瑜定义3”。

（4）提出了知识产权和发明专利的量化方法和计量模型（命名为“陈瑜定义4”）。

这一成果是知识资本量化研究中最具开拓性的重大成果。多年来，由于知识资本没有自身专用的度量衡标准，只能对知识资本及其成果——知识产权、发明专利和科技成果进行评估。但由于各国、各地区的评估条件不同、评估标准不一，评出的结果没有可比性，数以万计的知识产权、发明专利和科技成果难以在市场上流通，难以充分发挥作用。但是，提出知识资本计量单位和计量标准之后，情况发生了根本变化。通过知识产品自身专有的“具有度量衡意义的计量单位”，准确地计算出它的价值和价格，从而使知识产品同物质产品一样，有了自己的“长度”和“重量”。这是知识资本研究史上迈出的关键一步，是一项重大的突破。

（5）研发和推出了世界第一套《企业知识资本量化长效激励机制管理系统》软件。

这套软件承载了知识资本量化与管理研究的最新成果。它将引导知识资本在世界各个国家、地区和企业经济发展中广泛应用，将引领21世纪管理科学的一场深刻革命。

这套软件以全新的视角，从深层次因素研究和提升企业管理水平，建立知识经济时代企业的现代化管理机制；消除了传统的企业管理机制的诸多误区和弊端，是具有划时代意义的、更新换代的管理模式，开启了企业管理知识资本的先河，是目前企业管理知识资本最先进的办法。它的运用，将帮助企业踏上管理知识资本的科学道路。

本书对知识资本研究的成果，是对世界知识资本研究做出的贡献，使知识资本理论研究和实际应用进入一个新的发展阶段，对知识资本理论研究和知识资本在实践中的应用，将产生十分积极而深远的影响。

在本书撰写过程中，得到了社会各界人士包括许多专家学者的大力支持，其中一些青年学者也贡献了他们的热情和智慧。有关专家和领导包括杨福昌、张序三、赵登举、方嘉德、白文庆、桓玉珊、国林、刘启荣、董英豪、李惠仁、孙尚斌、郑志鹏、高玉滨、景在新、冯并、王瑞璞、吕建设、戴广义、周红、倪光南、许榕生、温崇真、陈高桐、初炳英、贾康、樊玉锁、河山、刘科、刘振堂、吴子寿、王斯洪、钱龙生、冯玉琳、曲玉琳、吴松生、吴慧荣、卜世达、由长科、黄进、李连仲等，都对本书的出版给予了大力的支持和关心。著名教授和青年学者包括聂世基、王国军、徐孟洲、马仲良、唐进、靳宝兰、姚建培、陈文通、武斌、陈和权、李元元、刘俊峰、郗仲来、白家强、戴曾佳、王静、赵沛然、王宵、朱明、张珍琴、聂忠伟、刘婷、王新利、陈洵、李璐、吴孟捷、董迎军、李恒、张云侠、李连梦、许晶晶、赵莉、吴畏等，分别参与了本书部分文稿的撰写、模型的设计以及文献资料的编辑整理工作。在此，一并致以深切谢忱！

最后，敬请广大读者对本书提出宝贵意见，以便日后进行修订和完善。

陈 瑜

2021 年 7 月于北京

前　言

PREFACE

经济学是一门历史科学。每个经济时代都有其代表人物提出符合当时社会经济发展所需要的经济理论，作为该时代经济发展的理论导向，引领社会经济发展。知识经济时代的到来，催生着知识资本理论的诞生。

知识经济是以知识的生产、流通、分配和消费为主线运行的新的经济形态，以实现知识资源最优化配置，达到人类社会经济高速、高效和高质量发展的目的。为此，只有对知识资本进行量化才能依据知识资本的数量和比例实现知识资源最优化配置，引领并主导知识经济时代的经济发展。所有经济领域的发展都需要知识资本量化和知识资源的最优化配置。知识资本量化是知识经济时代经济发展的内在要求，是知识经济时代经济发展最重要的前提条件。因此，知识经济时代也同时催生着科学的知识资本量化系统的诞生。

作者正是基于上述考虑，着手撰写《知识资本论——知识资本理论与应用》一书。

本书第一篇首先对知识资本的起源和形成过程进行了简要的回顾和介绍，目的在于使读者对知识资本从萌芽到正式形成的发展历程有一个全景式的了解。读者从中可以认识到，若干世纪以来，知识资本是如何一步步发展到今天，以便将其和未来知识资本理论体系的发展联系起来。这部分内容收集和整理了有关各国的历史资料，原想作为资料汇编放在书后，作为附录，后考虑到必须以知识资本形态的演进史，作为后续知识资本理论发展的历史依据，为了读者阅读方便，做了这种编排，特此说明。

在第一章中，本书对知识资本的早期研究进行了分析和归纳。特别是对古典经济学对知识资本的早期研究进行了总结和说明，指出以亚当·斯密为代表提出的古典经济学劳动价值论，第一次把人的劳动、生产知识和生产经验，同生产过程中其他物质要素，如原材料、土地、厂房区分开来，单独思考，并进行细分研究，从而揭开了人类社会研究知识资本的序幕。同时对知识商品的内涵即知识资本的形成提出了基本的科学依据，为进一步建立知识资本理论奠定了基础。本书还对近代经济学家对知识资本的研究做了介绍，包括熊彼特的创新理论、马克卢普的知识产业理论和以罗默为代表的新经济增长理论。

第一章还重点介绍了马克思主义经典作家关于知识资本思想的论述，特别是马克思的劳动价值论。马克思在劳动价值论的阐述中，形成了丰富的知识资本思想，包括知识资本的实质、知识资本量化原理等，为知识资本理论的形成和知识资本量化系统的研究奠定了坚实的科学理论基础，具有重大的理论意义和实践意义。

在本书第二章，重点阐述了知识经济时代的特征。知识经济是指整个社会经济活动主要建立在知识积累和知识创新基础上的一种新型经济，它区别于以劳动资源或货币资本为依托的传统经济。它包括以下几个主要特征：①知识经济时代是知识资本引领和主导经济发展的时代；②知识经济时代是人类社会经济高速发展动力转型的时代；③知识经济时代是人类社会知识生产过程大规模发展的时代；④知识经济时代是国民经济产业结构重新调整的时代；⑤知识经济时代是科学技术真正成为第一生产力的时代。

很多经济学家和预测专家预计，改变世界面貌和人类社会生产形式的重大科技主导产业的发展，将在2030年前后全面推进。人类社会将在21世纪下半叶全面进入知识经济时代。

第三章深入分析了发展中的知识资本理论，指出市场经济的资本构成包括货币资本、知识资本和消费资本。知识资本是市场经济资本构成中的重要组成部分，是社会经济发展的三大支柱资本之一。

知识资本是资本理论史上第二个里程碑。知识资本概念的产生和知识资本理论的建立，是对资本理论的又一次突破，使人们对于资本和资本理论的认识达到一个新的层面，是资本理论史上的第二个里程碑。

第二篇介绍的知识资本量化系统是本书研究的主要内容。在本书第四章，详细地分析了知识资本量化研究的时代背景、作用和意义；指出知识资本量化是知识经济时代经济发展的内在要求，是市场经济发展到今天必须解决的问题，是调整和克服传统资本理论缺陷和失衡的需要，是解决现代经济发展实际问题的需要。

第四章还着重分析了知识资本量化研究的重大意义。知识资本量化研究是目前全球瞩目的、世纪性的前沿课题，具有无限的科学理论价值和实际意义。它不但是重大经济理论创新，还将对国家、地区和企业经济发展产生不可估量的重大作用。

第一，知识资本量化是衡量一个国家创新能力最重要的标准和最精确的指标，也是测量和激活国家、地区和企业知识资本存量，并使之充分发挥作用的最重要的前提和最关键的条件。第二，知识资本量化研究，将有助于准确量化国家、地区和企业在发展过程中运行着的资本总量，为国家、地区和企业经济成长从资本构成方面提供非常精确的量化说明，对于推动国家、地区和企业经济发展提速、优化资本结构、充分发挥知识资本的作用具有重大意义。第三，知识资本量化研究将有助于国家、地区和企业实现经济发展方式转型，建立新经济运行体系、新企业制度、新分配制度，实现国家、地区和企业经济发展升级。第四，知识资本量化是计量知识产权价值、实现知识产权流通、完善知识产权制度的关键因素。因为知识产权反映的是知识资本的成果，只有解决了知识资本量化问题，才能精确计算出知识产权的价格。同时，将知识成果中的单体知识资本转化为可以比较的标准量，才能形成被国内、国际普遍接受的客观的、科学的、统一的衡量标准，从根本上突破国内各地区之间（包括内地和港澳台之间）、国与国之间知识产权难以流通，甚至无法流通的瓶颈。第五，知识资本量化研究能够为我国在世界最前沿的课题上争取话语权。目前，我们对知识资本量化的研究已经做了理论成果和方法论上的充分准备。第六，知识资本量化研究是经济学发展至今必须解决的问题，它将从根本上丰富经济学研究的内容，这对于完善经济学研究方法，客观、全面地用经济理论指导经济实践具有重大的现实意义。同时，知识资本量化对于经济学相关学科的建设也具有重大指导意义。由于它增加了市场经济的资本构成，而且使以前无法量化的知识资本得以量化，为经济学建立模型提供了新的可以量化说明的因变量，因此，为计量经济学、数理经济学、统计学等分支学科的发展提供了理论创新平台。同时，知识资本量化研究项目的成果，进一步丰富了IT技术服务的内容，推动IT技术服务功能向纵深层次发展。

本书第五章重点阐述了知识资本量化研究的指导思想、知识资本量化原理、知识资本量化研究的基本思路和基本要求。

知识资本量化研究的指导思想是马克思主义的劳动价值论，特别是马克思提出的劳动二重性原理。

马克思劳动价值论把各种形式的具体劳动——木匠的、铁匠的、纺织的、冶金的、工艺的、写作的、设计的等，都转化为相同的、无差别的人类劳动，知识资本的本质就是凝结在其中的无差别的人类劳动。由此，我们认识到，所谓的知识资本的内涵，或者说知识资本的实质，或者说知识成果的实质，其实就是智力劳动者完成这一知识成果时所付出的、凝结在其中的劳动。

当所有的知识资本所有者及其成果，包括学术著作、创新成果、发明专利等都折合成社会平均必要劳动时间的量，就可以使不同领域、不同类型的专家及其成果具有统一的计量标准，通过对统一的计量标准赋值，就可以具有统一的计价标准，进而计算该项成果的货币值。这将使知识资本成果——知识产权和发明专利能够在市场上进行流通，充分发挥对社会经济发展的促进作用。

知识资本量化研究的基本要求：①知识资本量化研究以单体知识资本量化为出发点，在此基础上，进一步量化组织、地区和国家的知识资本总量；②科学界定并严格把握知识资本内涵和外延的界限，对计量的客体进行精确分析和定位，以避免在知识资本量化过程中出现漏算、误算和越位计算问题；③提出一套完整的、科学的、具有可操作性的计算单体知识资本的计量模型，计算出每个知识资本载体及其成果的知识资本含量；④兼顾知识资本量化模型的静态和动态两个方面的特征，既要量化已积累的知识和技能，也要量化正在创造的知识和技能，从而使知识资本量化具有静态和动态相结合的特征。

为了客观、全面、科学、合理地衡量知识资本，使知识资本量化系统在应用中具有更强的实用性、可靠性和可操作性，第五章阐述了在进行知识资本量化的测评指标选择时应遵循的原则，包括科学性原则、系统性原则、代表性原则、可行性和可操作性原则，以及可比性原则。

本书的第六章对知识资本内涵和定义的初期研究成果进行了阐述和评估，指出，知识资本专家在以往的研究中，在知识资本内涵和知识资本定义方面取得了可喜的研究成果，包括：①美国经济学家加尔布雷斯第一个提出知识资本概念，意义十分重大，他开启了人们对知识资本进行系统的理论形态研究的序幕；②专家科学地把投入社会生产过程中的知识元素同投入的物质资料分离开来，使投入的知识元素成为独立的分析和研究的对象，这是经济发展研究的重大进步；③专家提出了一些很有价值的真知灼见，列出了一些知识资本的基本元素，如员工的能力、技术、学习等。这些对于不断完善和丰富知识资本内涵的内容，具有重要意义。同时，本书也指出了以往专家们在关于知识资本内涵和定义的研究中还存在着不足，包括：①关于知识资本的内涵还没有取得共识；②对于知识资本内涵元素的组合缺乏科学的依据，没有建立并提出一个统一的基本标准；③知识资本内涵的外延界限不清晰；④给出的定义比较笼统、表述不精准，缺乏具体的细分研究内容；⑤在界定知识资本内涵和给出知识资本定义方面，还缺少相关的理论支撑。

第六章还重点阐述了知识资本量化研究的初期成果和评估，指出，以往的知识资本量化研究提出了许多富有建设性的核算方法和模式，取得了不少成果。主要表现在：①这些成果开启了知识资本量化内容和量化方法研究的思路，有助于进一步深入研究进行完善；②已提出的核算方法和模式，基本满足了目前知识经济发展的需要，推动了知识资本量化实践的发展；③已提出的多种核算方法，包括数学和统计学的方法都具有参考意义。但以往在知识资本量化研究中还存在着诸多不足之处，主要表现在：①没有形成统一的测评指标体系，没有形成一个完善的要素系统和指标体系，缺乏统一的量化标准，其计算结果不具有可比性；②在知识资本量化的逻辑起点上存在偏差，不是以单体知识资本量化作为研究的起点，而是以知识资本次总体量化作为研究起点，这种做法是不科学的；③知识资本量化的主观性强，无论是平衡计分卡等微观方法，还是市场余额法等宏观方法，都具有很强的主观性，对知识资本难以给出一个客观、公正的评估。

在第六章中，综合考虑到有关资本理论的研究和根据知识资本内涵的重新界定，以及把投入社会生产中的知识要素同投入社会生产中的物质要素分离开来，对其进行专门分析和研究，我们给出了知识资本的定义。知识资本是以知识形态表现的资本，包括在产品和服务的创造过程中所有知识性、技术性的投入。

通过对知识资本进行深入的细分研究，知识资本又分为广义知识资本和狭义知识资本。广义知识资本是指以人及其知识成果为载体所凝聚的知识总量，包括人力、管理、技术、经验及与之相应的知识与科技成果等要素。狭义知识资本是指以人及其知识成果为载体的知识总量在工作岗位上一定期间内释放出来的现值，它包括员工积累的知识和技能的应用，以及正在创造的知识及其相应的成果等。

第六章还重点阐述了知识资本的计量单位和计量标准，知识资本量化要素系统和指标体系，知识资本量化指标测评体系，以及知识资本计量模型。

知识资本计量单位中文名称为“知量”，英文为“KC（Knowledge Capital）”（命名为“陈瑜定义 1”）。这是在世界知识资本量化研究史上第一次提出的知识资本的计量单位。由此，我们可以准确地计量和表示知识资本成果和知识资本所有者拥有的知识资本的数量。这是对知识资本量化具有度量衡标准意义的重大突破，是对知识资本量化研究的重大贡献。

知识资本的计量标准（命名为“陈瑜定义 2”），是指知识资本所有者，通过智力劳动，凝结一个标准计量单位的知识资本含量所需要的社会平均必要劳动时间。社会平均必要劳动时间是指在现有的社会正规的教育和培训条件下，在社会平均的研究水平和研究难度下，形成一个标准计量单位知识资本含量所需要的劳动时间，而不是某个单体知识资本所有者在个别情况下完成研究所需的劳动时间。

要素系统是指在计量知识资本时会涉及许多因素、许多指标，要从中选取影响知识资本量最重要的、最主要的要素作为测评体系的基本指标，组成要素系统。要素系统的功能是表现单体（个人）知识资本的主要方面或外显特征。要素系统由多个一级要素指标组成。指标体系的功能是把各要素细化为指标，从而更加直观、量化地体现知识资本要素的外显特征，它是评价知识资本状况的基础，由多项具体的指标组成。

单体知识资本测评体系由要素系统和指标体系组成，可以根据知识资本的定义并结合要素指标选择的科学性、系统性、代表性、可行性、可操作性和可比性原则，来构建单体知识资本量化测评体系。在本章中，以企业员工的知识资本量化为例做了具体说明。

关于知识资本的计算方法，第六章具体介绍了几种可供选择的数学和统计方法，主要介绍了多指标综合评价方法。

本书的第七章阐述了知识产权和发明专利的量化方法和数学模型，并附有对知识产权计量与交易平台项目的思考，本章还简要地介绍了世界第一套《企业知识资本量化长效激励机制管理系统》软件，本章的后半部分，分别分析和设计了组织（企业、机构）知识资本量化测评体系表、地区知识资本量化测评体系表、国家知识资本量化测评体系表，供参考。

本书第三篇详细地说明了《企业知识资本量化长效激励机制管理系统》软件的实际应用案例。第八章阐述了知识资本量化系统软件研发的时代背景、企业知识资本管理的必要性和软件研发的意义。《企业知识资本量化长效激励机制管理系统》软件的研发是知识资本应用于企业管理的具体实践。该系统依托先进的计算机技术和网络技术，将科学的知识资本量化计量标准和计量模型应用到企业对员工的日常管理，能够实现对全体员工为企业贡献的知识资本进行客观、准确的量化，为企业建立更加科学的知识资本管理体系、薪酬体系和长效激励机制，实现企业对员工的管理由人力资源管理升级为知识资本管理，帮助企业踏上科学管理知识资本的道路。

《企业知识资本量化长效激励机制管理系统》软件针对企业面临的实际问题，提出了一整套科学、有效的管理办法，对员工为企业服务所投入的知识资本进行科学、准确的量化，为核定员工的基础工资、绩效工资、奖金、分红、股权分配等提供重要的数据依据，从而为企业构建起科学、公平、具有长效激励机制的薪酬体系。

几乎所有类型的企业和社会组织，都需要对知识资本进行管理，以解决这些企业和机构长期以来存在的人才流失、市场流失、技术纠纷、劳资矛盾等一系列妨碍发展的难题。可以说，《企业知识资本量化长效激励机制管理系统》是现代企业必备的管理工具，是现代企业家必备的管理宝典，是现代企业核定基础工资、绩效工资、奖金、分红、股权分配最重要的科学依据。

本书第九章详细地说明了《企业知识资本量化长效激励机制管理系统》软件研发与设计的原理和内容，包括知识资本内涵的科学界定、确定知识资本计量单位和计量标准、要素系统和指标体系、企业知识资本量化测评体系表、知识资本量化模型、知识资本量化的计算流程以及软件研发的步骤等内容。

这里需要说明的是，这是介绍实际应用案例的内容，包括项目研发设计的原理、知识资本计量方法、要素系统和指标体系等。这些都是介绍本系统软件必有的元素，不能缺少。但这些内容在第二篇中已有相关的论述。因此，有一部分内容同第二篇内容略有重复。

本书附录一收录了作者在国内外学术会议上关于知识资本理论和知识资本量化的演讲稿。

本书附录二收录了部分新闻媒体对作者的相关报道。

本书附录三收录了全球首届知识资本高峰论坛部分与会代表的讲话。

目　录

COTENTS

第一篇　发展中的知识资本理论

第一章　知识资本的起源和形成过程 / 3
第一节　知识资本思想的溯源 / 3
第二节　知识资本的形成过程 / 4
第三节　知识资本的早期研究 / 8

第二章　知识资本理论体系的建立和完善是知识经济时代的历史使命 / 15
第一节　知识经济时代的到来 / 15
第二节　知识经济时代的特征 / 17
第三节　发展中的知识资本理论 / 19

第三章　知识资本理论的发展及历史地位 / 22
第一节　人类社会资本的演进过程 / 22
第二节　知识资本是资本理论的第二次革命 / 24
第三节　知识资本是市场经济资本构成中的重要组成部分 / 27

第二篇　知识资本量化系统

第四章　知识资本量化研究的时代背景、作用和意义 / 33
第一节　知识资本量化研究的时代背景 / 33
第二节　知识资本量化研究的作用 / 35

第三节　知识资本量化研究的重大意义　/ 37

第五章　知识资本量化系统（上）　/ 39

第一节　知识资本量化研究的指导思想　/ 39
第二节　知识资本量化原理　/ 40
第三节　知识资本量化研究的基本思路和基本要求　/ 41
第四节　知识资本量化系统选择测评指标的总原则　/ 41

第六章　知识资本量化系统（中）　/ 43

第一节　知识资本内涵的界定和知识资本定义　/ 43
第二节　知识资本的计量单位和计量标准　/ 52
第三节　设计和确立知识资本量化要素系统和指标体系　/ 54
第四节　设计和建立知识资本量化指标测评体系　/ 56
第五节　建立知识资本计量模型　/ 57
第六节　知识资本的计算方法　/ 59

第七章　知识资本量化系统（下）　/ 69

第一节　知识产权和发明专利的量化方法和数学模型　/ 69
第二节　研发和推出世界第一套《企业知识资本量化长效激励机制管理系统》软件　/ 72
第三节　关于组织（机构、企业等）知识资本量化测评体系表的思考和设计　/ 73
第四节　关于地区知识资本量化测评体系表的思考和设计　/ 78
第五节　关于国家知识资本量化测评体系表的思考和设计　/ 89

第三篇　实际应用案例

第八章　软件研发的时代背景、企业知识资本管理的必要性和软件研发的意义　/ 103

第一节　软件研发的背景　/ 103

第二节　企业知识资本管理的必要性 / 104
第三节　软件研发的意义 / 107

第九章　软件研发与设计的原理和内容 / 108
第一节　产品描述 / 108
第二节　软件研发与设计原理 / 110
第三节　设计和确定计量单位和计量标准 / 112
第四节　设计并确定要素系统和指标体系 / 114
第五节　设计和建立企业知识资本量化测评体系 / 117
第六节　设计和提出企业知识资本量化模型 / 119
第七节　软件研发的步骤 / 121

第十章　软件功能与作用 / 124
第一节　建立知识资本量化基础上的薪酬体系和激励机制 / 124
第二节　软件的功能 / 125
第三节　软件的重大作用 / 126

附录一　作者部分重要演讲稿 / 129
在第五届民主与贸易国际会议（多哈）的演讲 / 129
Speech on The 5th Session International Conference of Democratic and Trade (Doha) / 134
在美国麻省理工学院斯隆管理学院的演讲 / 141
Speech on Sloan School of Management, Massachusetts Institute of Technology / 148
知识资本量化研究的重要意义 / 158
世界各国知识资本量化方法的比较分析 / 160

附录二　部分媒体报道 / 162
量化知识资本　提升知识产权价值 / 162
知识资本量化研究 / 166
中国知识资本量化之父——世界新经济研究院院长陈瑜教授 / 170

附录三　全球首届知识资本高峰论坛与会代表讲话 / 174
在全球首届知识资本高峰论坛上的开幕词 / 176
在全球首届知识资本高峰论坛上的演讲 / 178
当前知识产权保护中的几个重要问题 / 184
香港如何利用知识资本向股东汇报增值情况 / 186
研究与实践：知识资本与新一轮产业革命 / 191
北京、上海知识产权产业的初步计算与比较 / 196
国际经济环境下知识资本的价值 / 204
日本经济产业省利用 IC 报表进行知识资本管理
并尝试建立国际标准化 IC 报表 / 211
知识资本研究 20 年实践的经验与启示 / 220
知识资本报告和评估 / 222
让无形资产创造有形财富 / 226
保护品牌和商誉：感知和现实 / 230
闭幕词 / 234
知识资本国际联盟北京宣言 / 235

参考文献 / 243

第一篇

发展中的知识资本理论

对知识资本的起源和形成过程进行回顾，从而使读者对其有一个全景式的了解。

知识资本是资本理论史上第二个里程碑，是市场经济资本构成的重要组成部分，是社会经济发展的三大支柱资本之一。

第一章

知识资本的起源和形成过程

第一节　知识资本思想的溯源

资本是一个古老的概念。从资本思想萌芽到形成资本理论，人类社会经历了几千年之久的发展过程，尤其是知识资本理论，其产生和形成的历史则更为久远和漫长。

人类社会任何一种经济形态，都有一定的知识含量参与社会生产和经济发展，即使人类社会最传统的生产过程，也有知识或经验的参与，如对产品的初步设计、对操作方法的思考等。知识是生产过程不可或缺的要素，也就是说，知识、经验是同物质资料——原材料、零部件同时进入生产过程的。生产的产品既包含物质资料转移的价值，也包含知识创造的价值，只是由于当时传统的生产过程中知识含量有限，对产品生产的直接影响还不够明显，因此没有对知识的作用单独列出进行分析和研究。随着社会生产几千年的发展，生产过程中的知识含量迅速增长，在社会生产中投入的知识总量越来越多，直到每个产品甚至国民经济每个经济元素，包含的知识和科技比重越来越大时，就引发了质的飞跃，知识成为最重要的生产要素和经济发展的核心内容，人类社会由此进入知识经济发展阶段。

关于知识对社会生产和国家经济发展的重要作用，很早以前就有记载。在西方最早可以追溯到古希腊柏拉图（约公元前 427—前 347 年）在《理想国》中的论述，认为国家的治理者应该是哲学家，才能统筹国家资源，建立理想的城邦制国度；哲学是最高的知识形态，是影响社会经济关系十分重要的因素。

在中国则更早可以追溯到商朝（约公元前 1600—约前 1046 年）后期，周文王所著《周易》一书。它是建立在阴阳二元论基础上对世界万物变化规律予以论述，使之成为有条理性、系统性的哲学论著，对于天地万物进行性状归类，配以天干地支五行论，探索事物变化运行轨迹。后来逐渐发展形成了中国传统的农业经济发展理念，采取生态和谐的农业生产方式，从而使得中国的农业社会绵延数千年。

从以上的叙述中，可以看到东西方古代哲人们已经意识到知识是人类社会极为重要的发展要素。如果说，柏拉图的《理想国》是经过深邃的思维对历史发展事实的系统阐述而提出的合理判断，那么《周易》则是从哲学的角度对农业经济发展所做的理论分析和经验性总结。这些哲人们的思想，都闪烁着智慧的光芒，他们依稀看到知识的重大作用。用现代语言说，他们在探索着推动社会经济发展的“资本力量”。从这个意义上说，他们的思想可以作为知识资本思想的缘起。

但是，知识作为一种“资本力量”，却经历了知识商品化、知识商品资本化的漫长的历史发展过程。

第二节　知识资本的形成过程

一、知识商品化过程

（一）知识商品化的历史条件

知识具有使用价值和价值，即商品的属性，但知识并不是一开始就成为商品。知识成为商品是社会经济发展到一定程度的产物，知识是在具备一定的历史条件后才成为商品的。实现知识商品化，需要具备两个基本条件。一是商品经济的发展提供交换市场的环境；二是私有制的建立，特别是为私有产权制度的建立提供法律制度的条件。

1. 商品经济有一定程度的发展，提供交换市场的环境

知识是人们在生产实践中积累起来的生产经验和生产知识。在农业发展时代，劳动者大都是以个体生产者身份进行生产活动的。他们在生产过程中积累了生产经验和生产知识。这种经验和知识不仅满足生产者自身进行生产的需要，而且可以提供给其他需要这些经验和知识的生产者，这就形成了一种社会需求。但是，如何实现生产者和需求者之间的交换和让渡？这就需要一定的交易方式和环境。

商品经济是指直接以交换为目的的经济形式，包括商品生产和商品交换。在商品经济条件下，经验和知识的所有者可以通过交换进入市场，实现让渡给需要这种知识的生产者，从而使知识商品化进入实际的转化过程。商品经济最早产生于第二次社会大分工，即手工业从农业中分离出来。随后商品经济进一步发展，知识商品化的市场环境日益扩大和改善，从而加快了知识商品化的形成。

2. 私有制的建立和完善是知识商品化的又一重要条件

尤其是私有产权制度的建立，对知识商品化尤为重要。因为只有建立私有制，生产者拥有的经验和知识属于个人所有，生产者才有资格将其转让给他人。私有产权制度规定了生产者对于自己积累的经验和知识的占有、支配和处置的一系列权利。通过法律对知识产权予以界定、明晰和保护，特别是经济权益的保护，有力地推动了知识商品化的进程。

在知识商品化的历史上，知识商品化的两个必要条件真正成熟的标志，是 14—15 世纪开始的欧洲文艺复兴运动。欧洲文艺复兴运动作为冲破封建制度和宗教神学的束缚，反映新兴资产阶级利益的思想解放运动，不仅大大促进了欧洲文化艺术的繁荣，而且为早期资本主义萌芽以及欧洲资本主义社会的产生奠定了深厚的思想和文化基础，有力地推动了知识商品化和知识商品资本化的进程，使知识商品化进程在欧洲、亚洲、美洲大地展开。

（二）早期知识商品化的过程

知识商品化最早开始于专利法的颁布。1474 年，当时的威尼斯共和国作为欧洲文艺复兴的中心地区之一、中西方文化交汇地和商品经济迅速发展的地区，率先制定了世界上第一部专利法，该法成为世界第一个知识产权保护制度。专利法是最早的知识产权法律，它是对知识的一种确权。知识产权保护制度，是通过一系列知识产权法律法规建立的，通过法律和各项规定，赋予某个人知识产品的所有权以及支配权、处置权和通过交换获取经济利益等一系列权利。

1615 年，英国政府颁发“特许状”，通过发放“特许状”的形式给专利人某种特权，使其享有在一定时间内从事这项专利事业的独有的权利。1709 年，英国又颁布了版权法，从而使作者的权益得到保护。1623 年，英国颁布了《垄断法规》，这是具有现代意义的专利制度，对后来各国的专利法产生了深远的影响。美国和法国分别于1790年和1791年制定了专利法。这两部法律都明确了发明人的地位及其拥有因努力而获得奖金的权利。法国于1803年颁布了世界第一部商标法。1886年9月，由英、法、德等十个国家共同倡议，在瑞士伯尔尼签订了世界第一部国际版权公约——《保护文学和艺术作品伯尔尼公约》，简称《伯尔尼公约》，确立了一个能够为多数国家所接受的最低限度地保护著作权的国际标准，成为国际间保护著作权的基本公约。目前已有179个国家和地区加入该公约。德国1877年颁布了专利法。《德国专利法》明确规定，外国发明的进口者享有与发明人同等的权利。1800—1870年，实施专利法的国家有奥地利（1810）、俄国（1814）、荷兰（1817）、瑞典（1819）、西班牙（1820）、印度（1859）、意大利（1859）、阿根廷（l864）和加拿大（1869）。至此，在世界上建立了较为完备的知识产权法律制度。

迄今为止，全世界有100多个国家建立了知识产权保护制度。知识产权保护制度建立的历史，也就是知识商品化迅速发展的历史。正是18世纪末、19世纪初专利制度的普遍建立以及工业产权法和著作权法的相继建立，从根本上奠定了知识产品转化为商品的制度基础，极大地激发了人们的创作热情和研究开发技术的热情，为知识商品的大量生产提供了内在动力。知识产权制度的建立和完善开启了知识商品化发展的历史。

专利法的颁布，加快了知识商品化的步伐，促进了技术类知识商品的生产，各种技术发明，如纽科门的蒸汽抽水机（1705）、凯伊（1733）的飞梭、哈格里夫斯的珍妮机（1765）、瓦特的蒸汽机（1769）等相继问世。

随着专利制度在世界许多国家的普遍建立、国际专利公约《保护工业产权巴黎公约》（1883）的签订以及世界贸易的发展，专利技术形式的知识商品贸易已经成为世界贸易的一部分。后起的资本主义国家把购买专利技术作为促进本国工业发展和经济增长的主要措施。

二、知识商品资本化过程

知识商品资本化是指知识商品转化为资本的过程。知识商品并非天然就是资本，它是社会生产发展到一定程度的产物，并且在一定条件下才能转化为资本。

知识商品资本化的首要条件是有关知识的法律制度，尤其是知识产权制度。知识产权制度是对知识的一种确权，包括知识商品拥有者的所有权、垄断权、经营权和处置权。如专利法，首先给予知识的拥有者一定的知识垄断权，给予他们满足他人或社会对该知识的需求而获得应有报酬的权利。同时，知识商品作为生产要素，其所有者在同他人合作时，投入的知识商品可作为合作企业中的固定资本、股本金，并占有股份参与利润分配。因此，知识商品成为能够带来增值的资本。

商品经济市场的形成，是知识商品资本化的又一个条件。由于知识商品属于不同的所有者，知识商品必须通过市场进行交易才能实现知识商品的价值，因此市场条件是知识商品资本化的又一必要条件。知识商品的市场有一个由小到大的发展过程和不断完善的过程。随着商品经济的发展，知识商品的市场日益扩大，为知识商品交易和知识商品资本化提供了市场条件。

知识的商品化和资本化是同步进行的，相互联系、相互转化。专利法的颁布加快了知识商品化的步伐，促进了技术类知识商品的生产；同时又为知识商品资本化提供了条件，使知识商品资本化逐渐成为现实。专利法的大范围颁布与实施，从根本上促进了技术知识的商品化。

纵观各国颁布的专利法，主要包括如下基本内容。

（1）专利技术的发明者对该项技术拥有所有权和独立垄断权。可以通过市场交换和让渡的形式，以较高的转让费把技术专利销售出去，收回专利技术固有的价值和更高的价值。

（2）购买者把专利技术作为“资本品”购买，使之发挥机器和工具的作用，成为特殊形式的“固定资本”。

（3）拥有专利技术的发明人，可以将技术作为自有企业或参股企业的“固定资本”，参与再生产和再经营过程，参与利润分配，成为价值形成和增值的手段，从而使专利技术这一知识商品具有明显的资本特征。

可以看出，知识商品化过程包含知识商品资本化的内容，二者是紧密相连、同步进行的。专利法的普遍颁布和实施，从根本上促进了知识商品化和知识商品资本化的发展，成为知识商品资本化的制度基础。在这种背景下出现了许许多多的知识商品资本化的案例。

亚历山大·贝尔是第一部电话的发明专利人。1875 年，贝尔受到电报机的启发，完成了第一台电话装置。1876 年，贝尔凭借这项发明获得了美国专利局颁发的电话专利，之后他还开创了第一家电话公司。他曾获得 18 项专利，凭借其中一部分专利获得了数十万美元。

另一个典型的案例就是瓦特发明蒸汽机的过程。1763 年，瓦特在修理蒸汽机的过程中，发现纽可门蒸汽机效率很低，就产生了改进的想法。他找到一个合股者，在校区外开办了一个作坊，边修理纽可门蒸汽机和其他教学仪器，边进行实验。当瓦特试制新蒸汽机需要大批资金而自己又无力筹措时，得到了苏格兰有名的铁工厂厂主罗巴克博士的鼓励和资助。1765 年，瓦特发明了带有独立冷凝器的蒸汽机，后经改进于 1769 年制造出第一部单动式蒸汽机并获得专利。1775 年，瓦特与伯明翰的机械厂厂主马修·博尔顿合伙的公司正式开始生产蒸汽机，第一台实用机于 1776 年研制成功，使蒸汽机逐渐在工厂、矿山等得到了广泛应用。在瓦特的整个发明活动中，合股、合伙和获得赞助时，其发明和技术始终是以资本的形态出现的。瓦特以其专利技术获得了超额利润，并获得了“专利大王”的美誉。

知识商品资本化的事实在图书出版的发展过程中也得到体现。17 世纪后期，图书出版业迅速发展，其根本原因之一就是，英国版权法规定“作者应享有正当份额的权益”。英国诗人约翰·德莱顿被称为“桂冠诗人”，著作颇丰，其中一部分著作获得的稿酬高达 1200 英镑，而当时一个书店老板一年才能赚 50 英镑。这就是 1709 年英国版权法诞生的社会基础。

第三节　知识资本的早期研究

一、古典经济学对知识资本的早期研究

随着知识商品化和知识商品资本化在欧洲、亚洲、美洲的迅速发展，各国经济学家开始对知识商品化和知识商品资本化进行了深入的分析和研究，并取得了诸多的研究成果。

早在 17 世纪中叶古典经济学理论的形成和发展过程中，我们就可探寻到知识资本思想的萌芽。英国古典政治经济学的奠基人威廉·配第首先提出了劳动决定价值的思想。他充分肯定了人力的主导作用，明确指出“劳动是财富之父，土地是财富之母”。法国古典政治经济学的创始人比埃尔·布阿吉尔贝尔提出了“劳动时间决定价值”的著名论断。英国古典经济学的集大成者和发展者亚当·斯密更充分地表达了知识资本的思想，他认为“一个国家或

一个社会的总资财，即是全体居民的资财”，包括社会上一切人们经过学习所增进的熟练程度和才能可和“节省劳动的机器和工具同样看作社会上的固定资本”。英国古典政治经济学的最终完成者大卫·李嘉图（1817）也明确指出，一个国家全体居民所有后天获得的有用能力是资本的重要组成部分，因为获得能力需要花费一定的费用，所以，它可以被看作每个人身上固定的、已经实现的资本。

此外，德国经济学家弗里德里希·李斯特首次提出了“物质资本”和“精神资本”的概念，“物质资本”是由物质财富的积累形成的，“精神资本”则来自智力方面的成果和积累。“各国现在的状况是在我们以前许多时代的一切发现、发明、改进和努力等积累的结果。这些就是现代人类的精神资本。”

如果说，古希腊柏拉图的《理想国》和中国的《周易》是人类社会关于知识资本思想的缘起，那么古典经济学则拉开了人类社会研究知识资本的序幕。

古典经济学家对知识资本早期研究的最主要成果，就是他们创立的“劳动价值论”。劳动价值论对知识资本的主要研究成果和贡献如下。

第一，提出劳动价值论，充分肯定了人力在生产过程中的主导作用，明确指出“劳动是财富之父，土地是财富之母”。古典经济学家第一次把人的劳动、生产知识和生产经验，与生产过程中的其他物质要素，如原材料、土地、厂房区分开来，单独思考，并进行细分研究，从而揭开了人类社会研究知识资本的序幕。

第二，提出劳动决定价值，认为劳动是商品（包括知识商品）价值的源泉。亚当·斯密在威廉·配第的基础上，进一步说明了国民财富，即“国民所需要的一切必需品和便利品”都是以商品的形式存在，财富即商品，它来源于劳动，劳动是财富的源泉。他进一步指出“劳动是衡量一切商品（当然也包括知识商品——作者）的交换价值的真实尺度”。在这里，亚当·斯密把生产商品所消耗的劳动看作价值的源泉。

这是亚当·斯密对劳动价值论做出的重大贡献，同时也为知识商品的内涵即知识资本的形成提出了基本的科学依据，为进一步建立知识资本理论奠定了深入研究的基础。

第三，对商品（包括知识商品）的价值开始进行量化研究。亚当·斯密从生产的角度看到了耗费的劳动决定商品的价值，耗费劳动的多少决定了商品价值量的大小，把劳动量归结为该商品所凝结的劳动时间从而分析了劳动时间与商品价值量的关系。他说，获取多种物品所需要的劳动量之间的比例，是各种物品相互交换的唯一标准。确认生产中耗费的劳动决定商品的价值，是他对劳动价值论的又一重大贡献。由此开启了知识资本量化研究的序幕。

二、近代经济学家对知识和知识资本的研究

到了近代，经济学家在古典经济学对知识资本早期研究的基础上，对知识在经济中的重要作用进行了深入的研究，并对包括知识在经济发展中的应用等内容进行了深入研究，提出了相对完整的论述。其中主要代表人物和理论有熊彼特的创新理论、马克卢普的知识产业理论和以罗默为代表的新经济增长理论。

（一）熊彼特的创新理论

约瑟夫·熊彼特是一位有深远影响的经济学家。熊彼特对知识在经济活动中的重要作用进行了深入的研究和相对完整的论述。熊彼特的创新理论奠定了他在知识经济思想发展史中的地位和作用。

熊彼特于1912年发表的主要代表作《经济发展理论》，轰动了当时的西方经济学界。在《经济发展理论》一书中，他提出创新理论并用以解释经济发展。他认为促进经济增长的因素可以分为外部因素和内部因素两种。外部因素泛指各种外在的不确定性和外生变量；内部因素包括经济发展中的各种内生变量，其中决定因素是创新。创新是一种内生因素。

所谓创新，就是把一种从来没有过的关于生产要素和生产条件的“新组合”引入生产体系。其中，制度创新和技术创新构成创新的两个主要方面。熊彼特强调了技术创新在经济发展中的作用，并把发明创造与技术创新相区别。他认为前者是知识的创造，即科技行为；后者则是科学成果的商品化，即经济行为。“技术发明不是创新，创新是技术发明的商业应用。”

归纳起来，他的创新理论包括以下几个要点。

（1）所谓创新是对生产要素进行重新组合，就是要把一种从来没有的关于生产要素和生产条件的新组合引进生产体系，以实现对生产要素或生产条件的新组合。

（2）创新必须能够创造出新的价值。熊彼特认为，先有发明，后有创新。

发明是新工具或新方法的发现。而创新是新工具或新方法的应用。只有发明而没有实际应用，那么发明在经济上就不起作用。它强调创新是新工具或新方法的应用，必须产生新的经济价值。这对于创新理论的研究具有重要意义。这一思想为此后诸多研究创新理论的学者所继承。

（3）创新是发展的本质特征。熊彼特力图引入发展新理念以便从机制上创新发展。他认为，发展可以定义为执行新组合，即实现了创新。创新是经济发展的实质内容和本质特征。

（4）创新的主体是企业、企业家。熊彼特把新理念的实现主体称为企业，以实现新组合为职业的人便是企业家。只有当他实际上实现了某种新组合时，才是一个名副其实的企业家。熊彼特对企业家这种独特的界定，目的就在于实现创新。

（5）学术界在熊彼特创新理论的基础上，展开了进一步研究，构建了技术创新、机制创新等理论体系，大大增强了人们对知识、新技术发明和创新在经济发展中重要作用的认识。

熊彼特创新理论的一个突出特点在于，不仅论述了知识和技术发展对经济发展的重要作用，还阐述了知识、技术发明和创新在经济发展中的应用问题，从而对知识的作用和应用进行了完整的论述。

（二）马克卢普的知识产业理论

近代研究知识和知识资本的另一位代表人物是美国经济学家马克卢普。马克卢普早在20世纪30年代，就开始了对知识和知识产业的研究。他的代表作包括《知识：它的创造、传播与经济意义》《知识与知识生产》《知识的分支》《信息与人力资本经济学》四部。

马克卢普明确提出“知识是一种投资”。他认为，科学本身就是一种典型的知识生产活动。科学生产的知识可以被看作提高未来生产率的一种投资，重新确定了知识在社会中的经济意义，从而使人们从知识的角度重新认识社会资本和有关投资理论，扩大了社会投资和资本理论的内涵。

马克卢普的观点得到诸多经济学家的认同，尤其为新经济增长理论学者所接受。他们认为，知识的特征是可以提高其他生产要素的生产能力，增加回报率，所以知识投资是经济长期增长的关键因素。

马克卢普分析了知识存在的三种形式。①储存在物质性的机器与工具中的知识，如计算机软件、科学仪器仪表等。他认为这些知识是凝固在物质形态中的人类智慧。②个人所拥有的技能和知识。③以某种特殊形式存在的知识，如有关新的生产加工工艺的论述等。

此外，马克卢普也是西方最早提出知识产业并对此做出详细阐述的经济学家。马克卢普在其所著《美国的知识生产与分配》一书中，正式提出知识产业这一概念，并提出了知识产业的一般范畴和最早的分类模式。马克卢普关于知识产业的研究，开辟了新的研究领域。他提出的有关知识产业的理论，为进一步研究知识生产和科学技术在经济发展中的作用提供了理论依据，为研究知识经济和知识产业奠定了重要的理论基础。

（三）新经济增长理论

如前所述，在经济思想发展史上，知识商品化的萌芽可以追溯到奴隶制时代，知识商品资本化的历史可以追溯到 17 世纪，知识资本的概念是在 20 世纪 80 年代才正式提出的。

新经济增长理论不是一个系统的经济增长理论，而是对新经济增长分析的统称，是用新的思想或知识说明经济增长的理论，就其内容和理论核心来看，新经济增长理论就是关于知识产品在经济增长过程中的内生推动作用的理论。

新经济增长理论的主要代表人物是美国经济学家保罗·罗默。他在主要著作《收益递增与长期增长》中提出并构建了内生经济增长模型，这是一个具有内生技术变化的长期增长模型。其中，专业知识和专业化的人力资本是经济增长的主要因素，知识和人力资本不仅能形成递增效应，而且能使资本和劳动等要素产生递增效应，从而使整个经济的规模效益递增，效益递增保证了经济的长期发展。他把知识完整地纳入经济和技术体系，使其成为经济增长的内生要素，用内生的技术解释经济的增长。这是罗默做出的重大贡献。他的分析方法带动了经济增长分析的全面复兴。

罗默提出了内生经济增长分析，其意义如下。

（1）创新能使知识成为商品。他强调知识商品的特殊化，以及使用上的非竞争性和占有上的部分排他性。他认为，使用上具有非竞争性的商品可以无限地积累增长；不完全的排他性和不完全的独占性，使知识可以产生溢出效应，溢出效应经济具有长期的收益递增性。

（2）知识和资本一样，是一种生产要素。国家必须以对待机器投资的同样方式对待知识投资。

（3）知识能够提高收益率。以往的资本对知识积累是有意义的，投资促进知识，而知识又能促进投资，二者形成一种良性循环。投资的次数增加能够长期提高社会经济发展的增长率。

罗默的理论有力地推动了知识商品化和知识商品资本化的进程和应用，对于知识资本理论的建设有着十分重要的意义。

三、马克思主义经典作家关于知识资本思想的论述

马克思继承了古典经济学劳动价值论的科学部分，但也深刻地批判和扬弃了古典经济学劳动价值论中“劳动一般”在形式上、内涵上的模糊性和局限性，弥补了固有的理论缺陷，增加了大量的科学分析和论证，丰富了劳动价值论的内涵并进行创新，从而使劳动价值论成为真正的、完全的科学理论。

马克思在劳动价值论中论述了劳动二重性原理。这是劳动价值论成为科学理论的核心标志。

亚当·斯密的劳动价值论，在理论上的根本缺陷是，他不完全了解形成价值的劳动的性质。他从生产的角度看到了耗费的劳动决定商品价值，但他又从交换的角度认为商品的价值是由购买的或支配的劳动决定的。这使他陷入二元论的自相矛盾之中，成为难以逾越的瓶颈。他始终未能从劳动与劳动力的区别中找到突破口，没有科学地认识到创造价值的劳动形式与创造使用价值的劳动形式的区别。在这一方面，正是马克思的劳动二重性原理给出了科学的回答。

劳动的二重性，指的是生产商品的具体劳动和抽象劳动这二重属性。具体劳动是指生产目的、劳动对象、所用工具、操作方法、生产结果各不相同的劳动，如铁匠的、木匠的、纺织的等各个形式的劳动。具体劳动生产商品的使用价值。抽象劳动是指无差别的一般人类劳动。抽象劳动生产商品的价值。

具体劳动和抽象劳动是同一劳动过程形成中既相互联系又有差别的两个方面。商品的生产过程是劳动过程和价值形成过程的统一。作为劳动过程，具体劳动创造商品的使用价值；作为价值形成过程，抽象劳动创造商品价值。

具体劳动在创造使用价值的过程中，把生产要素中物质资料的价值转移到商品之中；抽象劳动又把新的价值凝结在商品之中。从价值形成的过程来看，

商品价值首先包含从生产要素中转移过来的物化劳动，这部分劳动实际上是物质生产要素生产过程中的劳动耗费；商品价值还包括当期投入的活劳动。

这里还必须指出的是，商品生产过程不仅是物化劳动的转移价值和新的活劳动价值形成的过程，而且是价值增殖过程。增殖的原因在于，劳动力是能够创造价值的商品。使用者购买劳动力所支付的工资，只是劳动力的价值，这部分价值是雇用工人在必要劳动时间内就能创造出来的。而必要劳动时间之外的剩余劳动时间又创造出剩余价值，因而商品的生产过程是价值增殖的过程。

劳动二重性原理，科学地解释了价值的形成、价值的本质、价值量以及价值增殖过程，是科学地理解劳动价值论的钥匙。它的精髓在于，把各种形式的劳动都转化为相同的人类劳动，商品价值是无差别的人类劳动耗费的凝结，换言之，商品价值的本质就是凝结在商品中的无差别的人类劳动。

马克思的劳动价值论还详细地论证了商品（当然包括知识商品）的价值量的计算问题。劳动本身的量是用劳动持续时间计量的。但是马克思指出，凝结在商品中的劳动量不能由单个劳动者的时间决定，而是由社会必要劳动时间或平均必要劳动时间决定。这是因为，每一个单体劳动力同另一个单体劳动力一样，都进行同一的人类劳动，必须具有社会平均劳动力的性质，体现社会平均劳动力的作用。所以，社会必要劳动时间，是在当时社会正常的生产条件下，在社会平均的劳动熟练程度和劳动强度下生产某种使用价值所需要的劳动时间。也就是说，社会必要劳动量或生产使用价值的社会必要劳动时间决定商品的价值量。一切商品都凝结了一定量的劳动时间。只有等量劳动或能在同样劳动时间内生产出来的商品，才具有相同的价值量。

在马克思看来，形成价值的劳动，不是一般的劳动，也不是一般的抽象劳动，而是经过市场的选择被证明是社会所需要的、必要的劳动。因此，决定商品价值量的不是普通的劳动时间，而是社会必要劳动时间。

马克思扩大了劳动价值论的内涵，把对劳动价值论的理解和运用提升到很高的理论和实践水平。

马克思在论述劳动价值论的过程中，形成了丰富的知识资本思想，包括知识资本的实质、知识资本量化原理等，为知识资本理论体系的形成和知识资本量化系统的研究奠定了坚实的科学理论基础，具有重大的理论意义和实践意义。

第二章
知识资本理论体系的建立和完善是知识经济时代的历史使命

第一节　知识经济时代的到来

从20世纪70年代起，人们亲身经历并深刻感受到经济发展方式正在发生着深刻的变化，一种新的经济形态正疾步向我们走来。对于未来的经济发展阶段，出现过多种表述。一些美国学者认为我们正处于“电子技术时代”，还有一些学者则把它称为“后工业社会”。1982年，美国经济学家和未来学家奈比斯特在《大趋势》一书中提出，我们正在进入“信息经济”社会。1996年，经济合作与发展组织（OECD）首次把新型的知识经济准确地定义为“以知识为基础的经济”。

现在人们越来越清楚地认识到，无论是信息经济、技术经济，还是网络经济，都是以知识为基础形成的经济现象。知识经济则可以概括以知识为基础形成的全部经济内容。

在20世纪初，1912年熊彼特提出的创新理论在当时引起了社会各界的热烈响应。到了20世纪80—90年代，罗默的新经济增长理论进一步引起了人们的共鸣，在熊彼特、马克卢普、罗默等人的经济思想积累的基础上，1996年经济合作与发展组织发表了《以知识为基础的经济》报告。

正如报告所指出的，知识经济是以知识为基础的经济，知识经济是指建立在知识和信息的生产、分配和使用之上的经济，是后工业社会后的一种新的社会经济形态。

报告对知识经济的趋势与含义、科学研究在知识经济中的作用，以及测度知识经济的指标体系进行了初步介绍。报告提出了“以知识为基础的经济”这一概念，并指出经济合作与发展组织主要成员国当时的国内生产总值（GDP）的50%以上是以知识为基础的。具体表现为：①对无形资产的投资（科研、教育培训等）超过了对有形资产的投资；②与高科技（尤其是信息技术、生物工程技术、航天技术等）有关的产业成为增长最快的产业；③拥有更多技能和知识的劳动者在劳动力市场上更受欢迎。

报告将知识分为四种类型，即“知道是什么的知识（know - what）、知道为什么的知识（know - why）、知道怎样做的知识（know - how）和知道是谁的知识（know - who）”。其中，后两种知识属于隐含经验类知识，不同的知识类型对知识经济的促进和影响是不同的，人们日益重视隐含经验类知识在经济增长中的作用。

报告还从知识与学习、知识网络、知识与就业、政府政策四个角度，分析了经济合作与发展组织成员国在即将到来的知识经济环境下面临的主要问题。报告指出，在知识经济中，政府的政策，尤其是与科学技术、产业及教育相关的政策，应当有新的聚焦点，需要承认企业的核心作用，承认国家创新体系的重要性，承认基础设施的必要性和对研究与培训投资起促进作用的激励措施的必要性。

此外，报告从知识生产、传播和转让几个角度简要讨论了科学系统在知识经济中的主要功能。自此，“知识经济”成为热词，知识经济问题逐渐成为社会各界特别是学术界的热门话题。

20 世纪后半叶，随着科学技术的迅猛发展，人类社会逐步从工业时代进入知识经济时代。新经济是 20 世纪末出现的极为重要的经济概念和经济形态，新经济不仅体现了以网络技术为核心的产业提升与产业形态的急剧变化，也从根本上改变了经济生活的运行方式和部分重要规则。在新经济中，科技创新进一步成为企业的发展动力，风险投资应运而生，价格被“净化”，所有的产品一问世就处于最低的价格水平。在这种情况下，传统的货币资本理论已经难以描述经济增长的“秘密”，于是出现了知识资本的新概念。

以经济数字化、网络化、信息化、智能化为基本内容的第四次产业革命，大大加快了人类社会进入知识经济发展阶段的进程，有力地促进了知识经济时代的到来。第四次产业革命，使在社会生产过程中投入的知识总量迅猛增加，从而使世界各国国民经济知识化水平越来越高，每个经济元素包含的知识和科技含量的比重越来越大，知识和科技成果对社会经济发展的作用凸显，知识和知识资本成为国家、地区和企业经济发展的关键资源和主导力量。知识生产率日益成为国家、地区和企业竞争的关键因素，而不再是以体力劳动

为主的劳动生产率。这标志着人类社会已经进入知识经济发展阶段，知识经济时代已经到来。

第二节　知识经济时代的特征

知识经济是以知识资本为基础的经济，是以知识的生产、交换、分配和消费为基础的经济形态。知识经济是整个社会经济活动主要建立在知识积累和知识创新基础上的一种新型经济，它区别于以劳动资源或货币资本为依托的传统经济。

知识经济时代有以下几个主要特征。

1. 知识经济时代是知识资本引领和主导经济发展的时代

在知识经济时代，投入社会生产过程中的知识和知识资本的总量日益增加，使国民经济每个元素包含的知识和科技的比重越来越大，知识资本就像一条红线贯穿国民经济各个领域和各项产业，引领并主导着经济发展，所有领域和所有产业的发展都需要知识资本的支撑。人类从来没有像现在这样深切地感受到“知识就是力量”的真正含义。知识的空前传播和知识资本的广泛运用，为知识经济时代的社会经济发展，注入了强大的动力和无限的活力。人们越来越清晰地认识到，单一货币资本主宰世界货币的时代已经结束，知识资本引领和主导经济发展的时代已经到来。

2. 知识经济时代是人类社会经济高速发展动力转型的时代

货币资本主导经济发展的传统经济时代，是通过大量消耗资源来换取经济增长的时代，货币资本推动经济增长的速度是惊人的，但是单纯依靠货币资本发展经济很快就遇到了“瓶颈”。货币资本的不断增长，带来的是资源消耗的不断加速，因此，很快就出现有限的资源无法继续支撑经济高速增长需要的局面。而在知识经济时代，知识和知识成果的投入代替资源的投入，支撑经济持续快速增长，这就大大地减轻了社会经济增长对资源和环境的依赖和压力。而且，由于在知识经济时代，优化资源的举措提升了资源的利用水平，化解了人类社会经济高速发展的瓶颈，实现了社会经济高速发展的动力转型。所以，知识经济时代是人类社会经济高速发展动力转型的时代。

3. **知识经济时代是人类社会知识生产过程大规模发展的时代**

在商品经济发展过程中，除以物质形态存在的商品外，还有以知识形态存在的商品。尤其是进入知识经济时代后，越来越多的信息和知识成果成为独立存在的知识形态商品，新的知识产业正在出现。由此人们深刻地认识到与社会物质生产过程并行的还有知识生产过程，它的产品，即新知识和科技成果，有力地推动着国家、地区和企业经济的发展，成为一种崭新的资本力量，形成一种新的资本形态。而且，与传统的货币资本不同，知识资本是一种清洁的、无污染的资本，它可以多次复制，长期发挥作用；它对货币资本发挥“点石成金”的作用，当国家、地区、企业在发展过程中出现货币资本不足的情况时，它可以几倍、十几倍地扩大现有货币资本的作用；同时，它可以创造出比货币资本更高的利润率。因此，人类社会知识生产过程受到了世界各国政府领导人、政府主管部门和企业家的高度关注，他们投入巨额资本，大力发展知识生产过程，使各国的知识生产过程的规模越来越大。社会知识生产过程大规模发展是知识经济时代一大显著特征。

4. **知识经济时代是国民经济产业结构重新调整的时代**

知识经济正以其在现实中的迅猛发展，向我们展示新时代新的生产方式和新的增长形式，经济发展的主要资源——知识资源投入和参与生产的形式，完全不同于传统经济。在知识经济时代逐步形成了诸多新型的主导产业。传统的三次产业划分将为新的产业划分所代替。知识经济时代是产业结构发生巨大变化的时代，高新技术产业将成为知识经济时代最重要的产业，可称为第一产业，其次为文化创意产业、现代化农业、现代化工业，以及其他各种服务业。

5. **知识经济时代是科学技术真正成为第一生产力的时代**

以经济数字化、网络化、信息化和智能化为核心的第四次工业革命，大大促进了知识经济产业的发展，加速了知识经济时代的进程。很多经济学家和预测专家预计，改变世界面貌和人类社会生产形式的重大科技主导产业的发展，将在2030年前后全面推进。人类社会将在21世纪下半叶全面进入知识经济时代，这将是科学技术真正成为第一生产力的时代。

第三节　发展中的知识资本理论

一、发展中的知识资本理论

在知识经济时代，各国经济学家对知识资本的研究表现出极大的热情，研究知识资本的热潮正在兴起。经济学家取得了许多研究成果，出版了许多关于知识资本的著作对知识资本理论进行表述，包括知识资本的内涵、知识资本的定义、知识资本的特征、知识资本的应用、知识产业等。知识资本理论体系的轮廓日益清晰，但是知识资本理论体系的构建完成还需要一个长期的研究和完善过程。

所有这些研究还属于知识资本理论的初期研究，还存在着许多需要进一步研究和解决的问题，例如关于知识资本的定义的研究。

已经提出的关于知识资本的定义还比较笼统，存在着内涵和外延界限不清晰、定义不精准等问题。有些研究还处于某种误区之中。例如，关于知识资本的特征，许多知识资本专家认为知识资本是无形的，知识资产是无形资产。这可以从许多知识资本专家的著作中看出，如著名的知识资本专家阿莫德·波尔弗（Ahmed Bounfour）和利夫·埃德文森（Leif Edvinsson）在其《国家、地区和城市的知识资本》（*Intellectual Capital for Communities: Nations, Regions, and Cities*）中明确提出，知识资本是无形资本，知识资产是无形资产。在国外其他知识资本专家的著作中，这一提法也屡见不鲜。国内有关知识资本的研究著作和论文中，很多也认为知识资本是无形的，知识资产是无形资产。

经过深入研究，我们发现以往在知识资本研究过程中，由于缺乏深入的知识资本定性研究、知识资本内涵难以界定而出现了一定的研究误区，影响了知识资本和知识资本量化研究的进程。

以往的研究过程中的误区主要表现为：①认为知识资本是无形的；②认为知识资产是无形资产；③认为知识资本是难以量化甚至不能量化的。

经过仔细分析，我们认为这里存在三个问题：①由于研究不够深入、研究工作没有完全到位，没有发现知识资本由无形到有形的转化过程；②由于对知识资本的研究还没有系统地展开，还没有认识到知识资本存在的各种形式；③最重要的是没有认识到知识资本内涵的实质，从而形成了一定的研究误区。

我们必须从以往的研究误区中走出来。

首先，我们要认识到，当一项技术方案或知识成果储存在脑海中的时候，除本人外，其他人是看不见、摸不着的，是“无字真经”，对他人而言，是处于无形状态的。但是，由于市场经济发展的需要，要在实践中应用时，这项无形的技术方案或知识成果就不能继续是“无字真经”，必须用语言表述出来，必须用准确的文字记录下来，告知他人、告知社会。此时，原储存在发明人头脑中的无形的知识成果就转化为有形的知识成果了。换言之，此时知识资本就完成了由无形到有形的转化过程。认识这一点十分重要，它将帮助人们走出知识资本是无形的误区。

其次，通过对知识资本深入系统地研究，我们发现知识资本有多种存在形式。知识性资产，实际上是已经物化的，或者说是已经固化的知识资本。固化的知识资本，包括科学仪器、仪表、精密的技术设备等。可见，知识性资产作为物化的或者说是固化的知识资本，也是有形的。

由于研究没有完全到位，对知识资本内涵认识不深刻，没有了解知识资本的实质，是形成研究误区的最根本的原因。经过深入研究，我们清晰地认识到，所谓知识资本的内涵，或者说知识资本的实质、知识成果的实质内容，就是智力劳动者凝结在其中的智力劳动。认识到这一点，知识资本量化问题迎刃而解。因为，智力劳动者凝结在其中的劳动是由所凝结的劳动量决定的，而劳动量则可以用劳动时间来计量。因此，知识资本是完全可以量化的。但必须指出的是，这里所说的劳动不是一般的劳动，也不是一般的抽象劳动，而是经过市场的选择被证明是社会所需要的、必要的劳动。因此，决定商品价值量的不是普通的劳动时间，而是社会平均必要劳动时间。

二、建立和完善知识资本理论体系是知识经济时代的历史使命

经济理论是一门历史科学，每个时代都有其代表人物提出新的理论，引领这一时代的经济发展。但是新的理论又将随着这一时代经济发展的实践而不断充实和完善。

知识经济时代是形成知识资本理论的基础，是知识资本理论体系借以形

成的母体。知识经济时代自20世纪70年代萌芽至今大约有半个世纪之久，许多内容尚未充分展现出来，我们只能对已经发生的实际情况进行研究和理论总结。随着知识经济时代的经济发展实践进一步推进，知识经济时代的理论逐步完善和成熟，完整的知识资本理论体系将应运而生。

第三章

知识资本理论的发展及历史地位

第一节　人类社会资本的演进过程

为了深入研究知识资本的产生，我们需要首先回顾一下人类社会资本形态的演进史。

考察人类社会资本发展的历史，我们可以大致将人类社会资本的演进过程分为以下几个阶段。

第一阶段：资本的萌芽阶段。

从人类社会出现商品经济开始，资本的三种形态就已经存在了。首先，在进行生产之前，人们必须准备原材料和生产场地——这是货币资本的投入；其次，在生产进行的过程中，人们必须通过设计和劳动，把原材料转化为产品，知识资本正是在这一环节发挥作用的；最后，生产的产品销售给消费者，消费者通过其购买行为，完成消费资本的权利和义务。于是，一个独立的市场经济过程完成了。但是在那个时期，由于人们的生产能力还相当有限，无论是货币资本还是消费资本，都不存在短缺的压力。同时由于生产力水平低下，知识资本能够起到的作用也相当有限。因此在当时这一切都被看作自然而然的、习以为常的事。无论是哪一种资本，都没有被人们发现并很好地利用。

第二阶段：货币资本的确立。

到了第一次产业革命前后，货币资本逐渐被人们认识并开始受到重视。当时生产力的发展已经具备了一定的水平，通过大量消耗资源来换取经济增长的时代开始了。由于当时资源的投入在生产中占据了相当重要的位置，货币资本的作用和重要性逐渐凸显，成为推动经济发展的主要力量。

发生在这一时期的一个特别重要的事件，是有限责任公司制度的确立。为了通过降低投资风险来鼓励投资，人们建立了有限责任公司制度。投资者

可以享受公司带来的全部利润，但只需要以出资额为限来承担公司的责任。这种有限责任公司制度，极大地调动了货币资本的积极性，有力地推动了经济的增长。在这种有限责任公司制度下，货币资本获得了对企业的控制权，并且独自享有企业全部最终收益。而知识资本和消费资本的利益没有得到保障。虽然在这一时期，知识资本和消费资本的作用还比较小，这种制度的推行还不会造成严重的负面效应，但是随着经济的发展，这种制度的缺陷越来越明显。

第三阶段：知识资本的产生。

货币资本推动经济增长的速度是惊人的，但是单纯依靠货币资本发展经济很快就遇到了瓶颈。货币资本的不断增长，带来的是资源消耗的不断加速。因此很快就出现有限的资源无法继续支撑经济高速增长需要的局面。

为了人类社会进一步的发展，人们发现了新的支柱——知识经济，通过知识的投入代替资源的投入，来支撑经济持续快速增长。人们制定了知识产权制度，将知识成果以货币资本的形式进行量化之后在市场上流通。在这个时期，知识还未能成为真正的资本。因为知识产权是知识资本的成果，而不是知识资本本身。知识资本的很多成果，是无法完全用知识产权的方式表现的。知识产权所能表现的只是一部分成果，即可以购买和流通的那些成果。在知识产权制度下，很大程度上是由货币资本代行知识资本的职责，而不是让知识资本本身参与管理并承担责任。货币资本所有者仍然是企业的控制者、企业责任的承担者和企业利润的享有者。

但在经济发展过程中，知识资本的作用已经十分重要，能够承担企业更多的责任和义务，也要求在企业中获得更大的权益。但是，人们——包括货币资本的所有者和知识资本的所有者本身——都还没有充分认识到这一点，而仅仅把知识资本的所有者看作货币资本的代理人，对知识资本尚未能发挥重大作用的原因，归咎于代理人。人们想了很多办法，试图解决代理人问题，但是由于缺乏清晰的科学理论支撑，人们无法抓住问题的实质，不能真正将知识资本的活力释放出来。我们认为必须将知识产权体制转化为知识资本体制，才能充分发挥知识资本的作用，才能使市场经济真正迅速地发展起来。

第四阶段：消费资本的产生。

随着经济持续高速增长，消费逐渐成为一种紧缺的资源。消费资本开始发挥越来越大的作用。

最初，人们还没有真正认识到消费资本的存在。直到后来由于消费资本缺位引发了几次大规模的经济危机，即生产相对过剩危机，才使人们认识到消费资本的重大作用。即使如此，经济学家依然没有从资本的高度认识消费资本缺位给经济造成的巨大损失，而只认为是消费不足。

到了20世纪末21世纪初，人们终于发现了消费资本的存在，这是一个划时代的伟大发现。人们发现：消费不仅决定了货币资本能否实现其最终价值，而且是给经济发展注入新的资本动力的源泉。正是由于其在生产过程中和社会经济发展过程中的巨大作用，而成为一种新的资本形态。这一发现打破了人们长期以来认为货币资本是资本唯一形态的传统观念。

消费资本的发现，也引发了人们对知识资本的重新思考。人们认识到市场经济的发展是由货币资本、知识资本和消费资本三种资本共同推动的，而不是由单一的货币资本推动的。

发现资本的三种形态，对于经济学的意义，不亚于门捷列夫制定元素周期表对化学的意义。在消费资本及其相关理论的指导下，人类社会必然会发生一场翻天覆地的变化，将迎来一个全新的世界。

第二节　知识资本是资本理论的第二次革命

任何一种理论的发展都是与社会生产力和经济发展水平相适应的。我们知道，随着科学技术的进步和人类对自然界认识能力的提高，物理学、化学等自然科学不断取得新的进展。随着门捷列夫提出元素周期表，物理学家发现原本存在的基本粒子，人类对自然界的认识逐步加深。经济学作为一门社会科学也存在着类似情况。随着社会生产力的发展和与之相应的对经济理论的深入研究，经济学家也会逐渐发现在社会经济发展过程中依序出现的资本形态，并不断推进着资本理论的发展，为人类社会的经济发展提供理论指导。

从理论上讲，资本理论是经济学的第一理论。经济学研究的目的就在于充分发挥资本效能，从而推动生产力水平的提高和经济实力的增长。在社会经济生活中，资本是推动一个国家、地区和企业经济发展的直接动力。因此，资本理论的发展对于经济的进步具有重大意义。在资本理论史上有过两次重大的理论突破，都对当时的社会经济产生了巨大的影响。

第一次理论突破要追溯到18世纪后期，当时世界经济正处于工业经济时代。由于机械化大生产的发展，社会生产力大幅度提高。资本以货币的形式被资本家掌握并在市场经济中发挥着举足轻重的作用。以亚当·斯密、凯恩斯、弗里德曼等为代表的经济学家，通过长期的研究，不断加深对社会经济发展规律的认识，创立了古典经济学、政治经济学等经济学理论。这些理论在各自的体系中分别说明货币资本的积累和流通，是资本家获得利润的主要方式，并从生产过程和流动过程统一的角度，论述了劳动价值理论、资本积累理论、资本循环和周转理论、MM理论以及均衡理论等关于货币资本在市场经济中运行规律的理论，形成了货币资本理论体系。这一体系的建立是货币资本研究的重大理论突破，为整个工业经济时代的生产活动提供了理论指导，是资本理论史上的第一个里程碑。

工业经济时代统治了世界二百多年。在这期间，人们一直认为资本就等于货币，货币资本就是资本的全部内容。然而，随着经济的发展，单一货币资本支持社会经济发展的模式以及伴随这一模式所形成的单一的货币资本理论，已不能充分有效地满足人类社会经济的发展需求。人们开始寻求新的理论突破来解决这一问题。

20世纪后期，人力资源管理、知识资本运用的相关经济理论陆续产生，如后工业社会理论、新经济增长理论、环境经济学、信息经济学、人力资源、人力资本等各种新型理论层出不穷。这些理论在不同程度上阐述了知识资本对经济发展的重要作用和知识经济在人类社会经济中的重要地位。知识资本作为一种新的资本形式受到越来越多的关注。

进入21世纪，世界经济发生了深刻变化，一种新的经济形态——知识经济逐渐显示出强劲的发展势头。在知识经济社会，知识成为推动经济发展的关键性资源，知识以其独特的魅力登上了人类社会经济发展的舞台，成为经济发展的主导力量。知识生产率取代以体力劳动为主的劳动生产率，日益成为国家、地区和企业竞争的决定性要素。当知识成为创造产品和服务、获取利润的资源时，知识也就成为知识资本。

知识资本概念的产生和知识资本理论的建立，是对资本理论的又一次突破。它打破了市场经济发展过程中货币资本一枝独秀的局面，使人们对于资本和资本理论的认识达到一个新的层面。这是资本理论的第二次突破，是资本理论史上的第二个里程碑。

市场经济发展至今已逐步走向成熟，而我们对各种形态的资本并没有开发殆尽，在经济发展过程中可能存在着更多的资本形态。从实践上讲，现有的资本形态还不能充分满足市场经济发展的需要。随着市场经济的不断发展，人们又发现了消费资本。

消费资本论的核心内容，是将消费向生产领域延伸。当消费者购买厂家和商家的产品和服务时，生产厂家和商业企业应把消费者对企业产品和服务的采购视同对企业的投资，以合同的形式记录在案，一年下来，参照央行活期存款利率，并按一定的时间间隔，把企业利润的一定比例返给消费者。此时消费者的购买行为，已不再是单纯的消费，他们的消费行为同时成为一种储蓄行为和参与企业生产和经营的投资行为。于是，消费者又是投资者，其消费转化为资本。这实际上是将消费者以投资者的身份从产品链的末端提升到前端，使消费者在购买产品时，既能分享企业成长的成果，也为企业发展注入新的资本动力，使消费和投资有机结合，从而使买卖双方在这种条件下合二为一，成为一体，完成消费转化为资本的过程。这样，消费作为一种资本，它同货币资本、知识资本一样，成为企业发展的直接动力。

此时，消费者的购买行为，已经不再是单纯地为了获取商品而满足意愿和偏好，他们的消费行为也是一种储蓄行为和参与企业生产和经营的投资行为，这就可以在一定程度上消除买卖双方的对立，化解消费者和生产者之间的根本矛盾，从而使双方获益，达到消费者、生产者、经营者和全社会共赢的目的。

市场经济已经进入新的发展阶段。我们应当用新的市场经济理论，尤其应当用自主创新的经济理论，作为今后经济发展的理论导向。在这里，我还要强调指出，在以买方为主的市场经济发展阶段，消费资本论应当是首要的和最重要的资本理论，也是市场经济理论的重大创新。消费资本论，是新的市场经济理论形成的标志。新的市场经济理论认为，完整的市场经济资本构成应包括货币资本、知识资本和消费资本三种资本，而不是唯一的货币资本。因此，解决国家、地区和企业经济发展所需要的资金问题，总的思路应当是：①继续充实货币资本；②高度倚重知识资本；③大力开拓消费资本。同时，经济发展方式也应该是多元的。由单一的货币资本发展经济的传统发展方式，转化为货币资本和知识资本相结合的发展方式，再转化为“消费资本导向，知识资本创新，货币资本推动”的三种资本融合、联动的新型发展方式，是全世界各个市场经济国家经济发展必然遵循的总的趋势，也是国家、地区和企业经济发展方式的选择方向。

消费资本论还指出，一方面，凡有消费和消费者的地方，就有消费资本化的可能，影响范围极其广大；另一方面，消费者本身就是一个庞大的群体，消费又是一个可以计算或涵盖生产总量的经济概念。因而可以这样说：消费资本论实际上是一个调度社会总资本的武器，它所产生的作用远远超出了一个企业、一个地区、一个国家的范畴，它不仅属于一个国家，更属于世界经济范畴。

因此，消费资本的确立和消费资本理论体系的建立，堪称是21世纪资本理论的又一重大突破，是资本理论的第三次革命，是资本理论史上又一个新的里程碑。

市场经济资本构成由单一的货币资本发展成货币资本、知识资本和消费资本三种资本，在市场经济发展史和世界经济思想发展史上第一次提出了科学的、完善的、新的资本理论体系，完成了当代新资本论的建设，给当代社会经济发展以科学的理论导向。

消费资本论作为中国原创的经济理论，是中国市场经济发展的理论总结。它同其他理论成果一样，将被载入世界理论的宝库。

第三节　知识资本是市场经济资本构成中的重要组成部分

传统的经济学理论认为，推动经济发展的只有一种资本，即货币资本（实际是指具有生产属性的资本，即生产资本）。但市场经济发展的实践说明，事实并非如此。人们通过对市场经济发展史的研究，尤其是对最近二百多年的市场经济的研究，逐渐认识到：完整的市场经济资本构成应包括生产资本、知识资本和消费资本三个重要组成部分，而不是单一的生产资本。

解析最近二百多年的市场经济发展史，我们可以看到：在第一个一百年里，世界各国大都是单一地依靠生产资本来推动经济发展。但近一百年来，人们逐渐意识到还有另外一种资本在推动经济发展，这就是在20世纪80年代逐渐明晰起来的知识资本。随着经济发展的实践和与之相应的经济理论研究的深入，在20世纪末和21世纪初，人们又逐渐意识到还有一种巨大的资本存量——第三种形式的资本，即消费资本。它同货币资本与知识资本一样，是推动国家、地区和企业经济发展的直接动力。

从工业革命开始至今，三个世纪以来，传统的经济学家对资本的研究，从未超过货币资本范畴，他们对资本丰富的内涵并没有进行过深入的研究。他们的注意力集中在对现有资本形态即货币资本功能的挖掘上，而忽略了对新资本形态的探索。所以，他们在资本的内涵和资本的形态两方面，都没有研究到位。

经过深入研究，人们逐渐认识到，“资本”是一个总的概念，是具有多种属性资本要素的统称。作为市场经济发展动力的资本，它对市场经济发展投入的不仅是生产性资本要素，还包括知识性资本要素和消费性资本要素。我们必须对资本的丰富内涵进行深入的细分研究，分类分析、梳理、界定不同属性的资本要素，并在此基础上，探索出不同属性的具体的资本形态。

随着人类社会经济发展和科学技术的进步，人们对资本的认识逐步深化。人们对资本的内涵、资本的具体表现形态、资本的作用和发挥作用的机制的认识也日渐清晰，主要表现在：第一，资本是多种属性资本要素的聚合体，作为市场经济发展动力的资本要素并不局限于一种属性，它包括生产性资本要素、知识性资本要素和消费性资本要素。资本在市场经济发展中投入的三种属性的资本要素，逐渐形成生产性资本（简称生产资本）、知识性资本（简称知识资本）和消费性资本（简称消费资本）。这三种资本是以资本要素这一共性为特征，以资本要素属性的分类为依据形成的具体资本形态。资本是多种具体资本形态的综合体。第二，资本的三种具体形态的演进，是同社会经济发展程度和生产力水平相对应的。它们随着市场经济发展进入不同阶段，依次呈现在人们的面前。

对资本细分研究得出的结论，具有重要的现实意义。我们必须更新资本观念，以适应新时期的经济发展的需要，如果我们继续沿用传统的资本观念引导今后的经济发展，提出的资本要素只是包括土地、资源、原材料和劳动力，这会使今后的经济发展重复过去的老路，使经济发展停滞不前，甚至走回头路。我们必须用新的资本观念来引导今后的经济发展，我们必须对资本观念进行两次更新。第一次更新是加入知识性资本要素，对今后的经济发展，提出的资本要素不仅包括土地、资源、原材料和劳动力，还应包括知识、知识产权、发明专利、信息和信息技术。这将使未来的经济发展高度重视知识、技术和信息等知识资本的作用，逐步改变主要依靠资源投入支持经济发展的局面，使经济发展取得更好的效果。第二次更新提出的资本要素，除上述各种要素外，还应包括消费、消费者和消费者创造的巨大的市场力量。唯有如此，在全新的资本观念的引领下，经济发展才能进入全面、迅速和可持续的发展之路。

通过研究发现，作为市场经济发展动力的资本，内涵是非常丰富的，是诸多资本要素的总称，它是三种不同属性的具体资本形态，即生产资本、知识资本和消费资本的综合体。换言之，资本是由三种具体形态的资本组成的。今天看来，资本的内涵，比人们以往对资本的认识要丰富得多。这里需要特别指出的是，资本形成的初期，传统的经济学家认为资本就是货币，货币就是资本，这一认识是对资本最初的认识，是对资本丰富的内涵尚未深入认识的一种表述，远没有达到目前人们对资本内涵的认识水平。

综上所述，深入认识资本的内部结构和各种具体资本形态的属性具有重要的现实意义。因为只有更新资本观念，才能适应新时期市场经济发展的需要，才能对新时期经济发展给予科学的指导。

但多年以来，市场经济一直是货币资本（实际上是生产资本，下同）一枝独秀，它的作用受到人们的高度重视，货币资本所有者的权益也得到充分的保证。而知识资本和知识资本的所有者、消费资本和消费资本的所有者，长期被淡化甚至权益缺位，处于被动、消极状态，因而形成了依靠货币资本单一要素发展经济的局面。虽然经济也能取得一定程度的发展，但是资本短缺、创新乏力、消费萎缩的问题不可避免。

近年来，知识资本的作用开始受到人们的重视。人们认识到，新的科学技术即人类知识的结晶，对创造财富起着重大的作用。也就是说，除货币资本以外，还有一种形式的资本也是推动经济发展的直接动力。这就是后来人们所清晰认识到的第二种形式的资本，即知识资本。知识资本的产生，丰富了人们对资本概念的定义和对资本形态的认识。知识资本作为新的资本形态同货币资本一起，推动了人类社会经济的高速发展。知识资本对经济发展的作用具体表现为：当货币资本不能充分满足一个国家、一个地区、一个企业发展需要的时候，知识资本就起到点石成金的作用，它可以几倍、十几倍地扩大现有货币资本的作用，推动国家、地区和企业的经济发展，创造更大量的财富。这种货币资本联合知识资本推动经济发展的模式收到了很好的成效。

随着市场经济的不断发展，人们进一步深刻地认识到，消费者才是市场竞争的最终决定性力量。因为消费者既是市场经济的主人，又是给经济发展注入新的资本动力的源泉。谁能够赢得最多的消费者，谁就拥有最大的市场和巨额资金的注入。换言之，消费和消费资本成为21世纪经济发展的关键性资源和主导力量。消费资本由此而生，消费资本论的构建也以此为基础。

综上所述，我们可以看出，在市场经济的发展过程中将会依序呈现出新的资本形态。货币资本、知识资本、消费资本，就是逐步凸显出来的三种基本的资本形态。可以预计，随着市场经济进一步深入发展，还将会有更新的资本形态呈现在我们面前。

由此，我们不难看出，市场经济发展到今天，知识资本始终是市场经济资本构成中的重要组成部分。

第二篇

知识资本量化系统

这是本书最重要的内容。本篇详细阐述了知识资本的计量单位、计量标准，知识资本量化要素系统，知识资本量化指标测评体系和知识资本计量模型，完成了知识资本量化系统的建设。这是对知识资本量化研究取得的重大成果，并形成被国内、国际普遍接受的、客观的、科学的、统一的知识产权的计量标准。

第四章 知识资本量化研究的时代背景、作用和意义

第一节 知识资本量化研究的时代背景

在经历了约三百年的工业经济之后，20 世纪 70 年代以来，世界经济逐渐进入知识经济时代。知识经济以其独特的魅力登上历史舞台，知识成为国家、地区和企业经济发展的关键资源和主导力量，知识资本主导经济发展的时代已经到来。知识经济时代催生着知识资本理论的发展，同时也催生着知识资本量化系统的建立。

第一，知识资本量化是知识经济时代经济发展的内在要求。

知识经济是以知识的生产、流通、分配和消费为主线运行的新的经济形态，以实现知识资源最优化配置，达到人类社会经济高速、高效和高质量发展为目的。为此，只有对知识资本进行量化才能依据知识资本的数量和比例实现知识资源最优化配置，引领并主导知识经济时代的经济发展。所有经济领域和所有产业的发展都需要知识资本量化和知识资源最优化配置，知识资本量化是知识经济时代经济发展的需要，是知识经济时代经济发展的内在要求。对知识资本进行精确计量，并将其引入资本核算领域是知识经济发展的必然趋势，无疑是当前经济理论研究的一个重要课题。

第二，知识资本量化是市场经济发展到今天必须解决的问题。

多年来，为了发挥知识在经济发展中的作用，人们制定了知识产权制度，将知识的成果以货币资本的形式进行量化之后在市场上流通。然而，在这个时期，知识还未能成为真正的资本。因为知识产权是知识资本的成果，而不是知识资本本身。知识资本的很多成果，是无法完全用知识产权的方式表现的，它所能表现的只是一部分成果，即可以购买和流通的那些成果。在知识产权制度下，更大程度上是由货币资本代行知识资本的职责，仅仅把知识资本的所有者看作货币资本的代理人，而不是让知识资本本身参与管理并承担

责任。因此，知识资本的活力也就无法真正释放出来。我们必须把知识产权体制转化为知识资本体制，才能充分发挥知识资本的作用，才能使市场经济真正迅速地发展起来。而这就需要我们量化全部知识资本，而不仅是一部分知识成果。所以说，知识资本量化是经济学理论发展到今天必须解决的问题，也是市场经济发展到今天必须解决的问题。

第三，知识资本量化是调整和克服传统资本理论缺陷和失衡的需要。

传统经济学家对知识经济时代的发展现象有诸多“迷茫”之处，在解释新经济特征时常常力不从心，其根本原因在于他们所依据的传统资本理论存在着严重缺陷和失衡。例如对经济增长速度和资本积累速度不成比例的“迷茫”，其原因就在于传统资本理论的不完整性。传统资本理论认为市场经济资本只由单一货币资本构成，而没有意识到知识资本和消费资本的存在，没有对这两种资本形态进行记录和量化。因此，财务专家在统计资本规模时，没有将这两种资本计入在内，所以才会产生社会资本积累速度并未加快，却出现经济迅速增长的“迷茫”。究其原因，实际上是传统经济理论由于本身固有的缺陷，已经失去了对新经济现象的认识和分析能力。

实际上，市场经济的资本构成应当包括货币资本、知识资本和消费资本，三种资本共同推动社会经济的发展。但是长期以来，人们只看到货币资本所发挥的作用，并且只对货币资本进行计量，在统计一个国家、一个地区、一个企业的资本总量的时候并没有将知识资本和消费资本计入总资本，忽略了这两种资本在经济发展中的重要作用。实际上，在推动经济发展的过程中，当货币资本不足时，正是知识资本和消费资本弥补了它的不足，发挥了举足轻重的推动作用。而且，以往单一货币资本推动的经济发展模式，已经不足以支撑经济高速发展。在新的经济发展过程中，知识资本和消费资本的作用和优势日益凸显，由货币资本、知识资本和消费资本共同作用的新经济发展模式将逐渐取代传统的经济发展模式。

第四，知识资本量化是解决现代经济发展实际问题的需要。

在知识经济发展的过程中，我们看到，统一的、配套的计量核算理论和知识资本计量方法的缺失，已经造成了严重的经济和社会问题。世界各国之间对于知识产权所设定的标准大相径庭，造成知识成果难以流通，甚至不能流通的困境，并带来诸多法律纠纷，对于知识产权所有者的保护和奖励机制也难以做到科学、合法、规范。这些问题的产生是因为至今尚未解决知识资

本量化问题，没有形成一个客观的、科学的、统一的知识资本量化标准。我们必须加快研发知识资本量化系统，才能从根本上解决这些问题。

世界经济发展的形势和知识经济时代经济发展的主题已经表明，我们只对知识资本进行定性研究已经不能满足经济发展的实际需要，必须配以知识资本量化研究，建立一个科学的知识资本量化系统，才能顺利实现知识经济时代整个历史时期经济发展的主题。

第二节　知识资本量化研究的作用

知识资本量化研究的应用范围非常广泛，不仅可以应用在宏观经济上，也可以应用在微观经济上。它对国家、地区和企业经济发展都具有重要的作用，而且对经济学及其相关学科的发展创新也有重要的理论意义。

一、知识资本量化研究对国家、地区和企业经济发展的作用

（1）有利于建立新的经济运行体系。

在知识经济时代，依靠单一货币资本支持经济发展的传统发展方式，转化为货币资本和知识资本相结合的发展方式，再转化为“消费资本导向、知识资本创新、货币资本推动”的三种资本融合、三种资本联动的新型经济发展方式，是知识经济时代经济发展的基本方式，是全世界各个市场经济国家经济发展实践的趋势，是市场经济中一条非常重要的经济发展规律，也是新时期的一种新的经济运行体系。知识资本量化将有利于新型经济发展模式的资本构成，进行最优化组合，形成一种新的经济运行体系。

（2）有利于建立新的企业制度和新的分配制度。

知识资本量化有利于建立新的企业制度。因为要建立货币资本、知识资本和消费资本三种资本综合的股份有限公司，就必须量化知识资本，这样才能确定知识资本所占股份比例，从而使包括知识资本在内的“综合资本股份有限公司”得以建立起来。

同时，知识资本量化也有利于建立新的分配制度。社会财富和企业利润是由三种资本共同创造的，因此应该建立由三种资本所有者共同参与利润分配的新的收入分配制度。为此，就必须能够计量和比较三种资本。目前能够

量化的只有货币资本，我们必须能够量化知识资本和消费资本，才能使新的收入分配制度得以顺利实施。所以，知识资本量化研究为建立新的企业制度和新的收入分配制度提供了必要条件。

由三种资本所有者共同参与利润分配的理论，是确立新的公平分配制度的理论基础。这种新的公平分配制度，将从根本上打破存在已久的分配格局，从源头上解决分配不公的问题，将结束几个世纪以来企业不公平分配制度的历史，开创企业利润公平分配的新纪元。

二、知识资本量化研究对企业发展的重要作用

（1）有利于企业股份制改造，开启新企业制度的新时代。

在传统的产权理论中，货币资本所有者股东独享企业利润和企业的控制权，这种权利具有高度的排他性。在知识经济时代，知识成为企业的关键资源和主导力量。而产权激励体系中，如果没有对知识资本进行量化作为依据，知识资本所有者就无从获得相应的报酬，由于没有得到相应的回报，自然没有激励动因。

新企业制度由三种资本组成，在保护三种资本所有者权益的“综合资本股份有限公司”中，三种股东——原始股东、员工股东、消费者股东分别代表了货币资本、知识资本和消费资本。具体做法是，根据我国现在市场经济的发育程度和我国企业发展的实际情况，实施知识资本股东价值测评制和消费资本股东预留制。“综合资本股份有限公司”将充分发挥三种资本的重要作用，真正实现三种资本联动推动企业的发展。

“综合资本股份有限公司”作为全新的企业制度，综合考虑了货币资本、知识资本和消费资本三种资本力量，从根本上改造传统的股份制模式。要确定“综合资本股份有限公司”中三种股东——原始股东、员工股东、消费者股东分别所占的股份比例，就必须对三种资本，包括知识资本进行量化。其中，知识资本量化是“综合资本股份有限公司”实现的重要条件，唯有如此，才能真正实现三种资本结合、三种资本联动推动企业的发展。

“综合资本股份有限公司”作为全新的企业制度，将从根本上改变1602年由荷兰建立并沿用至今的单一货币资本股份制模式，从而开启新企业制度发展的新时代。

（2）可以保障知识所有者的权益，激发他们的积极性。

只有在知识资本所有者的权益得到正确激励的前提下，知识资本才能发

挥其价值创造的功能。因此，需要将知识资本所有者拥有的知识资本进行量化，准确地计算出知识资本量，以便建立科学的知识资本长效激励机制，使知识资本所有者能够在知识资本量化的基础上参与企业利润分配。这样才能激发知识资本所有者的积极性，使知识资本的价值创造能力充分发挥出来。

（3）建立以知识资本量化为基础的长效激励机制，能为企业带来以下优势：①可以为企业高管人员、科技人员和业务骨干制定科学的薪酬绩效体制，有力地激发他们的工作积极性；②是稳定企业队伍，避免人才流失、科技成果流失、顾客流失、市场流失的有效举措；③是增强企业凝聚力，增进劳资双方关系的重要纽带；④是减轻企业压力，实施新劳动合同法的有效配套措施；⑤为企业队伍建设、组织结构稳定、经济发展和经济效益大幅度增长提供切实的保障；⑥增强企业的创新能力，提高企业综合管理水平，引领企业成为市场经济的佼佼者。

三、知识资本量化研究的理论意义

知识资本量化研究将从根本上丰富经济学研究的内容，这对于完善经济学研究方法，客观、全面地用经济理论指导经济实践具有重大的现实意义。同时，知识资本量化对于经济学相关学科，如计量经济学、数理经济学、统计学等分支学科的建设也具有十分重要的意义。

此外，对于研发机构和研发人员来说，由于知识资本量化研究是学术界前瞻性项目，它的研究成果对于经济学理论的发展和学科建设都具有重要的意义。因此，率先在该项目的研究上取得突破性进展的研发机构和研发人员，会成为推动经济学发展的突出贡献者。

总而言之，知识资本量化研究将带来理论上、制度上和思想上的创新，它是世界上最前沿的研究课题之一，它是一个国家或地区的创新亮点，为社会的各个层次和领域都带来创新内容。

第三节　知识资本量化研究的重大意义

知识资本量化研究是目前全球瞩目的、世纪性的前沿课题，具有无限的科学理论价值和实际意义。它不但是重大经济理论创新，同时还将对国家、地区和企业经济发展产生不可估量的重大作用。

第一，知识资本量化是衡量一个国家创新能力最重要的标准和最精确的指标，也是测量和激活国家、地区和企业知识资本存量，并使之充分发挥作用的最重要的前提和最关键的条件。

第二，知识资本量化研究，将有助于准确量化国家、地区和企业在发展过程中运行着的资本总量，为国家、地区和企业经济发展从资本构成方面提供非常精确的量化说明，对于推动国家、地区和企业经济发展提速、优化资本结构、充分发挥知识资本的作用具有重大意义。

第三，知识资本量化研究将有助于国家、地区和企业实现经济发展方式转型，建立新经济运行体系、新企业制度、新分配制度，实现国家、地区和企业经济发展升级。

第四，知识资本量化是计量知识产权价值，实现知识产权流通，完善知识产权制度的关键因素。因为知识产权反映的是知识资本的成果，只有解决了知识资本量化问题，才能精确计算出知识产权的价格。同时，将知识成果中的单体知识资本转化为可以比较的标准量，才能形成被国内、国际普遍接受的客观的、科学的、统一的衡量标准，从根本上突破国内各地区之间（包括内地和港澳台之间）、国与国之间知识产权难以流通，甚至无法流通、不能流通的瓶颈。

第五，知识资本量化研究能够为我国在世界最前沿的课题上争取话语权。目前，我国对知识资本量化的研究已经具备了理论成果并在方法论上已有充分的准备。

第六，知识资本量化研究是经济学发展至今必须解决的问题，它将从根本上丰富经济学研究的内容，这对于完善经济学研究方法，客观、全面地用经济理论指导经济实践具有重大的现实意义。同时，知识资本量化对于经济学相关学科的建设也具有重大指导意义。它增加了市场经济的资本构成，而且使以前无法量化的知识资本得以量化，为经济学建立模型提供了新的可以量化说明的因变量，因此，为计量经济学、数理经济学、统计学等分支学科的发展提供了理论创新平台。同时，知识资本量化研究项目的成果，进一步丰富了 IT 技术服务的内容，推动 IT 技术服务功能向纵深发展。

第五章
知识资本量化系统（上）

第一节　知识资本量化研究的指导思想

知识资本量化研究的指导思想，是马克思主义劳动价值论，特别是马克思提出的劳动二重性原理。

劳动二重性原理，科学地解释了价值的形成、价值的本质、价值量以及价值增殖过程。这是科学地理解劳动价值论的钥匙。它的精髓在于，把各种形式的劳动都转化为相同的人类劳动，商品价值是无差别的人类劳动耗费的凝结，换言之，商品价值的本质就是凝结在商品中的无差别的人类劳动。

马克思的劳动价值论，还详细地论证了商品（当然包括知识商品）的价值量的计算问题：劳动本身的量是用劳动持续时间计量的。但是马克思指出，凝结在商品中的劳动量不能由单个劳动者的时间决定，而是由“社会必要劳动时间”或“平均必要劳动时间”决定的。这是因为，每一个单体劳动力同另一个单体劳动力一样，都进行同一的人类劳动，必须具有社会平均劳动力的性质，体现社会平均劳动力的作用。所以，社会必要劳动时间，是在当时社会正常的生产条件下，在社会平均的劳动熟练程度和劳动强度下生产某种使用价值所需要的劳动时间。也就是说，社会必要劳动量或生产使用价值的社会必要劳动时间决定商品的价值量。一切商品都凝结了一定量的劳动时间。只有等量劳动或能在同样劳动时间内生产出来的商品，才具有相同的价值量。

在马克思看来，形成价值的劳动，不是一般的劳动，也不是一般的抽象劳动，而是经过市场的选择被证明是社会所需要的、必要的劳动。因此，决定商品价值量的不是普通的劳动时间，而是社会必要劳动时间。

马克思在论述劳动价值论的过程中，形成了丰富的知识资本思想，包括知识资本的实质、知识资本量化原理等，为知识资本理论体系的形成和知识资本量化系统的研究奠定了坚实的科学理论基础，具有重大的理论意义和实践意义。

第二节　知识资本量化原理

马克思主义经典作家对于知识资本量化进行了非常精辟的分析，特别是马克思的劳动二重性原理，是理解知识资本量化原理的关键。马克思主义劳动价值论把各种形式的具体劳动——木匠的、铁匠的、纺织的、冶金的、工艺的、写作的、设计的等，都转化为相同的、无差别的人类劳动，知识资本的本质就是凝结在其中的无差别的人类劳动。由此，我们认识到，所说的知识资本的内涵，或者说知识资本的实质，或者说知识成果的实质内容，其实就是智力劳动者完成这一知识成果时所付出的、凝结在其中的劳动。

在马克思看来，形成价值的劳动，不是一般的劳动，也不是一般的抽象劳动，而是经过市场的选择被证明是社会所需要的、必要的劳动。因此，决定商品价值量的不是普通的劳动时间，而是社会必要劳动时间，劳动本身的量是用劳动持续时间计量的。

当所有的知识资本所有者及其成果，包括学术著作、创新成果、发明专利等都折合成社会平均必要劳动时间的量，就可以使不同领域、不同类型的专家及其成果具有了统一的计量标准，通过对统一的计量标准赋值，就可以具有统一的计价标准，进而计算该项成果的货币值。这将使知识资本成果——知识产权和发明专利能够在市场上进行流通，充分发挥对社会经济发展的促进作用。

知识资本的量化，既可以量化像人的智力等无形的知识资本，如专家、学者、管理者和社会各界人士的知识资本；又可以量化有形的知识资本，如发明专利、知识产权、科技成果等；也可以量化已经固化或物化的知识资本，如各种硬件、仪器、仪表、技术设备和各种技术设施等；还可以量化以组织形式表现的集合知识资本，如企业、学校、文化机构、管理部门、社团组织等的知识资本。

第三节　知识资本量化研究的基本思路和基本要求

一、知识资本量化研究的基本思路

我们认为，个人及其知识成果是知识资本的基本载体。因此，以单体（个人）知识资本量化为出发点，可以为组织、地区和国家的知识资本量化奠定科学的计量基础。因为只有研究单体的知识资本的量化，才可以进一步研究组织、地区和国家的知识资本总量。

我们将知识资本量化分为四个层次。这四个层次依次是单体（个人）知识资本量化，组织（机构、企业等）知识资本量化，地区知识资本量化，国家知识资本量化。

二、知识资本量化研究的基本要求

（1）知识资本量化研究以单体知识资本量化为出发点，在此基础上，进一步量化组织、地区和国家的知识资本总量。

（2）科学界定并严格把握知识资本内涵和外延的界限，对计量的客体进行精确分析和定位，以避免和消除在知识资本量化过程中出现漏算、误算和越位计算问题。

（3）提出一套完整的、科学的、具有可操作性的计算单体知识资本的计量模型，计算出每个知识资本载体及其知识成果的知识资本含量。

（4）兼顾知识资本量化模型的静态和动态两个方面的特征，既要量化已积累的知识和技能，也要量化正在创造的知识和技能，从而使知识资本量化具有静态和动态相结合的特征。

第四节　知识资本量化系统选择测评指标的总原则

为了客观、全面、科学、合理地衡量知识资本，使知识资本量化系统在应用中具有更强的实用性、可靠性和可操作性，在进行知识资本量化的测评指标选择时应遵循以下原则。

（1）科学性原则。指标的选择，指标权重系数的确定，数据的选取、计算与合成要建立在科学的基础上。指标的选取要尽量消除主观因素的影响，使绝大多数指标有数据作为支撑，少数没有具体数据支撑的也要尽量选取能够量化的基本事实作为支撑。

（2）系统性原则。鉴于知识资本的综合性强，评价指标要具有较强的系统性，应该是一个层次分明、系统完整的体系，做到既能简化指标体系，又能全面、集中地反映知识资本各方面的特征和状况。

（3）代表性原则。决定知识资本量的因素可能有多个，选取指标时要根据需要选取关键性的影响因素，避免建立的评价指标体系过于庞杂，主次不分。

（4）可行性和可操作性原则。指标所涉及的数据应比较容易得到和计算。尽量使用官方数据、连续数据，能够反映实际发展水平。

（5）可比性原则。评价指标应具有个体间、组织间、地区间、时间上的可比性，即具有横向和纵向的可比性。

上述选择测评指标的总原则，可以解决以往测评指标体系中概念不清、内涵不明、思路混乱、主观性强、可操作性不足等问题，分别对单体知识资本、组织（机构、企业等）知识资本、地区知识资本、国家知识资本进行更为深入的研究，构建更完备、更科学、可操作性更强、实用性更强的知识资本测评指标体系。

第六章

知识资本量化系统（中）

第一节　知识资本内涵的界定和知识资本定义

在知识资本量化研究过程中，遇到的第一个问题就是知识资本内涵应如何界定，并在此基础上，给出简明扼要的、精准的知识资本定义。

为此，我们要对知识资本专家以往对知识资本内涵和知识资本定义的研究所取得的成果进行回顾和评估。

一、关于知识资本内涵和定义的初期研究成果综述和评估

（一）知识资本内涵初期研究成果综述

对知识资本内涵的探索，首先来自美国。美国是最早在知识经济发展中受益的国家。1969 年，美国经济学家加尔布雷斯第一次提出知识资本的概念。他认为，知识资本是一种知识性的活动，是一种动态的资本，而非固定的资本形式。此后，知识资本概念正式以理论形态被世人认可，并迅速燃起了世界各国经济学家的研究热情。1980 年，日本学者弘之伊丹出版了专著《发动无形资产》，对知识资本与企业价值的关系做了系统的开创性研究。1986 年，卡尔·艾里克·斯维比出版了第一本探讨员工知识和创造力的著作，对知识资本的本质进行了深入的分析，认为知识资本体现在公司员工的竞争力和公司的内外结构上。他将知识资本分为雇员能力（employee capability）、内部结构（inter structure）和外部结构（extra structure）三部分。内部结构为雇员知识和技能在组织内的传递提供支持，外部结构则保证企业知识资本的最大化。斯维比被称为知识管理的奠基人和开拓者，也是第一个认识到需要测量知识资本量的人。他率先为无形资产建立了会计制度，并在自己的公司内进行周密的测试。

20 世纪 90 年代以来，有越来越多的经济学家和管理学家投入对知识资本的研究，不断为知识资本理论和实践的发展做出贡献。其中，美国《财富》杂志的编辑托马斯·斯图尔特等人是特别值得一提的卓越者。斯图尔特以其深刻的分析，推动知识资本研究工作不断向深度和广度发展。1991 年，他在其经典性论文《知识资本：如何成为美国最有价值的资产》中指出，知识资本已经成为美国最重要的资产。1994 年，他又进一步论证了知识资本是企业最有价值的资产。斯图尔特将长期以来被大家忽视的知识资本及其重要性揭示出来，指出知识资本是无法触摸到的，常常是潜在的，却是能使人富有的东西；员工的技能和知识、顾客忠诚以及公司的组织文化、制度和运作中所包含的集体知识都体现着知识资本，都是一个组织、一个国家最重要的资产。1996 年，安妮·布鲁金认为知识资本是使公司得以运行的所有无形资产的总称。1996 年，埃德文森和沙利文提出，知识资本是企业真正的市场价值与账面价值之间的差距。埃德文森和沙利文将企业的知识资本分为人力资源和结构性资本两部分，其中人力资源指组织中所有与人的因素有关的方面，包括企业的所有者、雇员、合伙人、供应商以及所有的将自己的能力、诀窍和技能带到企业的个人。人力资源代表了企业解决问题的个人能力。结构性资本指不依附于企业人力资源而存在的组织的其他所有能力，它包括有形的和无形的因素。其中，无形部分可包括企业的信息技术、用户数据库、经营流程、战略计划、企业文化、企业历史、企业目标和价值观等；有形部分则可包括财务资产、设施和企业资产表中的有价值的所有项目。在结构性资本中，知识资产和经营性资产是其中的重要组成部分。

（二）关于知识资本内涵和定义的初期研究成果的评估

从上述情况可以看出，知识资本专家在知识资本内涵和知识资本定义方面已取得了可喜的研究成果，包括：①美国经济学家约翰·肯尼斯·加尔布雷斯第一个提出知识资本的概念，意义十分重大，他开启了人们对知识资本进行系统的理论形态研究的序幕。②专家科学地将投入社会生产过程中的知识元素同投入的物质资料分离开来，使投入的知识元素成为独立的分析和研究的对象。这是经济发展研究的重大进步。③专家提出了一些很有价值的真知灼见，列出了一些知识资本基本元素，如员工的能力、技术、学习等。这些对于以后不断完善和丰富知识资本内涵的内容，具有重要意义。

同时，我们也看到以往关于知识资本内涵和定义的研究还存在着不足，包括：①关于知识资本的内涵还没有取得共识，还没有形成统一认识；②对于知识资本内涵元素的组合缺乏科学的依据，没有建立并提出一个统一的基本标准；③知识资本内涵的外延界限不清晰；④给出的定义比较笼统、表述不精准，缺乏具体的细分研究内容；⑤在界定知识资本内涵和给出知识资本定义方面，还缺少相关的理论支撑。

二、知识资本量化研究的初期成果综述和评估

（一）知识资本量化研究初期成果综述

知识资本除了要有质的定义，还要有量的测度。在对知识资本进行了质的定义之后，我们还必须对其进行量化研究，这样我们才能准确地知道知识资本在经济发展中的贡献有多大，才能更好地发挥知识资本的作用，使知识资本达到最优化配置。

在探索知识资本量化的过程中，各国经济学家、管理专家和财务专家提出了许多富有建设性的核算方法和模式，但是也存在一些不足，需要我们进一步深入研究并予以解决。

目前，据不完全统计，各国专家，包括美国、瑞典、法国、英国等国专家，提出的知识资本量化方法大约有二十几种。纵观已提出的量化方法，主要沿着两条思路展开。

一是宏观方法。这种方法是把企业的知识资本作为一个整体来估算。如美国学者斯图尔特提出的市场余额法：无形资产 = 公司市值 - 有形净资产的账面价值。这种方法对企业的知识资本所包括的具体项目未做分类说明和计算，因而无法了解企业知识资本的具体构成，其实用性有限。

二是微观方法。这种方法是把知识资本分为各类独立项目，如美国哈佛商学院的卡普兰和诺顿提出的平衡计分卡，主要指标包括财务、顾客、流程、学习与成长。又如瑞典学者 Edvinsson 和 Malone 提出的斯堪地亚知识资本测评法，包括五大指标：财务、人力、创新、流程、客户。这类量化方法存在计算越位问题，即把非知识资本值计入在内，比如客户或者顾客，显然属于消费资本，而不是知识资本。英国学者布鲁金提出的科技中介法存在着同样问题，即把市场资产计入在内。

下面就各国学者提出的知识资本量化方法，分述如下。

1. 美国学者的主要研究方法

（1）平衡计分卡（卡普兰和诺顿，1996）。

主要指标：财务、顾客、流程、学习与成长。

优点：不同绩效指标之因果关系相互平衡。

缺点：计算越位，将非知识资本元素，如顾客，计入企业的知识资本。

（2）成本法（斯图尔特，1997）。

主要指标：历史成本、重置成本。

优点：会计观点，便于沟通。

（3）市场余额法（斯图尔特，1997）。

无形资产 = 公司市值（MV）－有形净资产的账面价值（BV）

优点：计算容易。

缺点：对企业知识资本所包含的具体要素未做分类说明和计算。

（4）经济价值增益模式（斯图尔特，1997）。

经济附加值（EVA）=税后营业净利润－［加权平均资金成本率×（总资产－流动负债）］

即　经济附加值（EVA）=税后营业利润－机会成本

（5）知识资产价值评测（沙利文，1998）。

以“价值萃取”为中心，有效地运用知识财产来产生价值，各种知识资本最后终将形成知识的结晶，即知识财产，如专利、版权等。

（6）托宾的 Q 系数法（詹姆士·托宾，1999）。

托宾的 Q 系数 = 市场价值/重置成本（账上价值）

优点：计算简单。

缺点：无法表达无形资产的组成要素。

（7）人力资源损益法（Johanson，1996）。

将人力资源对公司的贡献和必须付出的成本转成人力资源损益表，附在一般财务报告上，供利益关系人参考。

（8）管理决策报酬（ROM）法（Strassmann，1999）。

认为衡量管理人员的能力与效能才是智力资本衡量的重点所在，计算方法为：

业务上的附加价值 = 总收益－采购成本－税金

管理创造的附加价值 = 业务上的附加价值 − 管理成本 −
营运成本 − 股东价值

优点：方法简单，计算简便容易，可以用货币值表示。

缺点：只针对管理层做出评价，对管理人员的衡量指标太少，不能全面地对管理人员的知识资本做出准确的量化。

（9）知识资本价值（KCV）法（Baruch Lev）。

计算方法：①利用公司过去 3 年的实际盈余和未来 3 年的预期盈余来估算公司平均每年盈余；②从资产负债表中找出公司财务资产的总值，估计其平均税后报酬率，二者相乘后即能算出从财务资产可获得的盈余；③公司实体资产的总值乘以其平均税后报酬率，算出可从实体资产赚得的盈余；④将平均每年盈余扣除从财务资产及实体资产得到的盈余，剩下即为知识资本盈余；⑤将知识资本盈余除以知识资本折现率，即可得知识资本的现值。

优点：从会计的角度进行量化，容易理解。

缺点：包含许多预测因素，对知识资本的量化存在较多的不确定性。

（10）知识资本盈余（KCE）法（Baruch Lev 和 Marc Bothwell）。

知识资本盈余 = 调整后 3 年平均历史正常盈余 − 由金融资产贡献的盈余 −
由有形资产贡献的盈余

知识资本的总体价值 = 知识资本盈余/知识密集型行业的平均回报率

优点：简单，便于理解。

缺点：指标难以准确量化，盈余有可能重复计算。

2. 瑞典学者的主要研究方法

（1）斯堪地亚知识资本测评法（Edvinsson 和 Malone，1997）。

五大指标：财务、人力、创新、流程、客户，包括 112 个衡量项目。

$$组织智慧资本 = iC$$

i 代表效率系数；C 是智慧资本绝对测度值。

优点：结合实务与产业特色，重视日常管理指标。

缺点：存在计算越位，将非知识资本计入，如客户属于消费资本而不是知识资本；无法有效确定与各项知识资本之间的相关性；无法预估未来。

（2）无形资产监测法（斯维比，1997）。

主要指标：雇员能力、内部结构及外部结构；衡量的指标为成长/更新指标、效率指标、稳定指标。

优点：衡量指标比较全面。

缺点：指标所表示的价值难以计量。

3. 英国学者的主要研究方法

科技中介法（布鲁金，1996）。

主要指标：市场资产、以人为主体的资产、知识财产权资产和基础设施资产；衡量重点稽核。

用三种方法来计算知识资本的价值：①成本法；②市价法；③收益法。

优点：有计划性的稽核制度，建立了一个良好的循环体系。

缺点：主观性强，难以客观评测。

4. 其他一般计算方法

（1）现金流量折现法。

净现值（NPV）＝（I_1-O_1）／（$1+r$）$1+\cdots+$（$It-Ot$）／（$1+r$）t

优点：可明确计算，观念易于沟通。

缺点：长期的折现率、收入和支出不容易预测，无法考虑未来的风险。

（2）评价架构平衡计分卡（BSC）。

利用衡量知识资本构成要素之重要指标，产生报表或图形，作为传统财报的附件，原则上并不计算货币价值。

优点：注重日常绩效管理。

缺点：资料和指标过于多元化，主观意识强。

（3）评价架构直接评价（DIC）法。

只要确认构成要素，就可以利用此种方法分别直接评价或汇总出整体效益和价值，可以和计分卡法合并应用。

优点：可以评测单一的构成要素，并且容许包含非货币衡量指标。

缺点：不同公司间没有可比性，风险系数不易预估。

（4）评价架构－资产效益（ROA）法。

利用收益与成本求出资产回收效益。

优点：计算方法与传统会计相当，容易沟通。

缺点：未包含无形资产构成要素，风险预测有难度。

（5）智力增值系数（VAIC）法（Ante Public）。

计算方法：①计算企业增值，企业增值＝企业产出－企业投入；②计算财务资本增值系数，财务资本增值系数＝企业增值/所有财务资本之和；③计算智力潜力增值系数，智力潜力增值系数＝企业增值/企业智力潜力；④计算企业智力能力，企业智力能力＝$b+c$。

（二）知识资本量化研究初期成果评估

1. 以往的知识资本量化研究提出了许多富有建设性的核算方法和模式，取得了不少成果

（1）这些成果探索了知识资本量化的内容，开启了量化方法的研究思路，有助于知识资本量化研究的深入。

（2）已提出的核算方法和模式，基本满足了目前知识经济发展的需要，推动了知识资本量化实践的发展。

（3）提出的多种核算方法，包括数学和统计学的方法都具有参考意义。

2. 以往在知识资本量化研究中还存在着诸多不足之处

（1）没有形成统一的测评指标体系。没有形成一个完善的要素系统和指标体系，缺乏统一的量化标准，其计算结果不具有可比性。

（2）在知识资本量化的逻辑起点上存在偏差。不是以单体知识资本量化作为研究的起点，而是以知识资本次总体量化作为研究起点。这种做法是不科学的。

（3）知识资本量化的主观性强。无论是平衡计分卡等微观模型，还是市场余额法等宏观方法，都具有很强的主观性，对知识资本难以给出一个客观、公正的评估。

三、知识资本内涵的重新界定和知识资本定义

从以往关于知识资本内涵和定义的研究成果来看，我们必须深入进行细分研究，要对知识资本内涵重新进行界定，并给出一个简明扼要的、精确的知识资本定义。

（一）知识资本内涵

知识资本内涵重新界定的主要依据是马克思的劳动价值论。知识资本内涵的本质，或者说它的实际内容，就是在其中凝结多少无差别的人类劳动和形成的价值量。一切商品，包括知识资本都只是一定量的、凝结在其中的劳动时间。

这是因为，首先，马克思的劳动价值论论证了劳动是创造价值的源泉，商品价值是由凝结在其中的劳动形成的。其次，马克思提出的劳动二重性原理是理解劳动价值论的枢纽和基因钥匙。它把各种形式的劳动——木匠的、铁匠的、纺织的、冶金的、工艺的、写作的、设计的等具体劳动，都转化为相同的人类劳动，即无差别的人类劳动。商品价值的本质就是凝结在其中的无差别的人类劳动。但是，形成价值的劳动不是一般的劳动，而是经过市场选择被证明是社会所需要的、必要的劳动。因此，决定商品，包括知识资本的价值量不是普通的劳动时间，而是社会必要劳动时间。

以上就是知识资本内涵的实际内容，也是界定和表述知识资本内涵的唯一标准。我们要据此给出科学的、精确的知识资本定义。

（二）知识资本定义

资本的概念是随着社会经济的发展而发展，随着意识形态的变化而变化的，有着鲜明的历史时代特征。我们不妨回顾一下历史上一些经济学家对资本概念的描述。

首先给资本以明确定义的是马克思主义政治经济学："资本是带来剩余价值的价值。"马克思主义政治经济学认为，资本是掌握在资本家手里的生产资料和用来剥削工人的货币，当货币变成剥削手段时，即转化为资本。这个定义是在资本主义这个特定历史阶段的特殊定义，它强调的是"阶级剥削"的概念。

苏格兰著名经济学家麦克鲁德曾经对资本做了这样的概括："资本是用于增殖目的的经济量，任何经济量均可用为资本，凡可以获取利润之物都是资本。"可见在古典经济学家眼里，资本是一种可增殖的经济形式，资本的定义不带有政治色彩，其涵盖的范围非常广阔。

现代西方经济学对资本反而没有太严格的定义。即使是西方最流行的经济学教科书，给资本下的定义也很简单。曼昆所定义的资本是用于生产物品与劳务的设备和建筑物存量，即现在正在用于生产新物品和劳务的过去生产的物品的积累。这个概念多少有点含糊，它似乎把除劳动和土地这两个投入要素之外的生产要素都划入了资本的范畴，但又仅把资本与物品联系起来。

而亚当·斯密在《国富论》中还提出，"一个社会全体居民或成员所具有的有用的能力"也是资本。经济学家萨伊也认为，人的技艺和能力的形成需要花费成本，并可以提高工人的劳动生产率，因此可以将其视为资本。穆勒、罗雪尔、塞德威克和白哥豪特等人也持相同的观点。西尼尔明确指出，人的健康、体能和知识，以及其先天和后天获得的体能与智能也是财富。瓦尔拉斯认为，从事专业工作的人，如律师、医生和艺术家等，他们拥有的技术也是现实的资本。马歇尔则强调，所有资本中最有价值的是对人本身的投资，他认为知识是我们生产的最有力的发动机。

而在中国的辞书中，关于“资本”的概念有以下三种描述：①带来剩余价值的价值；②投于企业的固定资产和流动资产的价值形态；③会计学上，企业主投到企业的资本金以及由此形成的资本公积，即企业所有者权益。

上述定义概括起来有两大特点：其一，资本是一种价值的表现形态；其二，这种价值的表现形态必须参与生产、经营活动。

我们根据市场经济三种资本的内在联系以及它们的运行特点和规律，并借鉴历史上经济学家对资本概念的多视角的描述，给予资本一个返璞归真的定义，即资本是人们可配置于生产或交换领域，用以创造产品和服务，以获得经济利润的各种资源，是一种对社会生产和交换进行配置的力量的价值反映。

在这里还要强调指出的是：完全的市场经济理论《消费资本论》是对知识资本内涵的重新界定和知识资本定义的理论依据。

《消费资本论》指出，市场经济资本的构成包括货币资本、知识资本和消费资本三种资本。知识资本是市场经济资本构成中的重要组成部分。

综合考虑到有关资本理论的研究，根据对知识资本内涵的重新界定，并把投入社会生产中的知识要素同投入社会生产中的物质要素分离开来，对知识资本进行专门分析和研究，我们给出知识资本的定义为：知识资本是以知识形态表现的资本，包括在产品和服务的创造过程中所有知识性、技术性的投入。

通过对知识资本进行深入的细分研究，知识资本又分为广义知识资本和狭义知识资本。广义知识资本是指以人及其知识成果为载体所凝聚的知识总量，包括人力、管理、技术、经验及与之相应的知识与科技成果等要素。狭义知识资本是指以人及其知识成果为载体的知识总量在工作岗位上一定期间内释放出来的现值，它包括员工积累的知识和技能的应用，以及正在创造的知识及其相应的成果等。

为了明晰知识资本同货币资本、消费资本之间的区别，我们同时也给出货币资本和消费资本的定义。货币资本实际上是以货币形态表现的生产资本，它包括在产品和服务的创造过程中，可以用货币购入的所有物质性的投入。消费资本是以消费形态表现的资本，包括在产品和服务的消费过程中，所有由消费者创造的市场力量及其价值表现。它是货币资本和知识资本之外的第三种资本形态。

我们之所以列出三种资本定义的内容，是因为在进行知识资本量化过程中，有一种广为流传的观点，认为知识资本包括人力资本、结构性资本和顾客资本，其中顾客资本是指市场营销渠道、顾客忠诚度、企业信誉度等经营性资产，实际上这就是一部分消费资本，只不过人们还没有充分认识到消费资本的作用，而未能把它与人力资本和结构性资本相区分并提炼出来。

《消费资本论》与传统的资本理论不同。从亚当·斯密、李嘉图到马歇尔、凯恩斯、萨谬尔森等诸多传统经济学家的经济理论，都是建立在生产本位基础上的经济理论，是建立在商品经济过程中单一环节基础上的经济理论，是不完全的市场经济理论，其基本特征是研究社会部分人群的经济行为和权益。而《消费资本论》是建立在商品经济全过程基础上的经济理论，是完全的市场经济理论，它的基本特征是研究社会全体成员的经济行为和权益的理论。它不仅包括体力劳动者，还包括脑力劳动者，以及社会全体成员的最大主体——囊括社会全体成员的消费者的经济行为和权益。因此，知识资本理论可以在全社会全面进行实践，为脑力劳动者的利益、为知识产业的发展开辟广阔的空间。

第二节　知识资本的计量单位和计量标准

在对知识资本量化系统进行研究的过程中，我们开创性地提出知识资本的计量单位和计量标准，分别叙述如下。

一、知识资本的计量单位

知识资本计量单位的中文名称为“知量”，英文名称为“KC（Knowledge Capital）”（命名为“陈瑜定义 1”）。这是在世界知识资本量化研究史上第一次提出的知识资本计量单位。由此，我们可以准确地计量和表示知识资本成果和知识资本所有者拥有的知识资本的数量。这是对知识资本量化具有度量衡标准意义的重大突破，是对知识资本量化研究的重大贡献。

二、知识资本的计量标准

知识资本的计量标准（命名为“陈瑜定义2”），是指知识资本所有者，通过智力劳动，凝结一个标准计量单位的知识资本含量所需要的社会平均必要劳动时间。社会平均必要劳动时间是指在现有的社会正规的教育和培训条件下，在社会平均的研究水平和研究难度下，形成一个标准计量单位知识资本含量所需要的劳动时间，而不是某个单体知识资本所有者在个别情况下完成研究所需要的劳动时间。

我们以企业员工作为单体（个人）进行知识资本量化为例，对知识资本计量单位和知识资本值等相关内容进行具体说明。

KC：知识资本的计量单位，也是知识资本的简称。

KC量：知识资本的数量，即员工在企业所释放知识资本的数量。

KC值：知识资本的货币值，即员工在企业释放知识资本量所创造的货币价值。

具体内容及缩写见表6－1。

表6－1　知识资本量和知识资本值的名词解释

缩写	术语	解释
KC	知识资本基本计量单位	知识资本量化的基本计量单位，中文名称为“知量”，英文名称为“KC（Knowledge Capital）”。1个知量或1个KC，是指一个知识资本标准计量单位包含的知识资本量
KC量	知识资本量	知识资本分为广义知识资本和狭义知识资本 广义知识资本是指以人及其知识成果为载体所凝聚的知识总量。广义知识资本包括人力、管理、技术、经验及与之相应的知识与科技成果等要素 狭义知识资本是指以人及其知识成果为载体的知识总量在工作岗位上一定期间内释放出来的现值。狭义知识资本包括员工积累的知识和技能的应用，以及正在创造的知识及其相应的成果等
KC值	知识资本值	一个标准单位KC值是指一个KC量的货币值，根据企业知识资本所创造的利润和企业员工所释放的知识资本总量计算得到 一定时期内员工KC值，是企业员工释放出的知识资本量所创造的价值，按企业员工知识资本的实际释放量计算

知识资本计量单位和量化标准的提出，为知识资本量化提供了最关键也是最重要的科学依据，为知识资本量化研究奠定了坚实的科学基础，从而使知识资本量化研究进入实质性的发展阶段，开启了知识资本量化研究的新局面。因此，知识资本量化标准的提出，是在世界知识资本理论研究史上具有里程碑意义的重大实质性突破，它将有力地推动知识资本量化研究深入而迅速地发展。

以上成果是知识资本量化研究中的最具开拓性的重大成果。多年来，由于没有知识资本专用的度量衡标准，只能对知识资本及其成果——知识产权、发明专利和科技成果进行评估。但由于各国、各地区评估条件不同、评估标准不一，评出的结果没有可比性，使数以万计的知识产权、发明专利和科技成果难以在市场上流通，难以充分发挥作用。在提出知识资本计量单位和计量标准之后，情况发生了根本变化。通过知识产品专有的“具有度量衡意义的计量单位”，可以准确地计算出它的价值和价格，从而使知识产品同物质产品一样，有了自己的“长度”和“重量”。这是知识资本研究史上迈出的关键一步，是一项重大的突破。

第三节　设计和确立知识资本量化要素系统和指标体系

根据知识资本定义、计量单位和计量标准，将体现人及其知识成果的知识资本的节点，组成和构建知识资本量化要素系统和指标体系。这是构建知识资本计量模型的基础，可以计算出每个知识资本载体及其知识成果的知识资本含量。这套要素系统和量化指标体系，被命名为“陈瑜定义 3”。

一、要素系统

要素系统是指在计量知识资本时会涉及许多因素、许多指标，要从中选取影响知识资本量最重要的、最主要的因素作为测评体系的基本指标，组成要素系统。

要素系统的功能是表现单体（个人）知识资本的主要方面或外显特征。本项目的要素系统由多个一级要素指标组成。

二、指标体系

指标体系的功能是把各要素细化为指标，从而更加直观、量化地体现知识资本要素的外显特征。它是评价知识资本状况的基础，由多项具体的指标组成。

我们以企业员工的知识资本量化为例，进行具体说明。

我们把企业每一个员工作为基本的研究单位。对企业的每个员工，根据不同的工作岗位，采用不同的衡量指标。这样就可以精确地测量出每个员工所具有的知识资本量。同一家公司内从事不同工作的员工所具有的工作经验和专业背景等是不同的，必然具有不同价值的知识含量。如果采用同一组指标进行量化，必然会导致对一部分员工具有的知识资本量衡量不准确，这样就达不到精确研究的目的。所以我们必须对从事不同工作的员工采用不同的量化指标和标准，这样才能准确量化每个员工的知识资本量。单体知识资本量主要是指狭义的知识资本量，是个人知识总量在工作过程中一定期间内释放的现值。从理论知识与实践知识两个方面选取影响知识总量最主要的几个因素作为单体知识资本测评体系的基本指标，其中单体知识总量的理论知识主要来源于学历要素和职称要素，实践知识主要来源于工龄经验和职务要素以及管理能力要素。个人的学习能力一般是指个人在正式学习或非正式学习环境下，自我求知、做事、发展的能力，充分体现了个人知识资本的释放能力。另外，适应能力体现了个人适应新环境的能力，适应能力要素包括年出勤率、工作效率和项目完成情况，因此也应该作为单体知识总量的释放能力的指标。创新能力是运用知识和理论，在科学、艺术、技术和各类实践领域中不断提供具有经济价值、社会价值、生态价值的新思想、新理论、新方法和新发明的能力。它体现了个人正在创造的知识和成果，是个人知识资本总量增加的重要影响要素，包括创新项目数量、创新项目级别、创新项目的参与度和创新能力的持续性等若干个二级指标。

因此，在计量每个员工的知识资本量时，会涉及多因素、多层次、多指标综合测评的问题。进行多指标综合评测时，常用的方法有层次分析法和主成分分析法两种。首先，根据单体知识资本的构成，建立单体知识资本量化的测评体系；其次，对所选择的指标进行合理赋值；最后，利用层次－主成分分析法精确计量知识资本量。这是本项目计算知识资本量的基本思路及方法。

第四节　设计和建立知识资本量化指标测评体系

为了对单体（个人）知识资本进行量化，首先要根据构成单体（个人）知识资本的各要素设定相应的测评体系，包括要素系统和指标体系。

单体知识资本量化测评体系由要素系统和指标体系组成。可以根据知识资本的定义并结合要素指标选择的科学性、系统性、代表性、可行性、可操作性和可比性原则，构建单体知识资本量化测评体系。

我们仍然以企业员工的知识资本量化为例。

一、要素系统

要素系统可以由下列要素指标组成：①学历要素，包括学历等级、专业对口程度；②职称要素，包括职称等级、职称对口程度；③职务要素，包括职务等级、管理权限、部门类别；④适应能力要素，包括出勤率、工作效率、项目完成质量、团队合作融洽度；⑤学习能力要素，包括专业知识、培训成绩、业余学习、技术吸收能力；⑥管理能力要素，包括管理知识、管理经验、管理绩效；⑦创新能力要素，包括创新项目数量、创新项目级别、创新项目参与度、创新能力的可持续性；⑧经验工龄要素，包括工龄、工作经验相关度。

二、指标体系

指标体系实际上是综合评价知识资本的基础和依据。选取测评指标，要对体现评价要素的每一项指标进行分析，以确定指标与知识资本状况的相关程度。筛掉某些信息较少的指标或不重要的指标，选取与知识资本关联度大的指标作为评价指标，并按照指标的重要性进行排序。

我们以企业员工单体（个人）知识资本量化测评体系中学历要素为例，其知识资本量化测评体系见表6－2。

表 6－2　　单体（个人）知识资本量化测评体系（学历要素）

要素系统		指标体系
一级指标及符号	二级指标及符号	三级指标及符号
学历要素　D	学历等级　D_1	博士后　D_{11}
		博士　D_{12}
		硕士　D_{13}
		本科　D_{14}
		专科　D_{15}
		高中　D_{16}
		初中及以下　D_{17}
	专业对口程度　D_2	专业对口　D_{21}
		专业次对口　D_{22}
		专业不对口　D_{23}

这是以学历要素为例设计和建立的单体（个人）知识资本量化测评体系表。我们也可以分别为职称要素、职务要素、学习能力要素等列出知识资本量化测评体系表。最后我们可以将所有要素列出的测评体系表，汇合成企业员工单体（个人）知识资本量化测评体系总表。

第五节　建立知识资本计量模型

为了对单体（个人）知识资本进行量化，首先要根据构成单体（个人）知识资本的各要素设定相应的测评体系，包括要素系统和指标体系。其次，在此基础上构建知识资本量化模型。以这个测评体系为基础进行数学建模，可以求出每个单体（个人）的知识资本量。

根据建立的知识资本量化测评体系，分别计算在一定时期内，企业员工在所有指标要素上凝结的知识资本总量和在工作过程中释放的知识资本值。

我们仍以企业员工知识资本量化测评体系中的学历要素为例，建立知识资本计量模型，对知识资本在各级指标要素上的数值进行计量。

（1）如表 6－2 所示：D 表示“学历要素”所凝结的知识资本量；D_1 表

示二级指标"学历等级"所凝结的知识资本量；D_2 表示专业同岗位所需专业之间的对口程度；$D_{1i}(i = 1,2\cdots,n)$ 分别表示学历等级的三级指标所凝结的知识资本量，即"博士后""博士""硕士""本科""专科""高中""初中及以下"所分别凝结的知识资本量，其中 n 表示等级种类的数目，此处 $n = 7$；$D_{2j}(j = 1,2\cdots,m)$ 表示专业同岗位所需专业之间的对口程度情况，即"专业对口""专业次对口""专业不对口"。

通过对三级指标 D_{1i} 和 D_{2j} 的赋值，可以得到 D_1 和 D_2 的量值，则学历要素的二级指标的值为：

$$D_1 = D_{1i}\text{，当}\, i\, \text{对应所计算员工的学历级别} \tag{1}$$

同样，$$D_2 = D_{2j}\text{，当}\, j\, \text{对应所计算员工的专业对口程度} \tag{2}$$

所以，企业员工在"学历要素"项下，所释放出来的知识资本量的计算公式为：

$$D = D_1 \times D_2 = D_{1i} \times D_{2j} \tag{3}$$

上述公式计算的 D 即员工在学历要素上所凝结的知识资本量。

（2）依据上述计算方法，可以计算出员工在一级要素上分别凝结的知识资本量。假定某企业员工知识资本量化要素系统包含 N 个一级要素，一级要素所凝结的知识资本量用 D_i 表示，则可以计算出员工在各要素上所凝结的知识资本的基本量，用 QKC 来表示，其计算公式为：

$$QKC = \sum_{i=1}^{N} D_i \tag{4}$$

（3）计算员工各个月份释放的知识资本量，即月 KC 量。假定一级要素在各个月份对员工知识资本量化的影响因子为 $h_i(i = 1,2\cdots,N)$，则可以计算出员工各个月份在工作过程中释放的知识资本量，即月 KC 量，用 KCM_j（j 对应不同的月份）来表示，计算公式如下：

$$KCM_j = \sum_{i=1}^{N} D_i \times h_i \tag{5}$$

根据员工各个月份释放的知识资本量 KCM_j，可以计算出员工整个年度释放的知识资本量 KCY，计算公式如下：

$$KCY = \sum_{j=1}^{12} KCM_j \tag{6}$$

我们采用科学的、统一的计量标准，虽然企业员工所在的岗位不同、职责不同，但是其计量的标准是一致的，量化方法的科学性充分保证了员工知识资本计量的准确性。

第六节　知识资本的计算方法

我们以企业员工个体（个人）知识资本量化模型为例。

对测评指标的选取，本项目尽可能地以权威数据或客观事实为支撑。对于特别需要的主观性较强的定性指标，我们也通过科学的方法将其定量化，对定性指标采用语义差别隶属度赋值，对定量的指标采取无量纲化处理，以消除量纲不同导致的不可比性。

一、用语义差别隶属度赋值法将定性指标量化并赋值

对需要进行主观赋值的指标，为避免主观判断引起的失误，可以运用语义差别隶属度赋值法将主观判断的定性指标转换成数字，在给出指标细则时，尽量选用可以量化的区间和等级来定义，而不是依靠主观评价如“好”“一般”“不好”进行简单的区分，这样就增加了定性指标的客观性和科学性。如学历要素，其二级要素指标分为学历等级和专业对口程度两个指标，三级指标再按照学历等级展开成博士后、博士、硕士、本科、专科、高中、初中及以下七种不同的等级类别，不同等级类别可以使用七级量表来进行赋值，不同的赋值代表其蕴含的知识资本量的大小；按照员工所学专业和工作岗位对口与否，分成专业对口、专业次对口、专业不对口三种情况，这样就将学历要素从内涵和外延两方面进行了阐释，且不失层次性和一般性。

这里进行的赋值借用的是李克特量表，主要使用的是等级量表。等级量表也称顺序量表，是依据一定标志把事物分成等级，按事物某种特性的大小或程度高低依次把事物排列出等级顺序，即除了表明性质的不同，还根据高低、多少等特征排出次序。比如分成七个等级，就依照重要性程度的递减分成七、六、五、四、三、二、一，共七个档次，第一档对应指标分值为 7 分，第二档为 6 分，依次递减，第七档为 1 分。本模型里，这七个分值代表的是这七个不同的等级和区间所蕴含的知识资本当量的数值大小。

二、对评价指标进行无量纲化处理

因为各个指标具有不同的量纲，而且类型不同，所以各个指标数据之间具有不可公度性，难以进行直接比较。因此，在进行评价前必须把性质、量纲各异的指标转化为可以进行综合评价的一个相对数。考虑到指标体系中，正指标、逆指标和适度指标往往并存，其中，正指标要求数值越大越好，逆指标要求数值越小越好，适度指标要求以适中为好。本研究借助模糊数学中隶属函数的概念，以定量指标所适用的评分制中最大值和最小值，对两类指标分别进行无量纲化处理，将定量指标原值转化为指标评价值。其对应的模型分别如下。

1. 正指标类模糊量化模型

$$R_{ij}=\begin{cases}\dfrac{7}{2}+\dfrac{7}{2}\sin\left[\dfrac{\pi}{X_{j\max}-X_{j\min}}\left(X_{ij}-\dfrac{X_{j\max}+X_{j\min}}{2}\right)\right] & X_{j\min}\leqslant X_{ij}\leqslant X_{j\max}\\ 0 & X_{ij}<X_{j\min}\\ 7 & X_{ij}>X_{j\max}\end{cases}$$

2. 逆指标类模糊量化模型

$$R_{ij}=\begin{cases}\dfrac{7}{2}-\dfrac{7}{2}\sin\left[\dfrac{\pi}{X_{j\max}-X_{j\min}}\left(X_{ij}-\dfrac{X_{j\max}+X_{j\min}}{2}\right)\right] & X_{j\min}\leqslant X_{ij}\leqslant X_{j\max}\\ 7 & X_{ij}<X_{j\min}\\ 0 & X_{ij}>X_{j\max}\end{cases}$$

3. 适度指标类模糊量化模型

$$R_{ij}=\begin{cases}\dfrac{7}{2}+\dfrac{7}{2}\sin\left[\dfrac{\pi}{X_{j\text{mod}}-X_{j\min}}\left(X_{ij}-\dfrac{X_{j\min}+X_{j\text{mod}}}{2}\right)\right] & X_{j\min}\leqslant X_{ij}<X_{j\text{mod}}\\ \dfrac{7}{2}-\dfrac{7}{2}\sin\left[\dfrac{\pi}{X_{j\max}-X_{j\text{mod}}}\left(X_{ij}-\dfrac{X_{j\max}+X_{j\text{mod}}}{2}\right)\right] & X_{j\text{mod}}\leqslant X_{ij}<X_{j\max}\\ 0 & X_{ij}<X_{j\min}\text{ 或 }X_{ij}>X_{j\max}\end{cases}$$

式中：R_{ij}为知识资本第 i 项评价要素第 j 项定量指标的评价值；X_{ij}为知识资本第 i 项评价要素第 j 项定量指标的原值；$X_{j\max}$为第 j 项定量指标所用的评分制中的最大值；$X_{j\min}$为第 j 项定量指标所用的评分制中的最小值；$X_{j\text{mod}}$为第 j 项定量指标所用的评分制中的最适度值。

按照上述公式处理，得出定量指标评价值都在 0～7 分，当 $R_{ij}<1$ 时，取 $R_{ij}=1$；当 $1\leqslant R_{ij}\leqslant 7$ 时，取其实际值。这样，处理后体系中各指标评价值便成为可量化指标，各项指标之间也达到了均衡与协调，可以进行直接比较。

三、单体（个人）知识资本量化模型的具体计算方法

在这里，我们具体介绍几种可供选择的数学和统计方法，主要介绍多指标综合评价方法，供参考。

多指标综合评价方法，是把多个对被评价事物不同方面因素的相对评价值进行综合评价得出对该事物一个整体评价的方法。根据权重确定方法的不同，这些方法大致可分为两类：一类是主观赋权法，如层次分析法、德尔菲法等，多是采用综合咨询评分的定性方法，这类方法因受到人为因素的影响，往往会夸大或降低某些指标的作用，致使排序的结果不能完全真实地反映事物间的现实关系；另一类是客观赋权法，即根据各指标间的相关关系或各项指标值的变异程度来确定权重系数，避免了人为因素带来的偏差，如主成分分析法、因子分析法等。

目前，国内外关于多指标综合评价的方法有很多，其中常用的有层次分析法和主成分分析法两种。层次分析法是一种定性与定量分析相结合的多准则决策分析方法，特别是将决策中的经验判断量化，是现实生活、工作中应用较多的一种方法。

人们在经营决策中经常会遇到多指标、多方案的综合比较问题，由于经常出现多个方案互有好坏的情况，要从成百上千个指标、方案中选择最佳的组合方案就成了一个较为麻烦的问题。层次分析法是将半定性、半定量问题转化为定量问题的有效途径，它将各种因素层次化，并逐层比较各种关联因素，为分析和预测事物发展提供定量依据。层次分析法在决策工作中有广泛的应用，主要用于确定综合评价的权重系数。

（一）层次分析法（AHP）

层次分析法是 20 世纪 70 年代由美国运筹学家 Saaty 创立的多目标、多准则的决策方法。它是一种能够解决复杂问题的定性与定量相结合的决策分析方法，具有系统性、实用性和简洁性等其他方法无可比拟的优点。因此，本

项目的知识资本量化模型选取了层次分析法。层次分析法将决策问题所涉及的因素进行分析，分为目标类、准则类和对象类。按照各类要素间的关联度及隶属关系，将它们由高到低排成若干层次，建立多层次的评价体系，从而形成一个多层次的分析结构系统。层次分析法通过明确问题、建立层次分析结构模型、构造判断矩阵、层次单排序和层次总排序五个步骤计算各层次构成要素对于总目标的组合权重，从而得出可行方案的综合评价值，为选择最优方案提供依据。其关键环节是建立判断矩阵。判断矩阵是否科学、合理将直接影响层次分析法的效果。

1. 层次单排序

层次单排序的基础是建立判断矩阵，建立比较判断矩阵则需要对两个指标进行对比，对比两个指标的重要程度可采用两两比较法。知识资本评价体系中的每个指标的重要性程度是不同的。知识资本的层次结构建立以后，上下层元素之间的隶属关系就确定了。层次分析法要求分析者对下一级元素相对于上一级元素的重要性程度给出判断，即确定每一层元素的相对权重。具体取值如下：

对于 $Y=\{y_1, y_2, \cdots, y_n\}$，如果要比较 n 个因素 $(y_1, y_2, \cdots, y_n)$ 对同一目标 Y 的影响，每次取两个因素 y_i 和 y_j，a_{ij}表示 y_i 与 y_j 对目标的影响程度之比。Saaty 等建议引用数字 1 ~9 及其倒数作为标度，表 6 -3 列出了 1 ~9 标度的含义。

表 6 -3　比较判断矩阵中的权重意义

标度	含义
1	表示两个因素相比，具有相同的重要性
3	表示两个因素相比，前者比后者稍重要
5	表示两个因素相比，前者比后者明显重要
7	表示两个因素相比，前者比后者强烈重要
9	表示两个因素相比，前者比后者极端重要
2、4、6、8	表示上述相邻判断的中间值
倒数	若因素 y_i 与因素 y_j 的重要性之比为 a_{ij}，那么因素 y_j 与因素 y_i 的重要性之比为 $a_{ji}=1/a_{ij}$

从心理学观点来看，分级太多会超越人们的判断能力，既增加了判断的难度，又容易因此而提供虚假数据。Saaty 等人还用实验方法比较了在各种不同标度下人们判断结果的正确性，实验结果也表明，采用 1 ~9 标度最为合适。

通过一对一地比较，给出本层的元素相对于上一层相关元素的相对重要性，建立两两相对的比较判断矩阵。要素系统的判断矩阵如下。

$$\boldsymbol{A} = \begin{bmatrix} 1 & a_{12} & a_{13} & a_{14} & a_{15} & a_{16} & a_{17} & a_{18} \\ 1/a_{12} & 1 & a_{23} & a_{24} & a_{25} & a_{26} & a_{27} & a_{28} \\ 1/a_{13} & 1/a_{23} & 1 & a_{34} & a_{35} & a_{36} & a_{37} & a_{38} \\ 1/a_{14} & 1/a_{24} & 1/a_{34} & 1 & a_{45} & a_{46} & a_{47} & a_{48} \\ 1/a_{15} & 1/a_{25} & 1/a_{35} & 1/a_{45} & 1 & a_{56} & a_{57} & a_{58} \\ 1/a_{16} & 1/a_{26} & 1/a_{36} & 1/a_{46} & 1/a_{56} & 1 & a_{67} & a_{68} \\ 1/a_{17} & 1/a_{27} & 1/a_{37} & 1/a_{47} & 1/a_{57} & 1/a_{67} & 1 & a_{78} \\ 1/a_{18} & 1/a_{28} & 1/a_{38} & 1/a_{48} & 1/a_{58} & 1/a_{68} & 1/a_{78} & 1 \end{bmatrix}$$

这样可以构造出每个层次的创新能力要素系统指标之间的判断矩阵、职务要素系统指标之间的判断矩阵、学习能力要素系统指标之间的判断矩阵、适应能力要素系统指标之间的判断矩阵、管理能力要素系统指标之间的判断矩阵、技术能力要素系统指标之间的判断矩阵。

在求出每个判断矩阵后，求出每个判断矩阵的特征值，在这个判断矩阵的所有特征值中取最大的一个，相应地求出这个特征值对应的特征向量，特征向量的每个分量就是各个指标在各自要素系统中的权重系数。

判断矩阵的一致性检验非常重要。Saaty 引入了一致性指标 CI。

$$CI = \frac{\lambda_{\max} - n}{n - 1}$$

其中，$\lambda_{\max}$为判断矩阵 $\boldsymbol{A}$ 的最大特征值。

查找相应的随机一致性指标（RI）。对 $n=1$，2，…9，Saaty 给出了 RI 的值，如表 6 –4 所示。

表 6 –4　　判断矩阵的平均随机一致性指标

n	1	2	3	4	5	6	7	8	9
RI	0	0	0. 58	0. 90	1. 12	1. 24	1. 32	1. 41	1. 45

定义 $CR = CI/RI$ 为判断矩阵的随机一致性比例。当 $CR < 0.10$ 时，认为判断矩阵的一致性是可以接受的，否则应对其适当修正。

2. **层次总排序**

在求出每个指标在各自要素系统的权重系数之后，我们就可以求每个指标在总目标上的权重系数。上面我们得到的是一组元素对其上一层中某元素的权重向量。我们最终要得到各元素，特别是最低层中各方案对于目标的排序权重，从而进行方案选择。总排序权重要自上而下地将单准则下的权重进行合成。

设上一层次（A 层）包含 A_1，A_2，…，A_m 共 m 个元素，它们的层次总排序权重分别为 a_1，a_2，…，a_m。又设其后的下一层次（B 层）包含 n 个因素 B_1，B_2，…，B_n，它们关于 A_j 的层次单排序权重分别为 b_{1j}，b_{2j}，…，b_{nj}（当 B_i 与 A_j 无关联时，$b_{ij}=0$）。现求 B 层中各元素关于总目标的权重，即求 B 层各因素的层次总排序权重 b_1，b_2，…，b_n，计算按如下公式进行：

$$b_i = \sum_{j=1}^{m} b_{ij} a_j$$

其中，$i=1$，2，…，n。

层次总排序 B 层权重系数计算表如表 6-5 所示。

表 6-5　层次总排序 B 层权重系数计算表

层 A / 层 B		A_1 a_1	A_2 a_2	… …	A_m a_m	B 层总排序权值
B_1	b_1	b_{11}	b_{12}	…	b_{1m}	$\sum_{j=1}^{m} b_{1j} a_j$
B_2	b_2	b_{21}	b_{22}	…	b_{2m}	$\sum_{j=1}^{m} b_{2j} a_j$
⋮	⋮	⋮	⋮	⋮	⋮	⋮
B_n	b_n	b_{n1}	b_{n2}	…	b_{nm}	$\sum_{j=1}^{m} b_{nj} a_j$

对层次总排序也须进行一致性检验，检验仍由高层到低层逐层进行。这是因为虽然各层次均已经过层次单排序的一致性检验，各成对比较判断矩阵都已具有较为满意的一致性。但当综合考察时，各层次的非一致性仍有可能积累起来，导致最终分析结果出现较严重的非一致性。

设 B 层中与 A_j 相关的因素的成对比较判断矩阵在单排序中经一致性检

验，求得单排序一致性指标为 $CI(j)$ $(j=1, 2, \cdots, m)$，相应的平均随机一致性指标为 $RI(j)$[①]，则 B 层总排序随机一致性比例为：

$$CR = \frac{\sum_{j=1}^{m} CI(j)a_j}{\sum_{j=1}^{m} RI(j)a_j}$$

当 $CR<0.10$ 时，认为层次总排序结果具有较满意的一致性并接受该分析结果。

通过层次分析法，我们可以求出每个指标在总目标上的权重系数，并在一致性检验的保证下，可以计算出知识资本量。

3. 计算个人总的知识资本量

$$ICV = \sum R_i a_i$$

其中，a_i 为第 i 个指标的层次总排序权重，R_i 为经过无量纲化的指标值。这样就求出了每个人知识资本量。

但是层次分析法的缺点是在进行综合评价时对权重的确定具有一定的主观性。层次分析法解决的是指标之间的对比量化问题，并不解决指标的选择问题。指标的选取也是凭借人的定性判断，这使得层次分析法往往会夸大或降低某些指标的作用，致使排序的结果不能完全真实地反映事物间的现实关系，可能会导致量化结果不够客观。而主成分分析法完全依赖评价指标的实际数据，较为客观。主成分的一个重要用途是选择指标，主成分分析法所选取的主成分是原来指标的综合，包含了原来指标的大部分信息。

（二）主成分分析法

主成分分析，也称主分量分析，是由 Hotelling 于 1933 年提出的。主成分分析法是一种较为客观的多指标评价方法。该方法将多指标问题转化为较少的新的指标问题，这些新的指标既彼此不相关，又能综合反映原来多个指标的信息，是原来多个指标的线性组合，综合后的新指标被称为原来指标的主成分，在评价过程中给出了指标包含的信息量的权重系数。它的评价分值主要依赖各指标的相关性确定，有助于客观地反映样本间的现实关系。主成分

① $CI(j)$、$RI(j)$ 已在层次单排序时求得。

通过原始数据初始化，求相关系数矩阵、特征值、特征向量，确定主成分个数得出综合测评值。主成分分析法也是一种多目标评价方法，它利用多元统计方法，完全依赖评价指标的实际数据，较为客观，而且将多维数据进行降维处理，可以指出影响评价结果的主要因素，但主成分分析法通过特征向量法来确定各指标的权重，对所有的评价对象采用相同的权重分配，其权重较难确定且常带有主观性，权重的均一性会导致评价的非公正性。

主成分分析是利用降维的思想，把多指标转化为少数几个综合指标的多元统计分析方法。在用统计方法研究多变量问题时，变量太多会增大计算量和增加分析问题的复杂性，人们自然希望在进行定量分析的过程中涉及的变量较少而得到的信息量较多。主成分分析法是解决这一问题的理想工具，因为经济问题涉及的众多变量之间既然有一定的相关性，就必然存在着起支配作用的共同因素。根据这一点，通过对原始变量相关矩阵内部结构关系的研究，找出影响某一经济的几个综合指标，使综合指标为原始变量的线性综合。综合指标不仅保留了原始变量的主要信息，而且彼此之间不相关，又比原始变量具有某些更优越的性质，使得我们在研究复杂的经济问题时容易抓住主要矛盾。

可进一步概述为：涉及 p 个指标构成的 p 维随机向量为 $x=(x_1, x_2, \cdots, x_p)$。对 x 作正交变换，令 $y=\mu x$，其中 μ 为正交阵，y 的各分量是不相关的，使得 y 的各分量在整个经济过程中的作用容易解释，这就使得我们有可能从主分量中选择主要成分，剔除对经济过程影响微弱的部分，通过对 y 的主分量的重点分析，达到对原始变量进行经济分析的目的。假设 $X_1, \cdots, X_p$ 表示以 $x_1, \cdots, x_p$ 为样本观测值的随机变量，如果能找到 $c_1, \cdots, c_p$，使得

$$\max D(c_1X_1+\cdots+c_pX_p)$$

并且满足
$$c_1^2+\cdots+c_p^2=1$$

由于 $c_1, \cdots, c_p$ 是 p 维空间的一个单位，它代表一个“方向”，称为主成分方向。一个主成分不足以代表原来的 p 个变量的信息，因此需要寻找第二个、第三个乃至第四个、第五个主成分。原则上第二个主成分不应该再包含第一个主成分的信息，统计上的描述是这两个主成分的协方差为零，几何上是这两个主成分的方向正交。具体确定各个主成分的方法如下。

设 Z_i 表示第 i 个主成分，可设

$$\begin{cases} Z_1 = c_{11}X_1 + c_{12}X_2 + \cdots + c_{1p}X_p \\ Z_2 = c_{21}X_1 + c_{22}X_2 + \cdots + c_{2p}X_p \\ \vdots \\ Z_p = c_{p1}X_1 + c_{p2}X_2 + \cdots + c_{pp}X_p \end{cases}$$

确定（c_{11}，…，c_{1p}），使得 $\max D(Z_1)$，并且满足 $c_{11}^2 + \cdots + c_{1p}^2 = 1$。

确定（c_{21}，…，c_{2p}），使得 $\max D(Z_2)$，并且满足（c_{21}，…，c_{2p}）与（c_{11}，…，c_{1p}）垂直，$c_{21}^2 + \cdots + c_{2p}^2 = 1$；同理确定（$c_{p1}$，…，$c_{pp}$），并且满足（$c_{p1}$，…，$c_{pp}$）与（$c_{11}$，…，$c_{1p}$）、（$c_{21}$，…，$c_{2p}$）、…、[$c_{(p-1)1}$，…，$c_{(p-1)p}$]垂直，$c_{p1}^2 + \cdots + c_{pp}^2 = 1$。

在实际研究中，由于主成分的目的是减少变量的个数，故一般选取主成分不超过6个，只要它们能包含原变量信息量的80%以上即可。具体实现步骤如下：设相关矩阵为 $R_{p\times p}$，求特征方程 $|R - \lambda_i| = 0$，其解为特征根 λ_i，将解由大到小进行排序为：$\lambda_1 \geqslant \lambda_2 \geqslant \cdots \geqslant \lambda_p > 0$，则

（1）（c_{i1}，…，c_{ip}）实际上是对应 λ_i 的特征值向量。若原变量服从正态分布，则各主成分之间相互独立。

（2）全部 p 个主成分反映的 n 例样本的总信息，等于 p 个原变量的总信息。信息量的多少，用变量的方差来量化。

（3）各主成分的作用大小是：$Z_1 \geqslant Z_2 \geqslant \cdots \geqslant Z_p$。

（4）第 i 个主成分的贡献率是：

$$\mu_i = \frac{\lambda_i}{\sum_{j=1}^{p} \lambda_j} \times 100\%$$

（5）前 m 个主成分的累计贡献率是：

$$\frac{\sum_{i=1}^{m} \lambda_i}{\sum_{j=1}^{p} \lambda_j} \times 100\%$$

在应用时，一般取累计贡献率为80%以上的比较好。

通过主成分分析法，我们可以得到各主成分的组成及各主成分的贡献率，这样就可以计算出综合值。

（6）计算个人总的知识资本量。

$$ICV = \sum \mu_i Z_i$$

Z_i 为第 i 个主成分，μ_i 为其贡献率。

主成分分析法的缺点是不能很好地进行定性分析，使得该方法在实际应用中具有一定的局限性。因此，从定性角度分析，层次分析法较优；而从定量角度分析，主成分分析法较优。在本项目研究中可以尝试利用两种方法各自的优点，将主成分分析法的客观分析与层次分析法的主观分析相结合（层次－主成分分析法），作为知识资本量化分析的新思路。

通过对两种方法的研究可知二者的结合可以扬其长、避其短，既可以考虑到指标间的相互关系，又可以避免权重的均一性而导致的评价非公正性。层次－主成分分析法的测评更加全面，更加符合客观实际。

（三）层次－主成分分析法

1. 应用层次分析法指标权重

如前所述，采用美国运筹学家 Saaty 教授提出的 1～9 比率标度法对不同指标进行两两比较，构造判断矩阵，用平均随机一致性指标对判断矩阵进行一致性检验。最终确定各评价指标权重 ω 。

2. 应用主成分分析法进行量化

利用层次分析法确定的权重 ω ，对指标值进行加权处理，得到加权后的指标值 $x_i^* = \omega_i x_i$ ，然后得到样本的相关矩阵 $\boldsymbol{R}$，并根据主成分选取原则，选取前几个并使得累计贡献率超过 80% 以上的主成分，这样就可以计算出单体（个人）知识资本量 $ICV = \sum \mu_i Z_i$ ，Z_i 为第 i 个主成分，μ_i 为其贡献率。另外，层次－主成分分析法结合了层次分析法和主成分分析法的优点，主客观结合，其量化结果更准确、更合理。

第七章

知识资本量化系统（下）

第一节　知识产权和发明专利的量化方法和数学模型

本章提出知识产权和发明专利的量化方法和计量模型（被命名为“陈瑜定义4”）。

当所有的知识资本所有者及其成果，包括著作、创新成果、发明专利都折合成社会平均必要劳动时间的量，就可以使不同领域、不同类型的专家及其成果具有统一的计量标准，通过对统一的计量标准赋值就可以产生统一的计价标准，进而计算该项成果的货币值。这将使知识资本成果——知识产权和发明专利能够在市场上流通，充分发挥对社会经济发展的重大作用。

以上成果是知识资本量化研究中的最具开拓性的重大成果。多年来，由于知识资本没有专用的度量衡标准，只能对知识资本及其成果——知识产权、发明专利进行评估。但由于各国各地评估条件不同，评估标准不一，评估专家组成不同，评出的结果没有可比性，使数以百万计的知识产权和发明专利难以在市场上流通，难以充分发挥作用。但是，提出知识资本计量单位和计量标准之后，情况发生了根本变化。通过知识产品专有的“具有度量衡意义的计量单位”，准确地计算出其价值和价格，从而使知识产品同物质产品一样，有了自己的“长度”和“重量”。这是知识资本研究史上迈出的关键一步，是一项重大的突破。

一、知识产权计量与交易平台

知识资本对知识产权的量化，是对目前我国和世界各国知识产权制度的重大改革和创新。多年来，知识产权制度没有解决知识成果的量化问题，对知识成果的量化采用的是评估的办法，带有很强的主观性，而且由于各国各地评估的条件不同，评估标准不一，评估专家组成不同，评出的结果没有可比性，各地互不认同，使数以百万计的知识产权和发明专利难以进入市场流通，难以充分发挥作用。

知识资本量化方法，是通过建立在数学、统计学和经济计量学基础上的计量要素系统和量化指标体系，精确地计算出知识产权的货币价值，而不是主观评估的价值。这才能够形成被国内外普遍接受的客观的、科学的、统一的计量标准，从而可以从根本上解决国内各地区之间（包括内地和港澳台之间）、国与国之间知识产权难以流通，甚至无法流通、不能流通的瓶颈，使封存在发明人手中和主管部门档案中的大量的知识产权、发明专利、科技成果进入市场流通，转化为现实的生产力。

把知识资本量化方法应用在产权交易中，建立知识产权量化与交易平台，将为所有知识产权，包括著作、创新成果等，提供统一的计量标准和统一的计价标准。对知识产权的量化为知识产权的交易提供了科学的依据和充分的条件，知识产权有了自己的定价后，可以在平台上进行公平交易，实现其自身的价值。知识产权计量与交易平台，能够使知识成果顺利进入市场进行流通，充分发挥对社会经济发展的重大促进作用。

二、知识产权计量与交易平台的内容

1. 知识资本的计量单位

知识资本计量单位的中文名称为“知量”，英文为“KC”（Knowledge Capital）（命名为“陈瑜定义 1”）。这是在世界知识资本量化研究史上第一次提出的知识资本的计量单位。由此我们可以准确地计量和表示知识资本成果和知识资本所有者拥有的知识资本的数量。这是对知识成果的量化具有度量衡标准意义的重大突破。

2. 知识资本的计量标准

知识资本的计量标准（命名为“陈瑜定义 2”），是指知识资本所有者通过智力劳动凝结一个标准计量单位的知识资本含量。

3. 知识资本量化的要素系统和指标体系

根据知识资本定义、计量单位和计量标准，将体现人及其知识成果的知识资本的节点，组成和构建知识资本量化要素系统和指标体系，这是构建知识资本计量模型的基础，可以计算出每个知识资本载体及其知识成果的知识资本含量。这套要素系统和量化指标体系被命名为“陈瑜定义3”。

4. 知识产权和发明专利的量化方法和计量模型

知识产权和发明专利的量化方法和计量模型（命名为“陈瑜定义4”），使知识产权和发明专利等各门类的知识资本成果都能被量化和计价，从而能够顺利进入市场进行流通，迅速、及时地发挥对社会经济发展的促进作用。

5. 知识产权计量与交易平台的建设

中国和世界各国的数以百万计已登记或未登记的知识产权和发明专利，都需要通过知识产权和发明专利的计量模型进行量化，赋予其精确的价格后，才能够顺利进行交易。

知识产权计量与交易平台，是建立在互联网信息系统和区块链价值转移网络系统基础上的网络交易平台，能够使知识产权和发明专利的所有者同需求方在平台上进行有效对接和交易，实现知识产权和发明专利的市场化流通。

三、知识产权计量与交易平台项目的市场和效益分析

据国家知识产权局统计，2020 年我国申请登记的各类知识产权项目达 519.4 万件，这些知识产权都需要进行科学的计量，才能进入市场。

上述 519.4 万件知识产权项目的总值应在数万亿元的规模，若每一项计量收取 0.2% 的手续费，即可获得上亿元的收入，效益非常可观。

此外，知识资本量化既可以量化人的智力等无形的知识资本，如专家、学者、管理者和社会各界人士的知识资本，也可以量化有形的知识资本，如发明专利、知识产权、科技成果等，还可以量化已经固化或物化的知识资本，如各种硬件、仪器、仪表、技术设备和技术设施等；还可以量化以组织形式表现的集合知识资本，如企业、学校、文化机构、管理部门、社团组织等的知识资本。知识产权计量与交易平台项目具有强大的市场，蕴藏着无限的商机和巨大的经济效益。

用以上研究成果为知识产权链进入交易平台提供最重要的科学依据，将极大地提升知识产权链的价值和核心竞争力。

第二节　研发和推出世界第一套《企业知识资本量化长效激励机制管理系统》软件

这套软件承载了知识资本量化与管理研究的最新成果，它将引导知识资本在世界各个国家、地区和企业发展中广泛的应用，将引领21世纪管理科学的一场深刻革命。

知识资本量化管理是对目前企业广泛应用的人力资源管理的重大革命与创新，是管理科学的一场深刻革命。它消除了以往传统企业管理机制的诸多误区和弊端，为知识经济时代企业高管人员、科技人员和业务骨干制定了知识资本基础上的薪酬体系，弥补了多年以来企业只有建立在货币资本基础上的薪酬体系的不足，从根本上完善了知识经济时代企业的薪酬体系，使企业的分配制度真正具有公平性、客观性和激励性，全面、妥善地解决了企业的薪酬制度制定和分配问题，这是在企业制度和管理制度方面的一项重大的基本建设。

这套系统把知识资本量化管理的各个方面的内容都整合在本系统内，建立了人才招聘、员工培训、绩效考核、薪酬分配等全面的知识资本量化管理体系。这套系统利用计算机信息和网络技术，使企业内部的知识资本管理既相对独立，又相互统一。借助企业内部信息网，建立以计算机和通信为主要手段的多层次、功能齐全、智能型的知识资本管理系统和决策支持系统，对员工的知识资本进行收集、存储、检索、加工、分析及必要的输出，为企业管理部门做决策提供科学的依据。

这套系统以全新的视角，从深层次因素研究，提升企业管理水平，建立知识经济时代企业的现代化管理机制，开启了具有划时代意义的管理模式和企业管理知识资本的先河，是目前企业管理知识资本最先进的办法。它的运用，将帮助企业踏上管理知识资本的科学道路。

《企业知识资本量化长效激励机制管理系统》软件将在第三篇详细介绍。

第三节 关于组织（机构、企业等）知识资本量化测评体系表的思考和设计

国家、地区、组织（机构、企业等）的知识资本量化从单体知识资本量化入手，将国家、地区和组织还原为单体的集合，并增加一些单体不具备，但国家、地区和组织却具备的一些知识资本要素（如国家的综合国力要素、企业中的教育培训要素等）。先计算单体知识资本量，然后与其他整体的指标一起构成非单体的知识资本总量。核算知识资本时由最低一级指标开始，上一级指标的得分由下一级指标加权平均得出，其权数通过判断矩阵计算得出。

对于一个组织（机构、企业等）的知识资本总量，除了考察作为组织主体的员工身上所凝结的狭义知识资本量，还要考虑组织作为一个整体，在运作过程中所释放出来的知识资本量。由于组织的性质、规模、部门设置不同，所释放出的知识资本量也是不同的。这里我们选取的指标依据科学性原则，尽量减少主观性，选用客观的数据要素，充分考虑组织作为整体的人力、管理、技术、经验及其相应的知识和科技成果等要素。根据选取的一级要素指标，再做进一步细化，得到定性或者定量的指标来进行衡量。同时，决定知识资本量的因素可能有多个，选取指标时我们根据需要选取关键性的影响因素，避免建立的评价指标体系过于庞杂，主次不分。

根据以上原则建立组织（机构、企业等）知识资本量化指标体系，该体系包括科研能力要素、生产技术要素、教育培训要素、信息化程度要素、管理能力要素、创新能力要素 6 个一级指标，以及所属的 27 个二级指标和相应的三级指标。下面对 6 个一级指标进行简要说明。

（1）科研能力要素是衡量一个组织可能存在的知识资本量的最显著要素，科研能力要素体现在科研人数及科研经费、科研成果等二级指标上。

（2）生产技术要素是组织生产能力的直接体现，集中体现在生产技术人员数量、生产设备水平、技术水平等方面，从另一面反映了该组织所凝结的知识资本存量。

（3）教育培训要素体现的是产生知识资本的过程，是知识资本量的积累过程，通过培训队伍、培训机构、师资力量、培训周期等来考察组织积累知

识资本量的能力。

（4）信息化程度要素体现的是组织同外界进行知识交流的频繁程度，也反映了外界知识资本流入该组织的状况，信息化程度越高说明该组织的知识资本存量越多。

（5）管理能力要素体现了组织的财务管理状况、经营管理水平和人力管理水平。管理能力的高低，将直接影响该组织的财务状况、管理效率和员工队伍的建设。

（6）创新能力要素是释放知识资本的强大的推动力，只有通过创新，才能不断累积知识存量，并将其转变为强大的生产力，发挥知识资本的强大作用。

需要指出的是，上述一级指标及其下级指标所构成的测评体系，既不包含人力资本指标，也不包含消费资本指标。传统的核算方法是将人力资本和消费资本混同于知识资本，一是因为理论上缺乏对知识资本的清晰界定，二是核算方法上也无法将知识资本与二者很好地分离开来。我们在理论上明确提出知识资本不同于人力资本和消费资本，在核算方法上应用了从单体到总体的核算方法，从而能够清楚地界定知识资本的总量和构成。

下面，我们列出组织（机构、企业等）知识资本量化测评体系表（见表 7－1），供研究参考。

表 7－1　　组织（机构、企业等）知识资本量化测评体系

要素系统		指标体系			
一级要素及符号		二级指标及符号		三级指标及符号	
科研能力要素	R	科研人员数量	R_1	高级科研人员数量	R_{11}
				中级科研人员数量	R_{12}
				初级科研人员数量	R_{13}
		科研经费投入	R_2	科研经费投入总额度	R_{21}
				科研经费投入增长比例	R_{22}
				科研经费投入比例	R_{23}
		科研设备配置	R_3	科研设备套数	R_{31}
				科研设备使用率	R_{32}
				科研设备更新率	R_{33}

续 表

要素系统		指标体系			
一级要素及符号		二级指标及符号		三级指标及符号	
科研能力要素	R	科研成果数量	R_4	发明专利数量	R_{41}
				商标数量	R_{42}
				新产品数量	R_{43}
				科研论文数量	R_{44}
				科研专著数量	R_{45}
		科研成果等级	R_5	达到世界级水平比例	R_{51}
				达到国家级水平比例	R_{52}
				达到省级水平比例	R_{53}
				达到市级水平比例	R_{54}
				达到区县级及以下水平比例	R_{55}
		科研成果转化率	R_6	产值的增加比例	R_{61}
				生产周期的缩短比例	R_{62}
				效率的提高水平	R_{63}
				节省的生产成本比例	R_{64}
				新产品收益的增加程度	R_{65}
生产技术要素	P	生产技术人员数量	P_1	高级技工数量	P_{11}
				中级技工数量	P_{12}
				初级技工数量	P_{13}
		生产设备水平	P_2	生产设备的资金投入比重	P_{21}
				生产设备使用率	P_{22}
				生产设备更新率	P_{23}
				生产设备故障率	P_{24}
		技术水平	P_3	员工生产效率	P_{31}
				生产合格率	P_{32}
				生产计划达成率	P_{33}
				综合成本率	P_{34}
		产品科技依存度	P_4	产品的科技含量	P_{41}
				与同类型产品科技含量的差值	P_{42}

续 表

要素系统		指标体系			
一级要素及符号		二级指标及符号		三级指标及符号	
生产技术要素	P	引进技术设备比例	P_5	引进先进生产线的数量	P_{51}
				引进生产模式的数量	P_{52}
				引进先进设备的数量	P_{53}
教育培训要素	E	员工学历结构	E_1	研究生学历员工比重	E_{11}
				本科学历员工比重	E_{12}
				专科及以下学历员工比重	E_{13}
		培训队伍	E_2	参加培训的高层管理者的比例	E_{21}
				参加培训的中层管理者的比例	E_{22}
				参加培训的科技人员的比例	E_{23}
				参加培训的普通员工的比例	E_{24}
		培训机构	E_3	部门内部的培训	E_{31}
				公司内部的培训	E_{32}
				公司外部的专业培训	E_{33}
		师资力量	E_4	高级讲师的数量	E_{41}
				中级讲师的数量	E_{42}
				初级讲师的数量	E_{43}
		培训周期	E_5	每年培训的次数	E_{51}
				每次培训的平均天数	E_{52}
信息化程度要素	I	信息系统的建设	I_1	信息化投入资金比例	I_{11}
				计算机拥有量	I_{12}
				数据库建立水平	I_{13}
				计算机联网率	I_{14}
				网络性能水平	I_{15}
		信息系统的普及率	I_2	信息化技能的普及率	I_{21}
				核心业务流程的信息化	I_{22}
				办公自动化系统应用程度	I_{23}
				信息采集覆盖率	I_{24}
				决策信息化水平	I_{25}

续 表

要素系统		指标体系			
一级要素及符号		二级指标及符号		三级指标及符号	
信息化程度要素	I	信息系统的应用	I_3	信息资源的开发率	I_{31}
				信息资源的利用率	I_{32}
				信息资源的共享程度	I_{33}
		信息系统的安全性能	I_4	信息系统安全性资金投入	I_{41}
				信息化安全措施的应用率	I_{42}
管理能力要素	M	财务管理	M_1	资产负债率	M_{11}
				总资产周转速度	M_{12}
				主营业务增长率	M_{13}
				总资金利润增长率	M_{14}
				净资产增长率	M_{15}
				资金的周转周期	M_{16}
		经营管理	M_2	部门之间的协调度	M_{21}
				员工的工作效率	M_{22}
				企业战略目标的完成率	M_{23}
				企业抵御风险的能力	M_{24}
				企业内部审计水平	M_{25}
		人力管理	M_3	企业队伍的稳定性	M_{31}
				对高素质人才的吸引力	M_{32}
				团队建设水平	M_{33}
创新能力要素	C	创新内部服务系统	C_1	创新的鼓励措施	C_{11}
				创新方案的制定	C_{12}
				创新投入的时间	C_{13}
				员工参与创新的程度	C_{14}
		创新投入水平	C_2	创新资金投入比例	C_{21}
				创新资金投入增长率	C_{22}
		创新转化能力	C_3	创新投入实施程度	C_{31}
				创新提高的工作效率	C_{32}
				创新增加的公司利润	C_{33}
		创新的外部环境	C_4	社会创新支持力度	C_{41}
				政府对社会创新的优惠条件	C_{42}
				企业间创新资源的整合程度	C_{43}

注：在具体操作时对各个指标数值来源和赋值给予说明。

第四节　关于地区知识资本量化测评体系表的思考和设计

一、地区知识资本量化测评体系表

地区作为单体和组织的运行整体，其知识资本是单体和组织知识总量以地区为整体所释放的现值，包括积累的知识和成果及正在创造的知识和成果。本项目构造了由教育要素、科技要素（国防科技除外）、文化要素、信息化程度、地区管理能力以及创新能力6个一级指标、20个二级指标、57个三级指标和177个四级指标组成的测评指标体系。

在6个一级指标中，教育要素、科技要素（国防科技除外）是影响地区获得知识和成果的最主要的因素。文化要素包括文化著作、文化艺术机构、文化遗产，体现了该地区已积累的知识存量和成果。信息化程度包括信息化质量和信息化发展，是体现该地区的知识总量释放渠道的重要指标，信息化程度越高意味着该地区的知识存量的流通渠道越通畅，释放能力越强。地区管理能力包括社会、经济、基础设施和卫生四个方面，它体现了政府在管理、协调等各方面的能力，是衡量地区知识资本的释放能力的重要指标。创新能力体现了地区创造知识和成果的能力，是地区知识资本总量增加的重要指标。

下面列出地区知识资本量化测评体系表（见表7－2），供研究参考。

表7－2　　地区知识资本量化测评体系

要素系统		指标体系					
一级要素及符号		二级指标及符号		三级指标及符号		四级指标及符号	
教育要素	T	教育机构	T_1	高等教育	T_{11}	重点院校数量	T_{111}
						普通院校数量	T_{112}
						民办院校数量	T_{113}
				中等教育	T_{12}	高中院校数量	T_{121}
						中专类院校数量	T_{122}
						初中院校数量	T_{123}

续 表

要素系统	指标体系		
一级要素及符号	二级指标及符号	三级指标及符号	四级指标及符号
教育要素 T	教育机构 T_1	基础教育 T_{13}	小学数量 T_{131}
			幼儿园数量 T_{132}
		技能教育 T_{14}	职业技校数量 T_{141}
			培训机构数量 T_{142}
			网络培训数量 T_{143}
	教育队伍建设 T_2	师资力量 T_{21}	在职教师数量 T_{211}
			兼职教师数量 T_{212}
			培训类讲师数量 T_{213}
		师资配置 T_{22}	人均教师数量 T_{221}
			人均受教育时间 T_{222}
	教育资源的配置 T_3	教学设备配置 T_{31}	基础教材配置 T_{311}
			实验室的数量 T_{312}
			实验基材的配备 T_{313}
		网络教学 T_{32}	多媒体设备的普及率 T_{321}
			网络图书资源的配备率 T_{322}
	受教育情况 T_4	高等教育 T_{41}	高等教育人口规模 T_{411}
			高等教育人口比重 T_{412}
			高等教育人口增速 T_{413}
		中等教育 T_{42}	中等教育人口规模 T_{421}
			中等教育人口比重 T_{422}
			中等教育人口增速 T_{423}
		初等教育 T_{43}	初等教育人口规模 T_{431}
			初等教育人口比重 T_{432}
			初等教育人口增速 T_{433}

续　表

要素系统	指标体系						
一级要素及符号		二级指标及符号		三级指标及符号		四级指标及符号	
科技要素（国防科技除外）	K	科研机构	K_1	科研机构规模	K_{11}	国营科研机构的数量	K_{111}
						民办科研机构的数量	K_{112}
				科研机构配置	K_{12}	人均实验室的数量	K_{121}
						人均设备的数量	K_{122}
						人均器材的数量	K_{123}
				科研机构资金投入	K_{13}	国家拨付资金数额	K_{131}
						自身盈利数额	K_{132}
						获得捐赠资金数额	K_{133}
		科研人员	K_2	科研人员的数量	K_{21}	高级科研人员的数量	K_{211}
						中级科研人员的数量	K_{212}
						初级科研人员的数量	K_{213}
				科研项目申报	K_{22}	人均申报项目数	K_{221}
						人均科研经费的批复	K_{222}
		科研成果	K_3	学术研讨会	K_{31}	学术研讨会举办的次数	K_{311}
						学术研讨会刊物的发行量	K_{312}
						学术研讨会的规模	K_{313}
				申请专利	K_{32}	专利申请的数量	K_{321}
						专利申请的级别	K_{322}
				科技发明	K_{33}	科技发明申请的数量	K_{331}
						科技发明申请的级别	K_{332}
		国际科研合作项目	K_4	政府间重点合作项目	K_{41}	合作项目的数量	K_{411}
						参与程度	K_{412}
				专题重点合作项目	K_{42}	合作项目的数量	K_{421}
						参与程度	K_{422}
				驻外科技机构推荐项目	K_{43}	合作项目的数量	K_{431}
						参与程度	K_{432}

续 表

要素系统		指标体系					
一级要素及符号		二级指标及符号		三级指标及符号		四级指标及符号	
文化要素	A	文化著作	A_1	历史著作	A_{11}	历史著作的数量	A_{111}
						历史著作的保存完整度	A_{112}
						历史著作的译本数量	A_{113}
				当代著作	A_{12}	出版著作的数量	A_{121}
						出版著作的发行量	A_{122}
						网络非正式出版物的数量	A_{123}
		文化艺术机构	A_2	博物馆	A_{21}	综合性博物馆数量	A_{211}
						专题性博物馆数量	A_{212}
						纪念性博物馆数量	A_{213}
				图书馆	A_{22}	公共系统图书馆数量	A_{221}
						科研系统图书馆数量	A_{222}
						高校系统图书馆数量	A_{223}
				展览馆	A_{23}	综合性展览馆数量	A_{231}
						专业性展览馆数量	A_{232}
				艺术机构	A_{24}	剧院数量	A_{241}
						电影院数量	A_{242}
						文化广场数量	A_{243}
						艺术团体	A_{244}
		文化遗产	A_3	物质文化遗产	A_{31}	历史文物	A_{311}
						历史建筑	A_{312}
						人类文化遗址	A_{313}
				精神文化遗产	A_{32}	口头传说与表述	A_{321}
						表演艺术	A_{322}
						社会风俗	A_{323}
						传统手工技能	A_{324}
						有关自然界和宇宙的知识实践	A_{325}

续 表

要素系统	指标体系						
一级要素及符号		二级指标及符号		三级指标及符号		四级指标及符号	
信息化程度	D	信息化质量	D_1	信息资源	D_{11}	人均使用函件	D_{111}
						人均电话数量	D_{112}
						人均报刊发行量	D_{113}
						人均图书销售量	D_{114}
						人均图书馆使用量	D_{115}
						人均网络站点数量	D_{116}
				信息产业	D_{12}	人均信息产业国内生产总值	D_{121}
						信息产业增加值占国内生产总值的比重	D_{122}
						信息产业基本建设更新改造投资额	D_{123}
						信息产业新增固定投资额	D_{124}
				信息设备	D_{13}	计算机网络密度	D_{131}
						计算机网络设备普及率	D_{132}
						电信网络密度	D_{133}
						电信设备普及率	D_{134}
						邮电局分布率	D_{135}
						广电普及率	D_{136}
						广电设施覆盖率	D_{137}
				信息应用	D_{14}	国家重大信息工程投资额	D_{141}
						行业信息技术人员	D_{142}
						信息系统使用企业数	D_{143}
						信息消费额	D_{144}
						信息类产品普及率	D_{145}

续 表

要素系统		指标体系					
一级要素及符号		二级指标及符号		三级指标及符号		四级指标及符号	
信息化程度	D	信息化质量	D_1	信息化人才	D_{15}	信息产业人员比例	D_{151}
						信息技术人员比例	D_{152}
						信息研发人员比例	D_{153}
		信息化发展	D_2	信息化政策	D_{21}	信息化组织机构数量	D_{211}
						信息化政策法规数量	D_{212}
						信息产业投资率	D_{213}
				信息化发展趋势	D_{22}	信息产业产值增长率预测值	D_{221}
						信息产业利税预测值	D_{222}
						信息产业增长趋势预测值	D_{223}
				信息化持续性	D_{23}	信息产业投资占社会总投资比例	D_{231}
						信息产业风险资本额比重	D_{232}
						科研经费占信息产业总投入比重	D_{233}
地区管理能力	M	社会方面	M_1	人口状况	M_{11}	市区人口密度	M_{111}
						人口密度指数	M_{112}
						第三产业从业人员比例	M_{113}
						人口城市化水平	M_{114}
				资源配置	M_{12}	百人图书馆藏书	M_{121}
						人均住房面积	M_{122}
						人均外商实际投资额	M_{123}
				社会保障	M_{13}	社会保障补助支出占地区 GDP 比重	M_{131}
						养老保险覆盖率	M_{132}
						医疗保险覆盖率	M_{133}
						失业保险覆盖率	M_{134}

续 表

要素系统	指标体系						
一级要素及符号	二级指标及符号		三级指标及符号		四级指标及符号		
地区管理能力 M	社会方面	M_1	社会秩序	M_{14}	治安资金投入	M_{141}
					每万人警力配备人数	M_{142}
					每万人刑事案件发案率	M_{143}
					每万人治安案件发案率	M_{144}
					每万人各类事故死亡率	M_{145}
	经济方面	M_2	经济水平	M_{21}	人均 GDP	M_{211}
					GDP 增长率	M_{212}
					万元 GDP 能耗	M_{213}
			经济效益	M_{22}	百元资金实现利润	M_{221}
					百元固定资产净值实现利润	M_{222}
			经济结构	M_{23}	第三产业占 GDP 的比重	M_{231}
					人均铺装道路面积	M_{232}
	基础设施方面	M_3	交通系统	M_{31}	每百万人拥有地铁数量	M_{311}
					每万人拥有公交车数量	M_{312}
					每万人拥有出租车数量	M_{313}
			能源系统	M_{32}	年人均生活用水量	M_{321}
					年人均生活用电量	M_{322}
	卫生方面	M_4	环境卫生状况	M_{41}	绿化覆盖率	M_{411}
					每平方千米工业废水排放	M_{412}
					地区环境噪声平均值	M_{413}
					工业废水排放达标率	M_{414}
					空气质量达二级天数	M_{415}
					工业固体废弃物综合利用率	M_{416}
			卫生组织机构	M_{42}	卫生站数量	M_{421}
					卫生站人员配置	M_{422}
					卫生站资金投入	M_{423}
			居民卫生条件	M_{43}	居民卫生知识普及程度	M_{431}
					居民疫苗接种程度	M_{432}
					卫生设备配置	M_{433}

续 表

要素系统		指标体系					
一级要素及符号		二级指标及符号		三级指标及符号		四级指标及符号	
创新能力	C	创新体制建设	C_1	创新人才的培养	C_{11}	高校创新人才的培养	C_{111}
						企业创新人才的培养	C_{112}
				创新基地的设立	C_{12}	创新型企业的数量	C_{121}
						创新基地的数量	C_{122}
						创新研究中心的数量	C_{123}
						各创新机构间的合作程度	C_{124}
				国家创新项目	C_{13}	创新项目经费总额	C_{131}
						创新项目的数量	C_{132}
						创新项目间的合作程度	C_{133}
		创新效率	C_2	知识创新	C_{21}	每年人均知识创新数量	C_{211}
						创新成果的科技转换率	C_{212}
				技术创新	C_{22}	每年推出新产品种类	C_{221}
						新产品产值占总产值比重	C_{222}
						新技术在行业内推广所需时间	C_{223}
		创新环境	C_3	创新优惠政策	C_{31}	税收减免政策	C_{311}
						知识产权保护	C_{312}
						政府采购量	C_{313}
				创新基金的支持力度	C_{32}	科技三项费用	C_{321}
						基本建设费用	C_{322}
						企业自有资金	C_{323}
						外资的引入	C_{324}

注：在具体操作时对各个指标数值来源和赋值给予说明。

二、智慧城市建设和量化指标

自 2008 年提出建设智慧城市以来，目前我国有 95% 的副省级及以上城市、76%的地级城市，总计200多个城市提出或在建智慧城市。从实际情况看，我国智慧城市的建设取得了一定成果，但同时存在着某种误区。误区之一：偏重城市的硬件建设和环境建设，忽视城市的软件建设和内涵建设。误区之二：在建设过程中普遍存在盲目性，因为至今还没有制定出建设智慧城市的完备、科学的标准。

智慧城市的建设当然要依靠货币，用以建设相关基础设施、机房和购买硬件等。但仅仅有货币资本的支撑是不够的，智慧城市建设还需要城市的管理者、科技界、教育界等各界人士以及全体市民智力的支撑，即知识资本的支撑。因为建设智慧城市要求全体城市居民具有一定的知识文化水平，要求城市具有一定的科技水平和研发能力，有引进、调试、安装硬件的技术力量，还要有教育培训机构对干部和广大市民进行培训，才能使政府主管部门、市民能够掌握使用硬件的技能，发挥硬件的作用，也才能实现城市的管理、生产、生活的信息化、网络化、数字化和智能化。也就是说，建设智慧城市除了要有必要的硬件和硬件设施以外，还必须营造一个知识化的社会环境。

只有硬件，没有软件，是建不成智慧城市的。只有硬件建设和软件建设并重，城市的软件建设与硬件建设相匹配，才能实现城市的智慧化。甚至软件建设与内涵建设还在一定程度上制约着硬件建设甚至整个智慧城市的建设。可以说，智慧城市的软件建设是硬件建设的前提条件。

什么是智慧？智慧的表现形式有哪些？城市智慧化程度是否可以量化？如何量化？这些都是在智慧城市建设过程中必须要解决的问题。智慧是人类智力的表现，智力则是人们所拥有的知识的表现。当知识，比如发明专利、知识产权能给企业带来利润的时候，知识就像货币一样成为资本，即知识资本，而知识资本是可以量化的。我们认为，应当根据城市的知识资本总量来制定建设智慧城市的标准，并作为衡量城市智慧化程度的基本指标。

智慧城市的建设过程，实际上就是城市知识资本总量不断增加的过程。只有城市拥有的知识资本总量达到一定规模，才能成为智慧城市，也就是说，知识资本总量的规模是衡量智慧城市是否建成的标准。我们认为，各地的智慧城市建设必须先制定一套科学的、创新的、软件建设和硬件建设并重的、完善的、具有可操作性的建设方案。这是建设智慧城市的首要环节。

（一）智慧城市建设需要软件建设和硬件建设并重

智慧城市的发展既要有货币资本的支撑，又要依靠知识资本的支撑。智慧城市的建设既要投入大量资金进行硬件建设，又要迅速提升城市居民的文化知识水平和城市的科技水平，进行软件建设。软件的建设是指城市居民的知识水平，其衡量指标是城市居民拥有的知识资本总量。城市居民通过教育和培训，拥有同智能化环境相配套的各种能力，包括培训能力、研发能力、应用能力、推广能力、管理能力、调试能力等。

硬件设施的建设是实现城市的客观条件智慧化，而软件的建设则是实现城市的主观条件智慧化。只有将主观与客观相结合，形成统一整体，才是真正的智慧化。智慧城市在大力投入硬件建设的同时，也必须充分重视软件的配套建设，否则就不可能建成真正的智慧城市。智慧城市在引进先进知识和技术的同时，还要注重自身的知识资本积累，构建知识资本结构优化的智慧化居民群体，才能对先进知识和技术具有接纳能力和创新能力，以保障智慧城市的建设。

就软件建设和硬件建设的顺序而言，软件建设是建设智慧城市的源头，硬件建设是结果。智慧城市要引进先进知识和技术，需要一批具有高知识水平的专家，而与此同时，居民也必须受到良好的教育，有接受并能使用这些先进知识和技术的能力，这样才能享受硬件带来的便利，而不能单纯地依赖专家。这就要求城市的居民通过教育和培训的方式使他们获得相关的知识和技能，进而具备这种能力。

（二）实现居民智慧化的软件建设

智慧城市的发展既需要货币资本的支撑，也需要全体城市居民智力的支持。全体居民的智力及其成果就是这个城市的知识资本。

知识经济社会中，人们发现，与物质生产过程并行的还有知识生产过程。知识生产过程的结晶即知识产品，能有力地推动着国家、地区和企业经济发展，形成一种新的资本形态，即知识资本。智慧城市建设过程中所有技术性投入，包括硬件设施的设计、发明专利、知识产权、通信技术等，都是知识生产过程的产品，是人类智慧固化的结果，它们都属于知识资本。

首先，城市要有一定数量的小学、中学、大学和各种培训机构，加强居民的素质教育与专业能力教育，形成具有各类专业知识的智慧人群。同时，城市要配有一定规模的研究所、研究院和研发中心，培养一批素质、能力较高的高级科技人才。只有城市接受并使用硬件的能力不断增加，才能保障智慧城市建设的顺利进行。

其次，城市必须整合人才资源，建设自己的人才库来进行新技术的研发、引进、推广以及硬件的使用培训。通过教育培训，培养出各个阶层、不同知识水平的人群，这是智慧城市建设不可或缺的环节。同时，结合城市的实际发展，推行人才引进政策，引进一批城市所需的高层次人才，优化城市的人才结构，提高城市的知识资本水平。这种分层次的、不同水平的知识资本，形成不同的智慧人群，是智慧城市硬件设施建设真正落地、发挥更好效果的有力保障。

再次，提高城市图书馆、博物馆等文化机构的渗透率与使用率，鼓励教育培训机构的发展，加强对居民职业技能与文化素质方面的再教育。

（三）智慧城市知识资本衡量指标的构建

知识资本总量是衡量智慧城市的重要指标，智慧城市的建设包括硬件建设与软件建设两方面的内容，软件建设本身就是城市知识资本的体现，而硬件也是固化的人类智慧，也可以用知识资本来衡量。在构建智慧城市知识资本衡量体系时，应从更加全面的、多层次的角度进行考察，既包括智慧城市对先进知识和技术的应用和信息化建设程度，也包括推动先进知识和技术应用和信息化建设的关键因素——人才及其所拥有的知识资本，以及他们在智慧城市建设中发挥作用的机制和重要性。

评定智慧城市知识资本指数，要对城市中知识资本的各种表现形态和各个节点进行调查，通过专家研究和评估，筛选出能够体现智慧城市的各个要素和指标，形成计量知识资本的指标体系。智慧城市知识资本量化指标体系的构建包括三个层次：第一层次是对人才知识资本的计量，精确计量人才作为知识的所有者拥有的知识资本总量；第二层次是对组织（机构、企业等）拥有知识资本的计量，通过指标体系和数学模型精确量化组织（机构、企业等）拥有的知识资本总量；第三层次是计量智慧城市整体拥有的知识资本总量，通过指标体系和数据模型精确量化智慧城市作为知识资本集聚体所蕴藏的知识资本总量。

通过使用物联网和云计算等技术，城市能够智能化监控知识资本量化指标体系各个变量的动态变化，实现对大量数据的采集、分析和挖掘，掌握智慧城市知识资本形成、释放和发挥作用的准确情况。检测一个城市运行着的知识资本量和闲置的知识资本量，可以通过优化配置管理，使各个领域闲置的知识资本量流通或转移到可以发挥重要作用的地方，实现优化配置。

因此，要加快智慧城市建设，就必须构建科学的智慧城市知识资本管理系统，实现对城市知识资本的准确量化和合理布局，充分发挥知识资本推动智慧城市建设的重要作用，保障智慧城市建设科学、健康和可持续发展。

综上所述，智慧城市必须进行软件的建设，培养出具有不同水平知识资本总量的人才结构，形成不同的智慧人群，使他们具备接纳并使用硬件的能力。只有这样才会真正将硬件的建设落到实处，使之发挥作用，将城市真正打造成以人为本的宜居城市。在这种条件下，城市居民所具备的知识资本总量就是建设智慧城市的前提与重要指标。因此，需要构建科学的智慧城市知识资本量化指标体系，衡量城市所含的知识资本总量。这不仅是判断该城市是否是智慧城市、智慧化水平如何的标准，有关部门也可根据此体系观察该城市知识资本的含量与分布，提出增加知识资本总量的方法与优化知识资本结构的方案，从而形成建设智慧城市的系统方案。

智慧城市建设是国家经济发展到一定阶段的产物，是科学技术在城市建设功能上的体现，是人类创新能力和科研能力规模化、集中化的爆发。智慧城市建设要软件建设和硬件建设并重，要走货币资本和知识资本共同推动城市发展的可持续发展道路。

第五节　关于国家知识资本量化测评体系表的思考和设计

国家知识资本的量化方法与地区知识资本量化的方法基本相同，但国家知识资本量化指标体系涉及更加宏观的指标。因此，本项目在测评国家的知识总量时设计了由包括创新能力要素、教育要素、综合国力要素、科技要素（国防科技除外）、信息化程度、文化要素、国家管理能力要素和国际影响力要素在内的8个一级指标，以及28个二级指标、81个三级指标、246个四级指标组成的测评体系。

教育要素和科技要素（国防科技除外）依然是影响国家获得知识的最主要因素，文化要素体现了国家的知识积累和成果的应用，创新能力要素则体现了国家正在创造的知识和成果。国家的知识总量的释放能力及共享则通过国家管理能力要素和信息化程度来衡量。与地区知识资本量化测评体系略有不同的是，国家知识资本量化测评体系涉及综合国力和国际影响力两个宏观要素：综合国力在很大程度上影响了本国的知识资本总量的释放能力及本国知识资本向国外释放的能力；国际影响力特别是知识国际交流可以促进各国的知识文化的传播和释放。

下面我们列出国家知识资本量化测评体系表（见表7－3），供研究参考。

表7－3　国家知识资本量化测评体系

要素系统		指标体系					
一级要素及符号		二级指标及符号		三级指标及符号		四级指标及符号	
创新能力要素	C	创新体制建设	C_1	创新人才的培养	C_{11}	高校创新人才的培养	C_{111}
						企业创新人才的培养	C_{112}
				创新基地的设立	C_{12}	创新型企业的数量	C_{121}
						创新基地的数量	C_{122}
						创新研究中心的数量	C_{123}
						各创新机构间的合作程度	C_{124}
				国家创新项目	C_{13}	创新项目经费总额	C_{131}
						创新项目的数量	C_{132}
						创新项目间的合作程度	C_{133}
		创新效率	C_2	知识创新	C_{21}	每年人均知识创新数量	C_{211}
						创新成果的科技转换率	C_{212}
				技术创新	C_{22}	每年推出新产品种类	C_{221}
						新产品产值占总产值比重	C_{222}
						新技术在行业内推广所需时间	C_{223}

续 表

要素系统		指标体系					
一级要素及符号		二级指标及符号		三级指标及符号		四级指标及符号	
创新能力要素	C	创新环境	C_3	创新优惠政策	C_{31}	税收减免政策	C_{311}
						知识产权保护	C_{312}
						政府采购量	C_{313}
				创新基金的支持力度	C_{32}	科技三项费用	C_{321}
						基本建设费用	C_{322}
						企业自有资金	C_{323}
						外资的引入	C_{324}
教育要素	E	教育机构	E_1	高等教育	E_{11}	重点院校数量	E_{111}
						普通院校数量	E_{112}
						民办院校数量	E_{113}
				中等教育	E_{12}	高中院校数量	E_{121}
						中专类院校数量	E_{122}
						初中院校数量	E_{123}
				基础教育	E_{13}	小学数量	E_{131}
						幼儿园数量	E_{132}
				技能教育	E_{14}	职业技校数量	E_{141}
						培训机构数量	E_{142}
						网络培训数量	E_{143}
		教育队伍建设	E_2	师资力量	E_{21}	在职教师数量	E_{211}
						兼职教师数量	E_{212}
						培训类讲师数量	E_{213}
				师资配置	E_{22}	人均教师数量	E_{221}
						人均受教育时间	E_{222}
		教育资源的配置	E_3	教学设备的配置	E_{31}	基础教材配置	E_{311}
						实验室数量	E_{312}
						实验基材配备	E_{313}
				网络教学	E_{32}	多媒体设备普及率	E_{321}
						网络图书资源配备率	E_{322}

续 表

要素系统		指标体系					
一级要素及符号		二级指标及符号		三级指标及符号		四级指标及符号	
教育要素	E	受教育情况	E_4	受高等教育的人口	E_{41}	高等教育人口规模	E_{411}
						高等教育人口比重	E_{412}
						高等教育人口增速	E_{413}
				受中等教育的人口	E_{42}	中等教育人口规模	E_{421}
						中等教育人口比重	E_{422}
						中等教育人口增速	E_{423}
				受初等教育的人口	E_{43}	初等教育人口规模	E_{431}
						初等教育人口比重	E_{432}
						初等教育人口增速	E_{433}
综合国力要素	P	经济结构	P_1	第一产业产值的知识技术密集度	P_{11}	第一产业比重	P_{111}
						第一产业产值比重	P_{112}
						第一产业科技含量	P_{113}
				第二产业产值的知识技术密集度	P_{12}	第二产业比重	P_{121}
						第二产业产值比重	P_{122}
						第二产业科技含量	P_{123}
				第三产业产值的知识技术密集度	P_{13}	第三产业比重	P_{131}
						第三产业产值比重	P_{132}
						第三产业科技含量	P_{133}
				出口的知识技术密集度	P_{14}	出口的比重	P_{141}
						出口的产值	P_{142}
						出口的科技含量	P_{143}
				进口的知识技术密集度	P_{15}	进口的比重	P_{151}
						进口的产值	P_{152}
						进口的科技含量	P_{153}
		人口分布	P_2	城市人口	P_{21}	城市人口规模	P_{211}
						城市人口比重	P_{212}
						城市人口增速	P_{213}

续 表

要素系统	指标体系						
一级要素及符号		二级指标及符号		三级指标及符号		四级指标及符号	
综合国力要素	P	人口分布	P_2	农村人口	P_{22}	城市人口规模	P_{221}
						城市人口比重	P_{222}
						城市人口增速	P_{223}
		资金投入	P_3	国内投资	P_{31}	研发投资比例	P_{311}
						知识技术引进投资比例	P_{312}
						教育培训投资比例	P_{313}
				外国直接投资	P_{32}	研发投资比例	P_{321}
						知识技术引进投资比例	P_{322}
						教育培训投资比例	P_{323}
		知识技术要素	P_4	科学论文	P_{41}	科学论文数量	P_{411}
						参与研讨人数	P_{412}
						技术转化率	P_{413}
				居民专利申请	P_{42}	专利的数量	P_{421}
						专利的级别	P_{422}
						专利的应用规模	P_{423}
				计算机使用率	P_{43}	人均计算机拥有率	P_{431}
						计算机知识普及率	P_{432}
						人均每天使用时间	P_{433}
				网络资源使用率	P_{44}	网络覆盖的城市数	P_{441}
						网络知识的普及程度	P_{442}
						居民上网时间	P_{443}
				用于 R&I 支出额	P_{45}	政府用于 R&I 支出额	P_{451}
						民间用于 R&I 支出额	P_{452}
		军事装备要素	P_5	军费开支中用于科技研发的情况	P_{51}	科技研发的额度	P_{511}
						科技研发的比重	P_{512}
				军事队伍中科技人才的比例	P_{52}	科技人才的数量	P_{521}
						科技人才的比重	P_{522}
						科技人才的引进	P_{523}

续 表

要素系统		指标体系					
一级要素及符号		二级指标及符号		三级指标及符号		四级指标及符号	
综合国力要素	P	军事装备要素	P_5	军事装备的科技依存度	P_{53}	高科技装备数量	P_{531}
						高科技装备比重	P_{532}
						高科技装备购买周期	P_{533}
		国防科技	P_6	国防科技队伍	P_{61}	科技队伍规模	P_{611}
						科技队伍水平	P_{612}
						科技队伍建设	P_{613}
				国防科技机构	P_{62}	科技机构规模	P_{621}
						科技机构的先进程度	P_{622}
						科研机构的建设速度	P_{623}
				国防科技成果	P_{63}	科研成果数量	P_{631}
						科研成果级别	P_{632}
						科研成果转化率	P_{633}
科技要素（国防科技除外）	R	科研机构	R_1	科研机构规模	R_{11}	国营科研机构数量	R_{111}
						民办科研机构数量	R_{112}
				科研机构配置	R_{12}	人均实验室数量	R_{121}
						人均设备数量	R_{122}
						人均器材数量	R_{123}
				科研机构资金投入	R_{13}	国家拨付资金数额	R_{131}
						自身盈利数额	R_{132}
						获得捐赠资金数额	R_{133}
		科研人员	R_2	科研人员数量	R_{21}	高级科研人员数量	R_{211}
						中级科研人员数量	R_{212}
						初级科研人员数量	R_{213}
				科研项目申报	R_{22}	人均申报项目数	R_{221}
						人均科研经费批复	R_{222}
		科研成果	R_3	学术研讨会	R_{31}	学术研讨会举办次数	R_{311}
						学术研讨会刊物发行量	R_{312}
						学术研讨会规模	R_{313}

续 表

要素系统		指标体系					
一级要素及符号		二级指标及符号		三级指标及符号		四级指标及符号	
科技要素（国防科技除外）	R	科研成果	R_3	申请专利	R_{32}	专利申请数量	R_{321}
						专利申请级别	R_{322}
				科技发明	R_{33}	科技发明申请数量	R_{331}
						科技发明申请级别	R_{332}
		国际科研合作项目	R_4	政府间重点科技合作项目	R_{41}	合作项目数量	R_{411}
						参与程度	R_{412}
				专题重点合作项目	R_{42}	合作项目数量	R_{421}
						参与程度	R_{422}
				驻外科技机构推荐项目	R_{43}	合作项目数量	R_{431}
						参与程度	R_{432}
信息化程度	I	信息化质量	I_1	信息资源	I_{11}	人均使用函件	I_{111}
						人均电话数量	I_{112}
						人均报刊发行量	I_{113}
						人均图书销售量	I_{114}
						人均图书馆使用量	I_{115}
						人均网络站点数量	I_{116}
				信息产业	I_{12}	人均信息产业国内生产总值	I_{121}
						信息产业增加值占国内生产总值的比重	I_{122}
						信息产业基本建设更新改造投资额	I_{123}
						信息产业新增固定投资额	I_{124}
				信息设备	I_{13}	计算机网络密度	I_{131}
						计算机网络设备普及率	I_{132}
						电信网络密度	I_{133}
						电信设备普及率	I_{134}
						邮电局分布率	I_{135}
						广电普及率	I_{136}
						广电设施覆盖率	I_{137}

续　表

要素系统	指标体系						
一级要素及符号		二级指标及符号		三级指标及符号		四级指标及符号	
信息化程度	I	信息化质量	I_1	信息应用	I_{14}	国家重大信息工程投资额	I_{141}
						行业信息技术人员	I_{142}
						信息系统使用企业数	I_{143}
						信息消费额	I_{144}
						信息类产品普及率	I_{145}
				信息化人才	I_{15}	信息产业人员比例	I_{151}
						信息技术人员比例	I_{152}
						信息研发人员比例	I_{153}
		信息化发展	I_2	信息化政策	I_{21}	信息化组织机构数量	I_{211}
						信息化政策法规数量	I_{212}
						信息产业投资率	I_{213}
				信息化发展趋势	I_{22}	信息产业产值增长率预测值	I_{221}
						信息产业利税预测值	I_{222}
						信息产业增长趋势预测值	I_{223}
				信息化持续性	I_{23}	信息产业投资占社会总投资比例	I_{231}
						信息产业风险资本额比重	I_{232}
						科研经费占信息产业总投入比重	I_{233}
文化要素	A	文化著作	A_1	历史著作	A_{11}	历史著作数量	A_{111}
						历史著作保存完整度	A_{112}
						历史著作译本数量	A_{113}
				当代著作	A_{12}	出版著作数量	A_{121}
						出版著作发行量	A_{122}
						网络非正式出版物数量	A_{123}

续 表

要素系统	指标体系						
一级要素及符号		二级指标及符号		三级指标及符号		四级指标及符号	
文化要素	A	文化艺术机构	A_2	博物馆	A_{21}	综合性博物馆数量	A_{211}
						专题性博物馆数量	A_{212}
						纪念性博物馆数量	A_{213}
				图书馆	A_{22}	公共系统图书馆数量	A_{221}
						科研系统图书馆数量	A_{222}
						高效系统图书馆数量	A_{223}
				展览馆	A_{23}	综合性展览馆数量	A_{231}
						专业性展览馆数量	A_{232}
				艺术机构	A_{24}	剧院数量	A_{241}
						电影院数量	A_{242}
						文化广场数量	A_{243}
						艺术团体	A_{244}
		文化遗产	A_3	物质文化遗产	A_{31}	历史文物	A_{311}
						历史建筑	A_{312}
						人类文化遗址	A_{313}
				精神文化遗产	A_{32}	口头传说与表述	A_{321}
						表演艺术	A_{322}
						社会风俗	A_{323}
						传统手工技能	A_{324}
						有关自然界和宇宙的知识实践	A_{325}
国家管理能力要素	M	社会方面	M_1	人口状况	M_{11}	市区人口密度	M_{111}
						人口密度指数	M_{112}
						第三产业从业人员比例	M_{113}
						人口城市化水平	M_{114}
				资源配置	M_{12}	百人图书馆藏书	M_{121}
						人均住房面积	M_{122}
						人均外商实际投资额	M_{123}

续　表

要素系统		指标体系					
一级要素及符号		二级指标及符号		三级指标及符号		四级指标及符号	
国家管理能力要素	M	社会方面	M_1	社会保障	M_{13}	社会保障补助支出占地区 GDP 比重	M_{131}
						养老保险覆盖率	M_{132}
						医疗保险覆盖率	M_{133}
						失业保险覆盖率	M_{134}
				社会秩序	M_{14}	治安资金投入	M_{141}
						每万人警力配备人数	M_{142}
						每万人刑事案件发案率	M_{143}
						每万人治安案件发案率	M_{144}
						每万人各类事故死亡率	M_{145}
		经济方面	M_2	经济水平	M_{21}	人均 GDP	M_{211}
						GDP 增长率	M_{212}
						万元 GDP 能耗	M_{213}
				经济效益	M_{22}	百元资金实现利润	M_{221}
						百元固定资产净值实现利润	M_{222}
				经济结构	M_{23}	第三产业占 GDP 比重	M_{231}
						人均铺装道路面积	M_{232}
		基础设施方面	M_3	交通系统	M_{31}	每百万人拥有地铁数量	M_{311}
						每万人拥有公交车数量	M_{312}
						每万人拥有出租车数量	M_{313}
				能源系统	M_{32}	年人均生活用水量	M_{321}
						年人均生活用电量	M_{322}
		卫生方面	M_4	环境卫生状况	M_{41}	绿化覆盖率	M_{411}
						每平方千米工业废水排放	M_{412}
						地区环境噪声平均值	M_{413}
						工业废水排放达标率	M_{414}
						空气质量达二级天数	M_{415}
						工业固体废弃物综合利用率	M_{416}

续 表

要素系统		指标体系					
一级要素及符号		二级指标及符号		三级指标及符号		四级指标及符号	
国家管理能力要素	M	卫生方面	M_4	卫生组织机构	M_{42}	卫生站数量	M_{421}
						卫生站人员配置	M_{422}
						卫生站资金投入	M_{423}
				居民卫生条件	M_{43}	居民卫生知识普及程度	M_{431}
						居民疫苗接种程度	M_{432}
						卫生设备配置	M_{433}
国际影响力要素	N	对国际事务的影响力	N_1	参与国际交流合作	N_{11}	参与国际交流会议的次数	N_{111}
						举办国际性会议的次数	N_{112}
						知识开发国际合作项目数量	N_{113}
				科技领先水平	N_{12}	专利的国际申请数量	N_{121}
						获得国际其他奖项数量	N_{122}
		对国际组织的影响力	N_2	参与国际组织	N_{21}	加入政府间国际组织数量	N_{211}
						加入非政府间国际组织数量	N_{212}
						参与国际规则制定的次数	N_{213}
				国际贸易	N_{22}	国际出口贸易总量	N_{221}
						国际进口贸易总量	N_{222}
						对进出口的依赖度	N_{223}

注：在具体操作时对各个指标数值来源和赋值应给予说明。

第三篇

实际应用案例

——《企业知识资本量化长效激励机制管理系统》软件

本篇详细地阐述了《企业知识资本量化长效激励机制管理系统》软件的内容。对软件的设计原理、要素系统和指标体系、量化模型、软件研发的步骤、软件的功能以及软件的重大作用进行了详细而具体的说明。

中加新世纪（北京）科技开发有限公司研发的世界上第一套知识资本量化实用软件——《企业知识资本量化长效激励机制管理系统》软件，将引领企业管理科学的一场深刻革命。它以全新的视角，从深层次研究和提升企业管理水平，建立了知识经济时代的现代化企业管理机制，它消除了以往传统的企业管理机制的诸多误区和弊端，是世纪之交具有划时代意义的、更新换代的管理模式。

《企业知识资本量化长效激励机制管理系统》软件的研发是知识资本应用于企业管理的具体实践。该系统依托先进的计算机技术和网络技术，将科学的知识资本量化计量标准和计量模型应用到企业对员工的日常管理中，能够对全体员工为企业贡献的知识资本进行客观、准确的量化，为企业建立起更加科学的知识资本管理体系、薪酬体系和长效激励机制，将企业对员工的管理由人力资源管理升级为知识资本管理，帮助企业踏上科学管理知识资本的道路。

《企业知识资本量化长效激励机制管理系统》软件作为世界上第一套知识资本量化实用软件，是知识资本量化实践的先行者，它将引领知识资本量化管理在国家、地区和企业经济发展中被广泛应用，促进经济迅速发展，提升企业综合管理水平，引领企业成为市场经济的佼佼者，促进经济效益大幅度增长。

《企业知识资本量化长效激励机制管理系统》软件是企业实行科学管理的工具，是知识经济时代中国企业和各国企业必须拥有的管理软件，各国企业将由此踏上知识经济时代企业发展的道路。

第八章
软件研发的时代背景、企业知识资本管理的必要性和软件研发的意义

第一节 软件研发的背景

当前，世界经济正处于一个大发展、大变革、大调整的新的历史发展时期。在世界性金融危机的影响下，世界各个国家、地区和企业面临一个共同的任务，就是寻找新的经济发展方式和新的经济增长极。这是因为，进入21世纪，世界经济形势发生了深刻的变化。国家、地区和企业经济发展的背景较20世纪有了本质的不同。

最主要的不同是，世界各国国民经济知识化水平越来越高。每个经济元素的知识和科技含量越来越高，知识和科技成果对社会经济发展的作用日益凸显，知识生产率日益成为国家、地区和企业竞争的关键要素，而不再是以体力劳动为主的劳动生产率。这标志着世界经济已经进入知识经济发展阶段。在21世纪，人类深刻地认识到，还存在着与物质生产过程并行的知识生产过程。它的产品，有力地推动着国家、地区和企业经济发展，成为一种崭新的资本力量，形成新的资本形态，即知识资本。而且与传统的货币资本不同，知识资本是一种清洁的、无污染的资本，它可以无限复制，对货币资本发挥着点石成金的倍加效应，它将创造出比货币资本更高的利润率。所以，在21世纪，国家、地区和企业经济发展，必须高度重视知识资本的重大作用。科学地管理知识资本成为企业发展的必由之路。

在知识经济时代，知识的迅速传播和知识资本的广泛应用，为新时期经济发展注入了强大的动力和无限的活力。知识资本成为推动企业发展的关键资源和主导力量。因此，在企业建立知识资本长效激励机制、对企业知识资本进行量化并予以有效管理，对于知识经济时代的企业发展具有十分重要的意义。

《企业知识资本量化长效激励机制管理系统》软件产生的重要前提是，我

国的市场经济已经进入新的发展阶段，以往单一货币资本推动的经济增长方式已经不能满足现代经济高速增长的需要。随着知识资本和消费资本优势的日益凸显，由货币资本、知识资本和消费资本共同作用的新经济发展方式将逐步取代旧的经济发展方式，成为推动经济发展的主要方式。知识资本作为支撑企业成长的三大资本之一，用知识的投入代替物质资源的投入，所带来的经济效益是惊人的。由三种资本共同推动国家、地区和企业经济发展，将成为国家、地区和企业经济发展的必然趋势。

三种资本联动的方式不仅对企业所有制产生巨大影响，也对企业管理产生巨大影响。过去，企业只管理货币资本，只根据货币资本进行利润分配。对知识资本和消费资本的管理没有纳入企业管理体系中，企业也没有针对知识资本和消费资本的分配政策，忽略了这两种资本所有者的合法权益，这不利于知识资本和消费资本充分发挥作用，也不利于企业调动三种资本的积极性、使三种资本所有者通力合作。

因此，《企业知识资本量化长效激励机制管理系统》软件应运而生。

第二节　企业知识资本管理的必要性

知识经济时代，知识转化为能够为企业创造财富的资本，推动企业和社会向前发展。知识资本同货币资本一样是企业的支柱资本。企业依靠单一的货币资本支撑其发展的时代已经结束，用货币资本和知识资本共同推动企业发展的时代已经到来。

受以往传统理论和管理方法的局限，企业的管理模式是建立在单一货币资本管理体系基础上，企业的知识资本管理长期处于缺位状态。多年以来，企业只有建立在货币资本基础上的薪酬管理和分配制度，而没有建立在知识资本基础上的薪酬管理和分配制度。因此，长期依靠货币资本单一要素发展经济，资本短缺、创新乏力、市场萎缩、员工跳槽、薪酬分配矛盾突出等问题难以避免。

在传统管理模式下，企业的发展中多年来存在着诸多问题，有三个问题是顽症。第一，企业员工的主人翁意识比较淡薄，积极性不高，责任心不强、离心离德的思想比较严重。第二，无论是高级管理人员还是科技人员、业务

骨干或普通员工，都对工资不满意，认为干得多拿得少。第三，跳槽的现象比较普遍。每逢年底，高管人员、科技人员和业务骨干跳槽的现象十分普遍。这三个现象至今仍然存在，这说明企业采取的传统的管理办法是有问题的。

究其原因，是由于传统的管理办法缺乏科学合理的衡量标准，对管理人员和普通员工的工作业绩考核和相应的薪酬分配，存在很大的主观性和模糊性。因此，员工对企业薪酬制度普遍不满，相互间攀比现象严重，影响团结和谐，造成企业内耗严重。多年以来，这种问题始终未能得到解决，充分说明企业的管理模式必须创新，必须更新换代，必须用更先进的、科学的、现代化的管理模式取而代之。探索和应用新的、更加科学的知识资本管理体系和新的激励机制，成为企业发展的迫切需求。

第一，不少企业都存在高级管理人员、科技人员、业务骨干跳槽的现象，严重影响了企业组织结构的稳定，甚至使企业内部管理陷入瘫痪，外部业务无法开展，对企业稳定发展造成严重的负面影响。由人才流失引发的技术成果流失、客户流失和市场流失等问题比比皆是。这些重要资源的流失，不仅削弱了企业的自身实力，还会增加市场中竞争对手的实力，使自身面临更为严峻的市场环境。除此之外，企业忽视知识资本管理，使得员工工作积极性低下，缺乏责任心和对企业的忠诚度，造成企业创新乏力，直接削弱了企业的竞争能力，阻碍企业的发展。这些问题都必须通过实行知识资本量化长效激励机制，才能予以解决。

第二，现有的激励机制由于存在某些固有缺陷，难以解决上述问题。例如，股票期权激励机制在其执行过程中极易出现扭曲现象；而奖金和分红的激励机制，由于不能科学地、客观地测算员工对企业的实际价值，而无法给予其合理的激励。这些激励机制在实施过程中表现出的模糊性，使之收效甚微甚至无效果，因此需要用一个更好的激励机制来代替。

第三，由于《劳动合同法》提出更为自由的流动原则，这将会在一定程度上弱化企业和员工之间由劳动合同结成的相互制约关系。也就是说，单靠劳动合同尚不能完全保证队伍稳定和员工积极性的充分发挥。因此，企业需要激励机制和管理体制的整体革新，彻底消除原有激励机制的弊端。知识资本量化长效激励机制，是强化劳动合同双方关系的重要纽带，是解决劳动合同纠纷的有效措施，是《劳动合同法》实施的配套工具。它将发挥对企业员工强有力的激励作用，对企业今后的稳定和快速发展具有十分重要的促进作用。

第四，在企业的发展过程中，测定资本总量、确定资本投入量和建设相应的队伍，都需要知识资本量化提供指导。通过知识资本量化可以准确地测量企业现有的资本总量，从而通过调整资本比例来调节三种资本的投入比例，达到优化企业资本结构的目的，从根本上促进企业的发展。知识资本量化还可以使高级管理人员、高级科技人员、业务骨干和普通员工明确自己在企业中的实际价值，并获得相应的知识资本激励，满足实现自身价值的需求。由于广大员工在职业生涯的整个过程都会得到应有的激励，大大提高了他们向企业投入知识资本的热情和积极性，促使其为企业创造更多利润。知识资本量化长效激励机制为企业队伍建设、组织结构稳定、业务迅速发展和经济效益大幅度增长提供了切实的保证。

《企业知识资本量化长效激励机制管理系统》软件针对企业面临的实际问题，提出了一整套科学、有效的管理办法，对员工为企业服务所投入的知识资本进行科学、准确的量化，为核定员工的基础工资、绩效工资、奖金、分红、股权分配等提供重要的数据依据，从而为企业构建起科学、公平、具有长效激励机制的薪酬体系。在传统管理模式下，企业给员工发放奖金、分红，甚至给予股份，但一些员工依然有意见，认为分配比例和额度不公平，原因在于对员工的业绩缺乏精确的量化，员工心中无数，老板心中也无数。知识资本量化管理系统，实现了对知识资本的量化，为企业的薪酬分配提供了一把“尺子”，这把“尺子”可以测量高管、科技人员、业务骨干和普通员工拥有多少知识资本，以及拥有的知识资本一年内在企业的释放量，通过把一年的业绩逐一记录在案、逐一转化为知识资本量并以此为依据进行薪酬分配，就实现了从定性到定量的转变，使企业的薪酬分配有据可依。

企业通过对员工拥有的知识资本进行量化和管理，能够提高企业综合管理能力，为企业队伍建设、组织结构稳定、经济效益增长提供切实的保障；同时也增强了企业的创新能力和市场竞争力，大幅度提高企业经济效益，引领企业成为市场竞争中的佼佼者。

几乎所有类型的企业和社会组织，都需要对知识资本进行管理，以解决这些企业和机构长期以来存在的人才流失、市场流失、技术纠纷、劳动矛盾等一系列妨碍发展的难题。可以说，《企业知识资本量化长效激励机制管理系统》软件是现代企业必备的管理工具，是现代企业家必备的管理宝典，是现

代企业核定基础工资、绩效工资、奖金、分红、股权分配等最重要的科学依据。

第三节 软件研发的意义

由于该软件具有科学性、先进性、实用性，将引领知识资本量化管理在国家、地区和企业经济发展中的广泛应用，也将引领管理科学的一场深刻革命，其重要意义和突出贡献如下。

（1）开启了企业管理知识资本的先河，是目前企业管理知识资本最先进的办法。它的运用将帮助企业踏上科学管理知识资本的道路。

（2）为企业高管、科技人员、业务骨干和普通员工制定了科学的薪酬绩效体系。

（3）是稳定企业队伍，避免人才流失、科技成果流失、顾客流失、市场流失的有效举措。

（4）是增强企业凝聚力，增进劳动双方关系的重要纽带。

（5）是减轻企业压力，实施《劳动合同法》的有效配套措施。

（6）为企业队伍建设、组织结构稳定、业务发展和经济效益大幅度增长提供切实的保障。

（7）增强企业的创新能力，提升企业的综合管理水平，引领企业成为市场经济的佼佼者。

（8）对地区编制发展规划，推动经济发展，增加地区整体经济效益将发挥重大作用。

《企业知识资本量化长效激励机制管理系统》软件，是管理科学的一场革命，是知识经济时代中国企业和全世界其他国家所有企业必须拥有的管理软件。

第九章 软件研发与设计的原理和内容

第一节 产品描述

知识资本量化管理是对目前企业广泛应用的人力资源管理的重大革命与创新，是管理科学的一场深刻革命。它消除了传统企业管理机制的诸多误区和弊端，为知识经济时代企业高管、科技人员、业务骨干和普通员工制定了知识资本基础上的薪酬体系，弥补了多年以来企业只有建立在货币资本基础上的薪酬体系的不足，从根本上完善了知识经济时代企业的薪酬体系，使企业的分配制度真正具有了公平性、客观性和激励性，全面、妥善地解决了企业的分配问题，这是在企业制度和管理制度方面的一项重大的基础建设。

本软件把知识资本量化管理的各方面内容整合在一起，建立了人才招聘、员工培训、绩效考核、薪酬分配等全面的知识资本量化管理体系。本软件利用计算机信息和网络技术，使企业内部的知识资本管理既保持相对独立，又保持相互统一。借助企业内部信息网，建立以计算机和通信为主要手段的多层次、全功能、智能型的知识资本管理系统和决策支持系统，对员工的知识资本进行收集、存储、检索、加工、分析及必要的输出，为企业管理部门提供科学决策的依据。

一、功能模块

本软件包括十二个功能模块，其中主要的模块如下。

（1）基础管理模块。实现对企业信息和员工信息的全面管理，将企业员工信息和日常考核记录在案，其考核结果作为对员工知识资本量化的依据。

（2）知识资本量化模块。根据知识资本量化要素系统和指标体系逐月计算员工的知识资本数据。量化要素系统和指标体系包含若干个一级指标、若干个二级指标和若干个三级指标。

（3）薪酬管理模块。包括管理员工的基础工资、绩效工资、奖金和对员工的年终奖进行分配等。员工月 KC 值将作为企业为员工核定基础工资、绩效工资、奖金的基本依据。员工年度 KC 总值将作为企业员工参与年度利润分配和股权分配的重要依据。

（4）报表功能模块。知识资本量化报表主要反映了企业知识资本的状况，按照汇总对象的不同和时间范围的不同，形成各种类型的报表，可供企业管理者和企业员工根据需要随时查阅和导出。

（5）评估分析模块。对企业、部门、岗位和员工所拥有的知识资本量的变动做出趋势分析，包括各月份 KC 量和 KC 值增长趋势、KC 量和 KC 值环比增长趋势，KC 值和企业净利润增长趋势、KC 值和企业净利润环比增长趋势的分析，为企业决策和管理提供依据。

（6）查询功能模块。可根据不同的查询条件，分别对员工信息、知识资本量、知识资本值、员工工资和年终奖进行查询。

该软件体现了重视知识资本、尊重知识资本拥有者的劳动、所劳与所得相匹配的按劳分配的实质，在国民收入初次分配中就很好地解决了公平问题。因此，它必将促进企业效率的大幅提升，对促进社会经济的和谐发展具有不可估量的积极作用。

二、软件特征

第一，知识资本量化管理和传统的管理相比，最大的不同是注入了新的管理理念和管理方法。新的管理理念认为，推动企业发展的不仅是货币资本，还有知识资本。企业的高级管理人员拥有管理能力、管理理论、管理方法和管理经验，他们把企业的各个要素科学地组合在一起，使各个要素充分发挥作用，这是他们所拥有并投入企业中的知识资本；企业中的科技人员拥有专业知识、技术，甚至有发明专利和知识产权，这些是他们的知识资本；企业的业务骨干和普通员工，有技能，有办事能力和经验，这些是他们的知识资本。全体员工为企业服务时，实际上投入的是他们所拥有的知识资本。如果企业对他们所投入的知识资本进行科学、精确的计量，并同产生的效益挂钩，就可以根据员工释放出的知识资本量给付报酬，真正体现了“各尽所能、按劳分配”的原则，这是对企业员工的极大鼓舞。

第二，在管理中应用《企业知识资本量化长效激励机制管理系统》软件，使员工意识到他们作为知识资本的所有者和货币资本所有者一样，也是企业的主人，从而使企业的员工队伍逐步由雇用型转化为主人翁型。这将极大地增强企业员工的忠诚度，稳定员工队伍，避免员工频繁流动所带来的人才流失、科技成果流失、顾客流失、市场流失等问题。

第三，在管理中应用《企业知识资本量化长效激励机制管理系统》软件，可以有效化解企业发展中的一系列问题，具体如下。

（1）以全新的视角，从深层次因素研究和提升企业管理水平，建立知识经济时代企业的现代化管理机制，提出具有划时代意义的、更新换代的管理模式。

（2）为企业高管、科技人员、业务骨干和普通员工制定建立在知识资本量化基础上科学的薪酬体系和激励机制，使企业的分配制度真正具有公平性、客观性和激励性。

（3）对企业员工知识资本进行精确的计量，实行知识资本量化基础上的薪酬体系和分配机制，将解决企业发展过程中面临的一系列问题，比如资本短缺、创新乏力、市场萎缩、员工跳槽、薪酬分配矛盾突出等问题。

知识资本量化与管理问题，是全球瞩目的世界性难题，《企业知识资本量化长效激励机制管理系统》软件的研发成功，堪称对该项世界性难题的重要突破，是对全世界人民的一份最辉煌的礼品。从宏观经济来讲，它将开辟人类社会所倡导的公平和效率的新纪元，是对人类社会经济发展与进步的重大贡献。引发知识经济时代企业管理的一场深刻的革命。

第二节　软件研发与设计原理

一、软件研发的指导思想

本软件研发的指导思想是马克思主义的劳动价值论，特别是马克思提出的劳动二重性原理。

劳动二重性原理，科学地解释了价值的形成、价值的本质、价值量以及价值增殖过程。这是科学地理解劳动价值论的钥匙。它的精髓在于，把各种形式的具体劳动——木匠的、铁匠的、纺织的、冶金的、工艺的、写作的、设计的等具体劳动，都转化为相同的、无差别的人类劳动，知识资本的本质就是凝结在其中的无差别的人类劳动。由此我们认识到，所说的知识资本的内涵，或者说知识资本的实质，或者说知识成果的实质内容，其实就是智力劳动者完成这一知识成果时所付出的、凝结在其中的劳动。

但是，这里必须指出的是，凝结在知识资本中的劳动量不能由单个劳动者的劳动时间决定，而是由社会必要劳动时间或社会平均必要劳动时间决定的。这是因为，每一个单体劳动力同另一个单体劳动力一样，都是同一的人类劳动，必须具有社会平均劳动力的性质，体现社会平均劳动力的作用。所以，社会必要劳动时间，是在当时社会正常的生产条件下，在社会平均的劳动熟练程度和劳动强度下生产某种使用价值所需要的劳动时间。也就是说，是社会必要劳动量或生产使用价值的社会必要劳动时间决定商品的价值量。一切商品都凝结了一定量的劳动时间。只有等量劳动或能在同样劳动时间内生产出来的商品，才具有相同的价值量。

在马克思看来，形成价值的劳动，不是一般的劳动，也不是一般的抽象劳动，而是经过市场的选择被证明是社会所需要的、必要的劳动。因此，决定商品价值量的不是普通的劳动时间，而是社会必要劳动时间，劳动本身的量是用劳动持续时间计量的。

因此，将所有的知识资本所有者及其成果，包括学术著作、创新成果、发明专利等都折合成社会平均必要劳动时间的量，就可以使不同领域、不同类型的专家及其成果具有统一的计量标准。通过对统一的计量标准赋值，就可以具有统一的计价标准，进而计算该项成果的货币值。这将使知识资本成果——知识产权和发明专利能够在市场上进行流通，充分发挥对社会经济发展的促进作用。

知识资本的量化，既可以量化像人的智力等无形的知识资本，如专家学者、管理者和社会各界人士的知识资本；又可以量化有形的知识资本，如发明专利、知识产权等；也可以量化已经固化或物化的知识资本，如各种硬件、仪器、仪表、技术设备和各种技术设施等；还可以量化以组织形式表现的集合知识资本，如企业、学校、文化机构、管理部门、社团组织等。

二、知识资本内涵的科学界定

在研究知识资本量化的过程中，需要解决的首要问题就是知识资本内涵的界定问题。它究竟由哪些部分组成？我们既不能遗漏，也不能把非知识资本计入在内，必须根据人们对知识资本定义的认识发展过程，给出完整、科学的内涵界定。

知识资本是以知识形态表现的资本，包括在产品和服务的创造过程中所有知识性、技术性的投入。知识资本分为广义知识资本和狭义知识资本。

广义知识资本是指以人及其知识成果为载体所凝聚的知识总量，它包括人力、管理、技术、经验及与之相应的知识与科技成果等要素。

狭义知识资本是指以人及其知识成果为载体的知识总量在工作岗位上一定期间内释放出来的现值，它包括员工积累的知识和技能的应用，以及正在创造的知识及其相应的成果等。

三、软件研发的基本要求

（1）科学界定并严格把握知识资本内涵和外延的界限，对计量的客体进行精确分析和定位，以避免在知识资本量化过程出现漏算、误算和计算越位问题。

（2）提出一套完整的、科学的、具有可操作性的计算单体（个人）知识资本的计量模型和数学计算模型，可以计算出每个知识资本载体及其知识成果的知识资本含量。

（3）兼顾知识资本量化模型的静态和动态两个方面的特征，既要量化已积累的知识和技能，也要量化正在创造的知识和技能。从而使知识资本量化具有静态和动态相结合的特征。

第三节　设计和确定计量单位和计量标准

根据对知识资本内涵的界定，在软件研发中，我们对知识资本的计量单位给出了如下的定义。

（1）知识资本的标准计量单位中文名称为“知量”，英文名称为“KC（Knowledge Capital）”（命名为“陈瑜定义 1”）。

这套软件对知识资本量化，提出并确定具有度量衡意义的计量单位。标准计量单位的中文名称为“知量”，英文名称为“KC（Knowledge Capital）”，这是在世界知识资本量化研究史上第一次提出的知识资本计量单位，是指一个知识资本含量的标准计量单位，从而使知识资本有了自己专用的度量衡意义的计量单位，我们就可以用数量来表示知识资本载体或所有者拥有的知识资本量。比如我们可以通过模型计算出某一个人拥有知识资本量为50KC，也可以计量蕴藏在一个地区的知识资本量为10000KC。从此知识资本和知识产品也同物质产品一样，可以计量出自己的“重量”和“长度”。这是对知识资本量化研究的重要贡献。

（2）本软件还设计和确定了知识资本的计量标准（命名为“陈瑜定义2”）。

知识资本的计量标准，是指知识资本所有者通过智力劳动，凝结一个标准计量单位的知识资本含量所需要的社会平均必要劳动时间。社会平均必要劳动时间是指在现有的社会正规的教育和培训条件下，在社会平均的研究水平和研究难度下，形成一个标准计量单位知识资本含量所需要的劳动时间，而不是某个单体知识资本所有者在个别情况下完成研究所需要的劳动时间。

将所有的知识资本所有者及其成果，包括著作、创新、知识产权和发明专利都折合成社会平均必要劳动时间的量，就可以使不同领域、不同类型的专家及其成果具有了统一的计量标准。通过对统一的计量标准赋值，就可以具有统一的计价标准。这将使知识产权和发明专利等所有各门类的知识资本成果，都能够顺利进入市场进行流通，迅速、及时地发挥对社会经济发展的重大作用。这是对知识资本量化具有实质性的重大突破，使知识资本量化研究进入一个新的发展阶段。这是对世界知识资本量化研究史做出的第二个重要贡献。

在软件中，我们对知识资本的计量单位和知识资本值等相关内容进行了具体说明。

KC：知识资本的计量单位，也是知识资本的简称。

KC量：知识资本的数量，即员工在企业所释放知识资本的数量。

KC值：知识资本的货币值，即员工在企业释放知识资本量所创造的货币价值。

具体内容及缩写见表9－1。

表 9－1　　知识资本基本计量单位、知识资本量和知识资本值的名词解释

缩写	术语	解释
KC	知识资本基本计量单位	知识资本量化的基本计量单位，中文名称为“知量”，英文名称为“KC（Knowledge Capital）”。1 个知量或 1 个 KC，是指一个知识资本标准计量单位包含的知识资本量
KC 量	知识资本量	知识资本分为广义知识资本和狭义知识资本 广义知识资本是指以人及其知识成果为载体所凝聚的知识总量，包括人力、管理、技术、经验及与之相应的知识与科技成果等要素 狭义知识资本是指以人及其知识成果为载体的知识总量在工作岗位上一定期间内释放出来的现值，它包括员工积累的知识和技能的应用，以及正在创造的知识及其相应的成果等
KC 值	知识资本值	一个标准单位 KC 值是指一个 KC 量的货币值，根据企业知识资本所创造的利润和企业员工所释放的知识资本总量计算得到 一定时期内员工 KC 值，是企业员工释放出的知识资本量所创造的价值，按企业员工知识资本的实际释放量计算

第四节　设计并确定要素系统和指标体系

根据知识资本定义、计量单位和计量标准，将体现人及其知识成果的知识资本的节点，组成和构建知识资本量化要素系统和指标体系，这是构建知识资本计量模型的基础，可以计算出每个知识资本载体及其知识成果的知识资本含量。这套要素系统和量化指标体系，被命名为“陈瑜定义 3”。

一、要素系统

要素系统是指在计量知识资本时会涉及许多因素、许多指标，要从中选取影响知识资本量最重要的、最主要的因素作为测评体系的基本指标，组成要素系统。

要素系统的功能是表现单体（个人）知识资本的主要方面或外显特征。

本项目的要素系统由多个一级要素指标组成（见图9－1）。

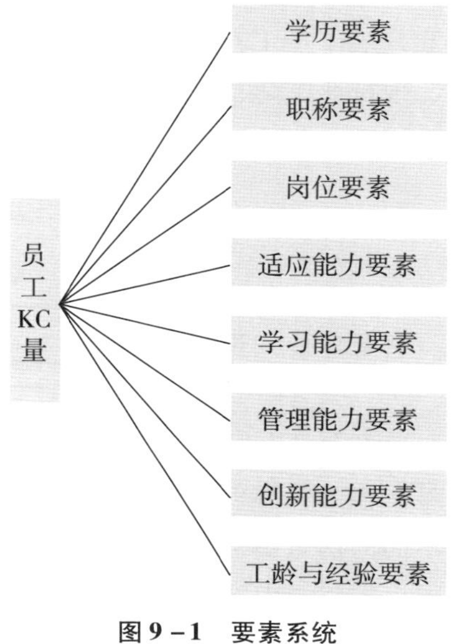

图9－1　要素系统

（1）学历要素是衡量企业员工知识资本最重要的指标，分为学历等级和专业对口程度两个二级指标。

（2）职称要素是衡量企业员工知识资本的指标之一，分为职称等级和支撑对口程度两个二级指标。

（3）岗位要素是指员工在本企业的岗位信息和岗位任职情况，分为岗位等级、工作效率和工作质量。

（4）适应能力要素是员工工作适应能力的具体表现，它将影响员工知识资本的释放程度，通过出勤率和团队合作融洽度来进行衡量。

（5）学习能力要素是员工在工作过程中，对所在企业和岗位的认知技能的学习，通过参加专业的培训和业余学习进行衡量。二级指标包括专业知识、培训成绩、业余学习和技术吸收能力。

（6）管理能力要素是衡量管理人员管理能力的重要指标，包括员工的管理知识、管理经验和管理绩效。管理经验是通过计算员工在工作岗位上的具体年数来衡量的。工作年数不同，员工在管理能力上积累的知识资本量也会不同。

（7）创新能力要素以员工的创新成果为衡量标准。其创新成果既可以是独立完成的，也可以是同他人共同完成的。二级指标包括创新项目数量、创新项目级别、创新项目参与度、创新能力的可持续性。

（8）工龄与经验要素反映了员工在工作过程中知识资本积累的情况。具体细分为：现单位工龄、现行业工龄、总工龄，以及各个时间段所在单位和所在岗位同现单位和现岗位的工作经验相关度。

二、指标体系

指标体系的功能是把各要素细化为指标，从而更加直观、量化地体现知识资本要素的外显特征。它是评价知识资本状况的基础，由多项具体的指标组成。

我们以企业员工的知识资本量化为例，进行具体说明。

我们把企业每一个员工作为基本的研究单位，对企业的每个员工，根据不同的工作岗位，采用不同的衡量指标。这样就可以精确地测量出每个员工所具有的知识资本量。同一家公司内从事不同工作的员工所具有的工作经验和专业背景等是不同的，必然具有不同价值的知识含量。如果采用同一组指标进行量化，必然会导致对一部分员工具有的知识资本量衡量不准确，这样就达不到精确计量的目的。所以我们必须对从事不同工作的员工采用不同的量化指标和标准，这样才能准确量化每个员工的知识资本量。单体知识资本量主要是指狭义的知识资本量，是个人知识总量在工作过程中一定期间内释放的现值。从理论知识与实践知识两个方面选取影响知识总量最主要的几个因素作为单体知识资本测评体系的基本指标，其中单体知识总量的理论知识主要来源于学历要素和职称要素，实践知识主要来源于工龄与经验要素以及管理能力要素。个人的学习能力一般是指个人在正式学习或非正式学习环境下，自我求知、做事、发展的能力，充分体现了个人知识资本的释放能力。另外，适应能力体现了个人适应新环境的能力，适应能力要素包括年出勤率、工作效率和项目完成情况，因此也应该作为单体知识总量的释放能力的指标。创新能力是运用知识和理论，在科学、艺术、技术和各类实践领域中不断提供具有经济价值、社会价值、生态价值的新思想、新理论、新方法和新发明的能力。它体现了个人的正在创造的知识和成果，是个人知识资本总量增加的重要影响要素，包括创新项目数量、创新项目级别、创新项目参与度和创新能力的可持续性。

评价指标体系实际上是综合评价知识资本的基础和依据。选取测评指标，要对体现评价要素的每一项指标进行分析，以确定指标与知识资本状况的相关程度。应该筛掉某些信息较少的指标或不重要的指标，选取与知识资本关联度较大的指标作为评价指标，并按照指标的重要性进行排序。

第五节　设计和建立企业知识资本量化测评体系

根据确定的要素系统和指标体系，设计和建立企业知识资本量化测评体系。

我们以学历要素、学习能力要素、创新能力要素为例，设计和编制企业知识资本量化测评体系表。

（1）学历要素包括学历等级、专业对口程度。

（2）学习能力要素包括专业知识、培训成绩、业余学习、技术吸收能力。

（3）创新能力要素包括创新项目数量、创新项目级别、创新项目参与度、创新能力的可持续性（见表9－2）。

表9－2　企业知识资本量化测评体系

要素系统		指标体系			
一级要素及符号		二级指标及符号		三级指标及符号	
学历要素	D	学历等级	D_1	博士后	D_{11}
				博士	D_{12}
				硕士	D_{13}
				本科	D_{14}
				专科	D_{15}
				高中	D_{16}
				初中及以下	D_{17}
		专业对口程度	D_2	专业对口	D_{21}
				专业次对口	D_{22}
				专业不对口	D_{23}

续 表

要素系统		指标体系			
一级要素及符号		二级指标及符号		三级指标及符号	
学习能力要素	L	专业知识	L_1	专业成绩极优	L_{11}
				专业成绩优	L_{12}
				专业成绩良	L_{13}
				专业成绩合格	L_{14}
				专业成绩不合格	L_{15}
				专业成绩差	L_{16}
				专业成绩极差	L_{17}
		培训成绩	L_2	培训成绩极优	L_{21}
				培训成绩优	L_{22}
				培训成绩良	L_{23}
				培训成绩合格	L_{24}
				培训成绩不合格	L_{25}
				培训成绩差	L_{26}
				培训成绩极差	L_{27}
		业余学习	L_3	经常参加与工作相关的培训	L_{31}
				偶尔参加与工作相关的培训	L_{32}
				经常参加与工作次相关的培训	L_{33}
				偶尔参加与工作次相关的培训	L_{34}
				经常参加与工作无关的培训	L_{35}
				偶尔参加与工作无关的培训	L_{36}
				不参加任何培训	L_{37}
		技术吸收能力	L_4	工作效率提高	L_{41}
				工作效率不变	L_{42}
创新能力要素	C	创新项目数量	C_1	20 个以上创新项目	C_{11}
				10～20 个创新项目	C_{12}
				10 个以下创新项目	C_{13}
				无创新项目	C_{14}

续　表

要素系统		指标体系			
一级要素及符号		二级指标及符号		三级指标及符号	
创新能力要素	C	创新项目级别	C_2	国际级	C_{21}
				国家级	C_{22}
				省级	C_{23}
				市级	C_{24}
				区县级	C_{25}
				区县级以下	C_{26}
				无评级	C_{27}
		创新项目参与度	C_3	独立完成	C_{31}
				参与度50%以上	C_{32}
				参与度低于50%，高于10%	C_{33}
				参与度10%以下	C_{34}
		创新能力的可持续性	C_4	可持续性强	C_{41}
				可持续性一般	C_{42}
				可持续性弱	C_{43}

第六节　设计和提出企业知识资本量化模型

根据建立的知识资本测评体系，分别计算在一定时期内，企业员工在所有指标要素上凝结的知识资本总量和在工作过程中释放的知识资本值。因此，需设计并提出企业知识资本量化模型。我们仍以学历要素为例说明企业知识资本量化模型。

以“学历要素”为例，对知识资本在各级指标要素上的数值进行计量。

（1）如表9－2所示：D 表示“学历要素”所凝结的知识资本量；D_1 表示二级指标“学历等级”所凝结的知识资本量；D_2 表示专业同岗位所需专业之间的对口程度；D_{1i}（$i=1$，$2\cdots$，n）分别表示学历等级的三级指标所凝结的知识资本量，即“博士后”“博士”“硕士”“本科”“专科”“高中”“初中及以下”所分别凝结的知识资本量，其中 n 表示等级种类的数目，此处 $n=$

7；D_{2j}（$j=1$，2，⋯，m）表示专业同岗位所需专业之间的对口程度情况，即“专业对口”“专业次对口”“专业不对口”。

通过对三级指标 D_{1i} 和 D_{2j} 的赋值，可以得到 D_1 和 D_2 的量值，则学历要素的二级指标的值为：

$$D_1 = D_{1i}\text{，当 } i \text{ 对应所计算员工的学历级别} \tag{1}$$

同样，$$D_2 = D_{2j}\text{，当 } j \text{ 对应所计算员工的专业对口程度} \tag{2}$$

所以，企业员工在“学历要素”项下，所释放出来的知识资本量的计算公式为：

$$D = D_1 \times D_2 = D_{1i} \times D_{2j} \tag{3}$$

上述公式计算的 D 即员工在学历要素上所凝结的知识资本量。

（2）依据上述计算方法，可以计算出员工在一级要素上分别凝结的知识资本量。假定某企业员工知识资本量化要素系统包含 N 个一级要素，一级要素所凝结的知识资本量用 D_i 表示，则可以计算出员工在各要素上所凝结的知识资本的基本量，用 QKC 来表示，其计算公式为：

$$QKC = \sum_{i=1}^{N} D_i \tag{4}$$

（3）计算员工各个月份释放的知识资本量，即月 KC 量。假定一级要素在各个月份对员工知识资本量化的影响因子为 $h_i(i = 1,2\cdots,N)$，则可以计算出员工各个月份在工作过程中释放的知识资本量，即月 KC 量，用 KCM_j（j 对应不同的月份）来表示，计算公式为：

$$KCM_j = \sum_{i=1}^{N} D_i \times h_i \tag{5}$$

根据员工各个月份释放的知识资本量 KCM_j，可以计算出员工整个年度释放的知识资本量 KCY，计算公式为：

$$KCY = \sum_{j=1}^{12} KCM_j \tag{6}$$

本软件采用科学的、统一的计量标准，虽然企业员工所在的岗位不同、职责不同，但是其计量的标准是一致的，量化方法的科学性充分保证了员工的权益，员工为企业投入的知识资本量越多，投入知识资本量为企业创造的价值越大，员工将能够获得越多的收益分配。

员工知识资本量的计算流程如下。

第一步：对员工指标体系赋值。

在本软件中，首先要按月对员工进行考核，并根据员工的基本信息，对员工指标体系进行赋值。

第二步：计算员工月 KC 量。

在本软件中，逐月计算企业各个员工在其岗位上释放的知识资本量，即员工月 KC 量。计算出各个员工的 KC 量，就可以求出企业的总 KC 量。

第三步：计算员工月 KC 值。

根据企业知识资本利润率和第二步中求出的员工月 KC 量，通过构建的数学模型，可以计算出企业员工的月 KC 值。

第四步：计算员工的工资。

在月 KC 账户中，计算出员工应发参考工资，即员工的知识资本利润额。员工工资体现的是员工向企业投入知识资本所获得的利润回报。因此，在对员工知识资本进行量化之后，要计算企业知识资本利润率，并按照员工知识资本释放量的大小求出各员工的知识资本利润额，即以工资形式发放的知识资本利润。

第五步：计算员工的年度分红。

员工年度分红是对员工年度知识资本账户进行清算，包括累计账户的知识资本和经调整的知识资本增减额。

为了对员工知识资本进行准确计量，首先要建立知识资本量化的要素系统和指标体系，以此为基础，建立知识资本量化模型，从而求出企业每个员工的知识资本的存量和在工作过程中实际释放的知识资本量。

第七节　软件研发的步骤

本软件的开发分为七个阶段：系统准备阶段、调查研究阶段、系统分析阶段、系统设计阶段、系统实施阶段、系统维护阶段、系统测评阶段。

1. 系统准备阶段

系统开发准备阶段的工作包括提出开发要求、组建开发团队、制订开发计划。

知识资本量化系统的体系结构既要符合企业、机构的生产经营管理体制，又要符合计算机软件本身的特点，因此要从以下几个方面进行综合考虑。

（1）综合考虑企业、机构现行管理制度下各职能部门的要求，把关系紧密，数据采集、交换、加工分析路径最短，业务相对独立的一些职能划归为一个子系统。

（2）充分考虑企业、机构管理部门的业务分工，尽可能地使一个功能子系统属于一个职能的管辖范围，便于今后各子系统的管理和维护。

（3）为有利于子系统的开发、设计和维护，各子系统之间应保持相对独立和相对稳定。

2. 调查研究阶段

调查研究阶段包括调查研究和可行性研究，主要成果是调研报告。调研报告包括需求分析和功能分析。需求分析的目的是分析用户对系统的需求。需求分析的成果是需求规格说明书、结构设计报告。

3. 系统分析阶段

在进行了前面的一系列分析活动之后，就可以开始建立新系统的逻辑模型了，而首要的是做系统分析。系统分析阶段包括构建总体方案、系统逻辑模型设计。该模型是由一组图表工具组成，它们在逻辑上表示了要达到的新系统目标所具备的各种功能，以及输入、输出、数据存储、信息流程、系统界限和环境等新系统的概况。

4. 系统设计阶段

系统设计阶段包括代码设计、程序模块设计、输入输出设计、文件数据库设计、处理过程设计。

5. 系统实施阶段

系统实施阶段主要是将系统具体实施到相应的环境中，对其进行试用和测试。这个阶段生成的文档有用户使用报告、产品文档和总结报告等。

系统测试是对系统进行全面的测试，应在测试环境中进行，以确保系统的功能和技术设计满足企业的业务需求，并能正常运行。系统测试阶段应包括以下主要流程和工作内容：制订测试计划，编制测试用例，建立测试环境。在测试环境中，项目组根据需要，对系统依次进行单元测试、集成测试、压力测试和用户接受测试。

6. **系统维护阶段**

系统在实施之后可能还存在一些问题，需要开发方进行不断的调整和改进，还需要对用户提供培训，便于系统更好地运行。

7. **系统测评阶段**

由开发方、用户和第三方专家对系统进行全面的评价和验收。

第十章

软件功能与作用

第一节　建立知识资本量化基础上的薪酬体系和激励机制

本软件可以帮助企业构建科学的薪酬体系和长效激励机制。知识资本量化结果将为企业核定员工的基础工资、绩效工资、奖金、分红、股权分配提供科学依据。

1. 核定员工的基础工资

根据员工知识资本量化要素系统和指标体系所建立的模型，以及影响员工基础工资的要素系统及其指标体系，可以计算出员工所拥有的基本知识资本量（*QKC*）。*QKC* 是一个相对固定的量值，可以作为核定员工基础工资的依据。

2. 核定员工的绩效工资和奖金

通过对员工各月的知识资本量化要素系统和指标体系进行赋值，可以计算出员工在各月释放的知识资本量，即 *KCM*。*KCM* 表示员工在各月释放的知识资本量，是一个相对变动的量值。*KCM* 同基本知识资本量（*QKC*）之间的差额，主要是增量部分，即员工当月的绩效工资和奖金制定的依据。

3. 核定员工的分红或者股权分配

员工参与分红通常是按照年度进行分配，因此要根据员工各月释放的知识资本量计算出员工年度释放的知识资本量，即 *KCY*。*KCY* 也是一个相对变动的量值，根据员工在各年度的实际表现来进行计算。*KCY* 作为一个年度的衡量指标，可以作为核定员工分红的重要依据。

用知识资本量化的方法，可以制定员工参与持股的股权分配方案。我们可以计算出员工自入职以来各年度所释放的 *KCY* 的数值并进行积累加总，计算出员工为企业贡献的总知识资本量。当员工为企业贡献的总知识资本量达到一定的数值时，可以为员工分配一定的企业股权或股份。员工持股，可以使员工凭借自己为企业所做的贡献而持有企业一定的股权或股份，实现由雇用型员工向主人翁型员工的转变。员工分红或持股是知识资本参与企业利润分配的重要实现途径，也是具有长效激励机制的管理举措。

第二节　软件的功能

《企业知识资本量化长效激励机制管理系统》软件标准版的功能包括以下十个方面。

功能一：本软件可实现企业知识资本管理自动化，提供全面、准确、可靠的企业知识资本管理信息，促进知识资本增殖。

功能二：本软件引入了八项测评指标，能够比较客观地评价员工的知识资本值，为企业高管、科技人员、业务骨干建立科学的薪酬绩效体系，使他们获得付出应得的收入回报，有助于企业保持队伍稳定。如果推而广之，对所有员工都采用建立在知识资本基础上的长效激励机制，可以使企业员工队伍逐步由雇用型转变为主人翁型，使他们更愿意将自己积累的知识资本包括经验、技术等贡献给企业，从而使企业实现增效。

功能三：本软件可以方便员工随时查询自身各项知识资本值，同时方便人力资源部门测评员工各项指标。

功能四：本软件能够根据每个员工各项知识资本的量化值计算出员工在企业的实际价值，帮助企业精确计量知识资本载体在企业中所占比例的大小，方便企业在年终时了解每个员工对企业的贡献度，从而对每个员工起到约束和激励作用，对企业绩效考核具有重大意义。

功能五：本软件可以实现管理员、操作员、用户三级操作，实现不同层次的功能权限划分。

功能六：本软件对每个员工客观、科学的评价可以大大减少企业内耗，没有根据的相互攀比现象将得到根除，避免员工相互指责，不会再认为厚此薄彼，不利于企业团结的因素大大弱化，增进了企业整体和谐。

功能七：《劳动合同法》在一定程度上弱化了员工和企业之间的相互制约关系，增加了员工流动性。本软件是实施《劳动合同法》的有效配套措施，是减轻企业压力、增进劳动双方关系的重要纽带，对企业稳定发展具有十分重要的作用。

功能八：在经济方面，本软件还为企业发展提供足够的知识资本增殖措施，减少企业获得有效知识资本的成本。

功能九：在效率方面，通过本软件提高企业内部各种资本的互动，达到企业知识资本快速增殖的目的。

功能十：在企业利润分配层面，本软件引入了知识资本余额和红利的计算。年终时，员工可以按照自己的实际价值参与企业利润分配，更加有利于发挥员工的积极性；同时赋予了企业家很大的自主权，企业家可以根据企业发展实际情况来调整系数，自行确定分配基数和分配额度。

《企业知识资本量化长效激励机制管理系统》作为世界第一套知识资本量化实用软件，已经成为知识资本量化的先行者，将极大地促进地方经济迅速发展，提升企业综合管理水平，促进经济效益大幅度增长，引领企业成为市场经济的佼佼者。

第三节　软件的重大作用

《企业知识资本量化长效激励机制管理系统》软件的研发是时代需要，是企业的迫切需求。中国企业家的脚步已经跨入了知识经济时代的门槛，但他们的思想还远没有进入知识经济时代——这集中体现在，他们还没有意识到在知识经济时代，妥善管理知识资本是企业发展的必由之路。在新的市场经济环境里，企业要取得更好、更快的发展，实现其经济发展方式的转型，需要充分发挥企业知识资本的作用。

该软件的重要作用，主要表现在以下几个方面。

1. 充分发挥知识资本的作用

《企业知识资本量化长效激励机制管理系统》软件充分重视知识资本的作用，并对知识资本进行科学管理。通过对整个企业员工的知识资本进行量化，从而发掘企业知识资本总量以及企业知识资本总量的增长方式，使已经释放出来的知识资本得到充分发挥，对未释放出来的知识资本予以激活，充分发挥知识资本对企业发展的巨大作用。

2. **避免企业人才流失**

该软件能够精确地计算员工的价值，为企业高管、科技人员、业务骨干和普通员工制定了科学的薪酬绩效和激励机制，真正具有了公平性、客观性和激励性，员工能够准确地为自己定位，不再因为工资的高低而轻易地跳槽，从而稳定了企业队伍，避免了人才的流失。

3. **提高企业凝聚力**

该软件将员工视为企业的知识资本股东，这将充分尊重企业知识资本所有者的权益，使企业员工由简单的雇用型转变为主人翁型员工，员工同企业之间建立起更加紧密的利益关系，从而增强了企业凝聚力。员工的成长促进企业的发展，企业的发展也给员工带来更大的发展空间。

4. **提高企业创新能力**

创新为企业的发展提供不竭的动力，只有通过创新，企业才能更好更快地发展。企业充分尊重知识资本，员工作为知识资本的拥有者，才能充分发挥其主观能动性，释放出更多的知识资本，这将大大增强企业的创新能力。

5. **提高企业竞争力**

该软件稳定了企业队伍，增强了企业凝聚力，也从整体上提高了企业的竞争力。企业不再单纯依靠货币资本来支撑其发展，而是货币资本和知识资本两种资本融合联动来促进发展，极大地增强了企业的市场竞争力。

6. **提高企业综合管理水平**

该软件帮助企业实现对知识资本的科学管理。企业能够像管理货币资本那样管理知识资本。这是企业管理制度的一种质的突破，企业将由此踏上知识资本管理的道路，大大提高企业的综合管理水平。

7. **提高企业经济效益**

企业员工充分释放知识资本，将大幅度提升企业的经济效益。企业通过有效管理知识资本，使知识资本集中在能创造更多效益的地方，使企业内部的知识资本结构得到优化、知识资本利润率得到提升，从而使企业经济效益迅速增长。

对知识资本量化研究，我国已经具有理论成果和方法论上的优势。中加新世纪（北京）科技开发有限公司研发的《企业知识资本量化长效激励机制管理系统》软件，充分体现了我国知识资本量化理论研究的成果和水平，具有重要的理论意义和实践意义。

《企业知识资本量化长效激励机制管理系统》软件是我国对知识资本管理与量化研究的前沿和最新成果。它将引领知识资本在世界各个国家、地区、企业发展中广泛应用，也将引领管理科学的一场深刻革命。

附录一
作者部分重要演讲稿*

在第五届民主与贸易国际会议（多哈）的演讲

2005 年 3 月 11 日

尊敬的卡塔尔国第一副首相兼外交部部长阁下，尊敬的会议主席，尊敬的各位政要、贵宾、经济学家、企业家，尊敬的新闻界的朋友们，女士们、先生们：

十分感谢卡塔尔国第一副首相兼外交部部长阁下、卡塔尔国外交部大会组委会、卡塔尔大学和卡塔尔贸易和工业社团对中加新世纪（北京）科技开发有限公司和我本人的盛情邀请，使我非常荣幸地出席这届庄严的、认真务实而富有重要意义的大会。

根据大会的主题，我谈以下两项内容。

首先，我们应当在和平的环境中，在互惠互利的条件下，加强在经济、贸易和技术方面的合作。因为任何一个国家、一个地区都不具备发展自身经济所需要的全部条件。要么拥有资源，但是缺少资金和技术；要么拥有资金和技术，但是缺乏资源等。因此，加强国与国之间、地区与地区之间的经济合作是必然的、正常的和自然而然的事情。当然，合作需要和平的环境。

其次，在经济发展过程中，要科学、合理地解决资金和市场问题。

下面，就国家、地区和企业在经济发展过程中面临的资金和市场问题及其解决方法，我向各位提出我的新的理论见解。我认为，在 21 世纪，各国政府领导人和企业家将面临并且可以拥有三种资本，即货币资本、知识资本和消费资本，而不只是货币资本。这一理论将化解城市和企业发展过程中的资

* 本附录汇集了作者在国内外重要学术会议上的部分演讲稿和文章。

本短缺问题，有力地推动经济发展。

为了便于说明问题，我想对最近200多年的市场经济做一个简要的分析：在最近200多年中的第一个100年，世界各国大都是单一地依靠货币资本来发展经济。在经过100多年的发展之后进入最近100年的时候，在发达的市场经济国家，人们逐渐意识到还有另外一种资本在推动经济发展，这就是后来在20世纪80年代逐渐明晰起来的知识资本。随着经济发展的实践和与之相应的经济理论研究的深入，在20世纪末和21世纪初，人们又逐渐意识到还有一种巨大的资本存量——第三种形式的资本，即消费资本，它同货币资本和知识资本一样，是推动国家、地区和企业经济发展的直接动力。

一、货币资本

几个世纪以来，一直到今天，货币资本依然是国家、地区和企业经济发展的直接动力，在今后一个相当长的时期里，它依然会发挥重要作用，这是毫无疑问的。我们可将它称为生产资本和金融资本混合成长的时代，即国家、地区和企业主要依靠银行所提供的货币资本来发展。这一发展经济的基本方式已持续了几个世纪之久。直到今天，这依然是一些国家、地区和企业所依赖的一种发展方式。这一发展方式也曾造就了人类的文明。

但是随着科学技术的飞速发展和新时代的到来，这一传统的经济发展方式已经显示出局限性和不充分性。它的局限性和不充分性主要表现在：单一地依靠货币资本发展经济，常常会出现资本短缺的现象，并形成国家、地区和企业经济发展的瓶颈。这一问题一直困扰着一些领导者，阻碍经济发展。我们面临的研究任务就是：一方面继续发挥货币资本对经济发展的作用，另一方面要化解这种传统的单一依靠货币资本的发展方式带来的货币资本短缺的瓶颈问题。

二、知识资本

前面讲过，在第一个100年里，人们一直以为是货币资本和劳动创造财富。但是100多年之后，人们逐渐发现，有相当一部分财富并不单是货币资本加劳动创造的。人们认识到，新的科学技术即人类知识的结晶对创造财富起着重大的作用，也就是说，除货币资本以外，还有一种形式的资本，即人类知识的结晶——高新技术，也是推动经济发展的直接动力。这就是后来人们清晰地认识到的第二种形式的资本，即知识资本。它的具体作用表现为：当货币资本不能充分满足国家、地区和企业经济发展需要的时候，知识资本就起到一种点石成金的作用，它可以几倍、十几倍地扩大现有货币资本的实力，推动国家、地区和企业经济自身的发展，创造更大量的财富。这种货币资本联合知识资本推动经济发展的模式，在一些发达国家已经有了一段时期的尝试和实践，并收到很好的成效。但是在市场经济不发达的发展中国家和地区尚未充分展开，不少地区还没有充分意识到知识资本对经济发展的重要作用。

我认为，发展中国家应当深入地研究和思考这个问题，大力发展本国的科学技术，把本国的科学技术成果迅速转化为生产力，尽快走上一条货币资本和知识资本联合发展经济的道路，找出适合本国、本地区、本企业的货币资本和知识资本相结合的形式，完成货币资本和知识资本的联合。这对国家、地区和企业经济发展将具有不可估量的重大意义。发展中国家应当逐步走上知识经济引领未来发展的道路。

三、消费资本和消费资本论

几个世纪以来，随着经济的不断发展，越来越多的企业家深刻地认识到消费者才是市场竞争最终的决定性力量。因为他们既是市场的主人，又是给企业注入新的资本动力的源泉，因此谁能赢得更多的消费者，谁就能拥有更大的市场和巨额的资本注入。消费资本由此而生，消费资本化理论的构建也以此为基础。

消费资本论的核心内容，是将消费向生产领域和经营领域延伸，当消费者购买企业的产品时，生产厂家和企业应把消费者对本企业产品的采购视同是对本企业的投资，并按一定的时间间隔，把企业利润的一定比例返给消费者。此时，消费者的购买行为，已不再是单纯的消费行为，他的消费行为同时变成了一种储蓄行为和参与企业生产的投资行为。于是消费者不仅是投资者，同时又将消费转化为资本。

这实际上是把消费者以投资者的身份从产品链的末端提升到前端，使消费者在购买产品时，既能分享企业成长的成果，也为企业发展注入新的动力，使消费和投资有机结合，从而使买卖双方在这种条件下合二为一，成为一体，完成消费转化为资本的过程。这样，消费作为一种资本，它同货币资本、知识资本一样，成为国家、地区和企业经济发展的直接动力。

消费资本论与哈耶克的“消费者主权理论”不同。诺贝尔经济学奖得主哈耶克曾提出消费者主权理论。“消费者主权”最早见于现代经济学之父亚当·斯密的《国富论》中，后来的奥地利学派和剑桥学派都把“消费者主权”看成市场关系中的最重要原则。所谓“消费者主权”，是诠释市场上消费者和生产者关系的一个概念，即消费者根据自己的意愿和偏好到市场上选购所需的商品，这样就把消费者的意愿和偏好通过市场传达给了生产者，于是所有生产者听从消费者的意见安排生产，提供消费者所需的商品。这就是说生产什么、生产多少，最终取决于消费者的意愿和偏好。“消费者主权”可以用一个比喻来说明，消费者在市场上每花一元货币就等于一张选票，消费者喜欢某种商品，愿意花钱去买它，就等于向这一商品的生产者投了一票。生产者只有使自己的商品适合消费者的需要，消费者才会投他的票，也就是愿意购买他的商品，否则商品就会滞销，生产者就会亏本。各个生产者就是通过消费者在市场上“投货币票”，了解到社会的消费趋势和消费者的动向，从而以此为依据，安排劳动力和生产资料，改进技术、降低成本、增加品类，以满足消费者的要求，从而最终达到利润最大化的目的。

“消费者主权理论”也曾引起争议，比如另一位经济学家加尔布雷斯曾根据大公司垄断市场的现实提出过“生产者主权”的概念，但哈耶克认为，即使是在完全的市场垄断情况下，生产者的生产也必须遵从消费者的意愿，否则大公司将失去最终的发展推动力，生产就会处于受限制的状态中，大公司终将失去已有的垄断地位，这对公司和整个社会经济都是有害的。20 世纪 80 年代以来，苹果公司、麦克唐纳 - 道格拉斯公司、康柏公司等大公司的兴衰在实践中多次验证了“消费者主权理论”的正确性。

消费资本论与“消费者主权理论”一脉相承，但又突破了古典和新古典经济学的“园囿”以及哈耶克理论的局限，是通货和消费紧缩时代理论上的创新和发展。“消费者主权理论”阐明了消费者的重要性，仅解决了“是什么”的问题，没有解决“怎么办”的问题，即没有探讨生产者在“消费者主权”的前提下，如何获得消费者支持；此外，在理论模型上，“消费者主权理论”认为生产者和消费者是对立的，消费者的主权对应的是生产者的服从，它没有认识到生产者与消费者可以在一定的机制下有机结合，在市场上实现消费的资本化。而消费资本论主要针对的问题是在新经济的条件下，如何实现生产者与消费者的有机结合，通过构建各种类型的市场制度，使生产和消费从对立走向统一，在使消费者的主权得到最大化满足的同时，通过消费的资本化，实现企业利润在更高层面上的最大化。

消费资本论具有与众不同和独树一帜的特点。它同迄今为止所有经营理念和营销方式不同，具有强烈的新鲜感和独特的魅力。它将对广大消费者的消费心理产生很大影响—— 一种宝贵的积极参与尝试的心理和亲和力，以及愿意长期合作的巨大的吸引力和凝聚力。它的与众不同和新意，将会产生很大的“轰动效应”，即“注意力经济”效应，或者说“眼球经济”效应，也就是说，广大的消费者的眼光将凝聚在应用消费资本论的企业的产品上。同时因为它不但满足消费者的需求，而且关心消费者的利益，所以会受到消费者的欢迎。当企业把消费者作为本企业的一位投资人和成员时，消费者从另一端也会做同样的考虑，即广大的消费者愿意成为企业的一名长期的合作者，因为他（她）可以从企业长期的发展中获益。

消费资本论在实践和应用中可以有多种实现形式，比如消费者投资、消费者参股、消费者期权、消费者选择权等，通过这些方式将消费向生产领域延伸，在不同的层次上实现消费的资本化。其中最简单的一种形式是消费者投资，即生产者将单位销售收入的一定比例注入为消费者在本企业开设的个人投资账户，然后根据企业的盈利状况，将个人投资账户的累计额和企业利润的一定比例按一定的时间间隔分期返还给消费者，使消费者参与企业投资、分享企业发展成果，从而达到吸引消费者、实现消费资本化的目的。

此时，消费者的购买行为已经不再是单纯地为了获取商品来满足偏好，他们的消费行为变成了一种储蓄行为和参与企业生产的投资行为，这就可以使国家、地区、企业通过巨大的消费聚拢效应而拥有新的巨大的资本注入，创造出一个十分庞大的资本存量来发展经济。

综上所述，货币资本在知识资本的作用下，增长了几倍甚至十几倍，而消费资本使前者的总量又翻了一番。因此，这种理论将使许多政府领导者和企业家笑逐颜开，他们可能因这种理论而拥有巨大的资本来推动本国、本地区和企业的经济发展。

谢谢大家！

Speech on The 5th Session International Conference of Democratic and Trade (Doha)

Your Excellency First Deputy Prime Minister and Minister of Foreign Affairs of the State of Qatar,

Your Excellency Chairman of this Conference,

Distinguished political VIPS, respectful guests, economists, entrepreneurs,

Dear friends from news media,

Ladies and Gentlemen:

I would like to thank his excellency, First Deputy Prime Minister and Minister of Foreign Affairs of the State of Qatar, the conference organizing committee at the Ministry of Foreign Affairs, Qatar University and the Qatar Chamber of Trade and Industry very much for the gracious invitation given to the China World New Economic Research Institute and myself, which offers me this honor to attend this solemn, significant and meaningful conference.

According to the theme of the conference, I will discuss the following two topics:

Firstly, we should begin focusing on strengthening the cooperation in fields of economics, trade and technology in a peaceful environment with mutually beneficial conditions. Because no country, nationality or area can obtain all the necessary conditions needed for their own economic development. A country could hold plenty of resources but insufficient funds and technology, or a lack of resources with a significant amount of capital and technology. Therefore, it is inevitable, normal and natural to strengthen economic cooperation among different countries and regions of the world. Certainly, only under a peaceful environment could cooperation like this be reached.

Secondly, the capital and market problem should be solved scientifically and reasonably in the due course of economic development.

With regard to the capital and market problem which countries, areas and enterprises now face in the course of their own economic development, I would like to put forward my new theory to the economists, government officials, and entrepreneurs attending the conference today. I believe that in the new century, government officials, mayors and entrepreneurs from different countries will confront and probably have three types of capital, namely money capital, knowledge capital and consumption capital, rather than the single or the sole form, money capital. This theory will solve the capital shortage problem and significantly push the development of economy.

To make it clear, I would like to make a brief analysis of the market – oriented economy which has more than two hundred years history. During the first hundred years, most countries and regions of the world expanded and developed their economy on money capital alone. As a result of the economic expansion and global market development of the first hundred years, people in developed market – oriented economy soon began to realize another form of capital promoting economic development—knowledge capital, which gradually began to become distinct in the 1980s. With the practice of economic development and deepening of corresponding economic theories in the late twentieth and early twenty – first centuries, people realized that there was yet another huge, third form of capital—consumption capital. Just like money capital and knowledge capital, consumption capital is a direct driving force to the economic development of a country, region and enterprise.

I will now go into further detail of my theory.

Ⅰ Money Capital

For several centuries, up till now, money capital is still a direct driving force to the economic development of a country, nation, region and enterprises. And without a doubt, money capital will continue to play an important role in the future. We may call it an era when production capital and finance capital mix and grow, which means that the economic development of regions and enterprises mainly rely on money capital offered by banks. This basic way of economic development has already sustained for several hundred years. Even today, many countries still solely rely on this kind of capital for development as it has proven its success in developing human civilizations.

However, with the full - speed development of science and technology and the arrival of a new era, the money capital "system", a traditional and basic way of economic development, has already demonstrated its limitation and insufficiency. They are as follows: the traditional economic development model, which simply depend on money capital, usually ran into problems with money shortages and thus ensuing bottlenecks. This problem has hindered economic development in countries and regions and perplexed government officials, local leaders and entrepreneurs. As a result, we faced a research task: on the one hand, continue giving full scope of money capital but at the same time try to solve the bottleneck problem.

Ⅱ Knowledge Capital

As I mentioned before, in the first one hundred years, people thought it is money capital and labour that created wealth. After that, people are gradually realized that a significant part of wealth was not created by capital and labor alone. Besides money capital, another form of capital—the crystallization of man's knowledge namely the advancement in science and technology is a direct motive force promoting the development of economies as well. It has played a great role in creating wealth. This second form of capital is called knowledge capital. Its concrete function is shown as: when money capital can not fully meet the economic development needs of a region, nation or enterprise, knowledge capital will play a role of turning stone into gold, and it can magnify the existing strength of current money capital in several times or over more than ten times, promoting the development of an economy and creating more wealth. This mode in which money capital unites with knowledge capital to promote development has already been tried and practiced in some developed countries for a certain period of time and has received very good results. However, the developing countries and regions with under - developed market economies have not yet been fully able to launch this combination of money and knowledge capital. Unfortunately, they still depend solely on money capital and have not yet realized knowledge capital's important function on economic development.

I believe developing countries should deepen the research on this theory and make more efforts to develop domestic science and technology, and thus turn their achievements into productivity, head for a new way to developing economy with the combination of money - capital and knowledge capital as soon as possible They should then be able to discover a unique and complete combination of money and knowledge capital suitable to their own country, region, and enterprise, which is of great significance to the economic development. Developing countries should go on the road with knowledge - economy leading the future and development.

Ⅲ Consumption Capital and Consumption Capitalization Theory

For several centuries, as the world economy continues to advance and develop, more and more entrepreneurs are realizing that consumers are the final, decisive factor in market competition. They are the "masters of the market" and they provide new capitals for enterprises. So, it is those enterprises which gain the most consumers will in the end have the largest market share and most capital injection. Thus consumption capital appears thereby, and the construction of "Consumption Capitalization Theory" is based on it.

The core content of the "Consumption Capitalization Theory" is to extend consumption to the production fields. Manufacturers or commercial enterprises deem the purchase of products by consumers as an investment to their companies, they then return a certain proportion of the enterprise's profits back to the consumers according to certain time intervals. In this way, consumers' purchase behavior become a kind of saving behavior and investment behavior of participating enterprises' production, rather than simple consumption. Consumers becomes investors and their consumption turns into capital.

In fact, it brings consumers from the end of the product chain all the way up to the front in the capacity of "investors", where consumers enjoy the enterprises' growing achievements and at the same time inject a new motive force into the enterprise development. Thus both buyers and sellers are united as one under this kind of condition, merging into an organic whole and accomplishing the course of transforming consumption to capital. In this way, consumption capital is the same as money capital and knowledge capital, becoming a direct driving force to enterprises and local economic development.

"Consumption Capitalization Theory" is different from "Consumer Paramountcy Theory" raised by Friedrich A. Hayek, the winner of Nobel Prize for economics.

"Consumer Paramountcy" was first found in *The Wealth of Nations*, by Adam Smith, father of modern economics. Later on, both Austrian school and Cambridge school deem "Consumer Paramountcy" as the most important principle in market relations. "Consumer Paramountcy" is a concept to annotating the relationship between consumer and producer in the market. Namely, the theory is of an environment where consumers go to the market to choose the necessary goods according to their own will and preference, in this way, consumers' will and preference are transmitted to the producers through the market, then all producers are bound to obey to the orders of consumers and provide necessary merchandise. In other words, what to produce and how much to produce finally depend on the consumer. "Consumer Paramountcy Theory" can be illustrated with one metaphor, each dollar paid by consumers in market is essentially a ballot. If a consumer prefers certain goods and is willing to pay for it, it means that he casts a vote for that product's manufacturer. Only when manufacturers make their own goods suitable for consumer's needs, consumers will vote for them, that is to say, would like to buy their goods, otherwise, the sale will slump and business become loss. Each producer knows the consumption trends of society and consumer's tendencies by "cast monetary votes" on the market. Producers then take this information as a foundation and means to arrange their workforce and productive materials, improve technology, adjust costs and increase categories to meet consumer's demands, thus achieving the purpose of profit maximization finally.

"Consumer Paramountcy Theory" also came across some different voices. For example, another Nobel Prize Winner, John Kenneth Galbraith, once proposed a concept of "Producers Paramountcy" according to the monopolization of markets by large enterprises. But Hayek thought, even in a complete market monopoly, producers' production must comply with consumers' will, otherwise, big companies will lose the final developmental and motivation force, production will be in the restricted state and thus, the monopoly position will be lost. This is harmful for companies as well as the whole social economy. Since the 1980s, we have seen the rise and decline of such big companies as Apple Computer Company, Mc Donnell Douglas Company, Compaq, and more. The stories of these enterprises have verified the exactness of "Consumer Paramountcy Theory" many times in practice.

"Consumption Capitalization Theory" comes down in a continuous line with "Consumer Paramountcy Theory", however, it goes beyond of classical economics and new classical economics and breaks through the limitation of Hayek's theory. It is deemed as a theory innovation in deflation times. "Consumer Paramountcy Theory" expounds the importance of consumers only and tells us what's the problem, but not provide the solution to the problem. That is to say, it doesn't probe into the issue of how producers should get consumer's support on the premise of consumer paramountcy. In addition, "Consumer Paramountcy Theory" assumes the producer and consumer to be up against each other in the theory model, the consumer's paramountcy corresponds to the producer's conformity. It has not realized that producers and consumers can be combined organically under a certain mechanism to achieve consumption's capitalization on the market. And the problem the "Consumption - Capitalization Theory" attempts to address is mainly how to realize the organic integration of the producer and consumer under the condition of a new economy, make consumption and production reactive from antithesis to their unification by structuring all kinds of market regulations, give way to the realization of the maximization of an enterprise's profit in a higher level via consumption capitalization while the paramountcy of consumers is satisfied to the maximum.

"Consumption Capitalization Theory" is out of the ordinary and takes the course of its own characteristics. It is different from all management and marketing theories to date and has strong feelings of freshness and glamour. It will produce a great influence, a kind of valuable and positive participation - psychology and affinity and great attraction and cohesion of long - term cooperation will, which will be tried on the masses of consumers' consuming psychology. Because of its unique new meaning, it will result in a significant "sensational effect", namely, "attention economics" or "eyeball economics" . In other words, the masses of consumer's eyes will be condensed in consuming the products of enterprises where "Consumption Capitalization Theory" has been applied. At the same time, because this theory not only meets consumer's demands but also their interests, it will thus be well received. When entrepreneurs deem each consumer as one of his investors or firm members, the consumer will even do the same consideration from another end, the masses of consumers would like to become a long – term cooperator of the enterprise, because he or she can benefit from the growth of the enterprises.

There are many different ways to see and realize just when the "Consumption Capitalization Theory" is applied and put into practice. For example, consumer's investments, consumer's participation in shares, consumer's expectative rights or consumer's options etc. Through these methods, consumption will be extended to production field and capitalized in different levels. Among them, consumer's investment is the simplest form. Namely, the manufacturer put a certain percentage of products sales into an individual accounts opened in the enterprise by each customer, then return accumulated individual investment and a certain percentage of company profit to customers periodically according to profit status. This participation in the enterprises investment, a sharing of the achievements of the enterprises development, will thus attract consumers and realize the purpose of consumption – capitalization.

At this moment, consumer's purchasing behavior is no longer simply to obtain the goods to satisfy his preference. His consuming behavior has become a kind of saving and investment—like behavior of participation in the enterprises production. Therefore, countries, areas and enterprises would possess enormous capital injection through consumption concentration effect and create a significant amount of currency capital to develop economy.

In sum, money – capital increases several times even more than ten times with the function of the knowledge capital, while consumption capital makes it double again. This kind of theorywill certainly satisfy and be happily accepted by many government leaders, regional leaders and entrepreneurs, because they will possess enormous capital to boost their economy development through implementing this theory.

Thank you.

在美国麻省理工学院斯隆管理学院的演讲

2007 年 10 月 11 日于波士顿

尊敬的麻省理工学院斯隆管理学院的各位教授及师生们，尊敬的各位经济学家，尊敬的安德鲁·沃克先生，尊敬的新闻界朋友们：

十分感谢美国麻省理工学院及其斯隆管理学院对中加新世纪（北京）科技开发有限公司及我本人的盛情邀请，使我有机会就新经济学理论，尤其是消费资本论，同在座的各位进行有益的交流。

今天，我在世界最高学府之一——美国麻省理工学院神圣的讲坛上，向全世界各国经济学家、政府领导人和企业家，提出我的新的资本理论、新的经济运行体系和新的企业制度。

一、在市场经济发展过程中，依次呈现出三种资本形态

传统的经济学理论认为，推动经济发展只有一种资本，即货币资本。但市场经济发展的实践说明，事实并非如此。人们通过对市场经济发展史的研究，尤其是对最近 200 多年的市场经济发展历程的研究，逐渐认识到，完整的市场经济的资本构成应包括货币资本、知识资本和消费资本三个重要部分，而不是单一的或者唯一的货币资本。换言之，是三种资本共同推动着市场经济的发展，而不仅是单一的货币资本。

但多年以来，我们的市场经济一直是货币资本一枝独秀，它的作用受到人们的高度重视，货币资本所有者的权益也得到充分的保证。而知识资本和知识资本的所有者，特别是消费资本和消费资本的所有者，却长期处在被淡化甚至缺位的状况，他们长期处于被动的消极状态，形成单一地依靠货币资本发展经济的局面。虽然经济也能取得一定程度的发展，但是由于长期地依靠货币资本这一单一要素发展经济，资本短缺、创新乏力、消费萎缩的问题不可避免。

近年来，知识资本的作用开始受到人们的重视。人们认识到，新的科学技术即人类知识的结晶，对创造财富起着重大的作用。也就是说，除货币资本以外，还有一种形式的资本，即人类的知识结晶——高新技术，也是推动

经济发展的直接动力。这就是后来人们清晰地认识到的第二种形式的资本，即知识资本。它的具体作用表现为：当货币资本不能充分满足国家、地区和企业经济发展需要的时候，知识资本就起到一种点石成金的作用，它可以几倍、十几倍地扩大现有货币资本的实力，推动国家、地区和企业经济的发展，创造更大量的财富。这种货币资本同知识资本相结合的经济增长方式，相比依靠单一货币资本的经济增长方式，为市场经济的发展提供了更大的支持力和推动力。

随着市场经济的不断发展，人们进一步深刻地认识到，消费者才是市场竞争的最终决定性力量。因为消费者既是市场的主人，又是给经济发展注入新的资本动力的源泉。因此，谁能赢得更多的消费者，谁就能拥有更大的市场和巨额的资本注入。消费资本由此而生，消费资本化理论的构建也以此为基础。

消费资本论的核心内容，是将消费向生产领域和经营领域延伸。当消费者购买企业的产品时，生产厂家和商业企业应把消费者对本企业产品的采购视同是对本企业的投资，并按一定的时间间隔，把企业利润的一定比例返给消费者。此时，消费者的购买行为，已不再是单纯的消费行为，他的消费行为同时变成了一种储蓄行为和参与企业生产的投资行为。于是消费者同时又是投资者，消费转化为资本。

这实际上是把消费者以投资者的身份从产品链的末端提升到前端，使消费者在购买产品时，既能分享企业成长的成果，也为企业发展注入新的动力，使消费和投资有机结合，从而使买卖双方在这种条件下合二为一，成为一体，完成消费转化为资本的过程。这样，消费作为一种资本，它同货币资本、知识资本一样，成为国家、地区和企业经济发展的直接动力。

二、消费资本论是资本理论新的里程碑，是新的资本理论体系完成的标志

消费资本论，是突破西方传统市场经济理论的局限而提出的新的资本理论。它科学地论证了消费转化为资本的过程，指出消费即投资，从而在世界经济学说史上第一次提出消费资本这一新的资本形态，并以完整的理论体系把社会经济发展中消费和消费资本的力量系统地揭示出来。消费资本论的提出，是人类社会经济发展观的一次重大革命。它以崭新的视角和思维模式，

分析了消费同生产一样，是推动社会经济发展的动力。

以往的经济学家，包括一些获得诺贝尔经济学奖的经济学家提出的相关理论有一个共同的缺陷，是重生产轻消费。他们从资本的高度分析生产对人类社会经济发展的重大作用，却没有从资本的高度分析消费对社会经济发展的重大作用。他们对生产和生产资本进行了十分深入的研究，详细地阐述了生产资本的属性、作用和意义，但没有把消费和消费资本的力量系统地揭示出来。

其实，人类社会发展的最终目的是消费。生产和消费是一个问题的两个方面，只从生产的角度分析社会经济的发展，是单方面的、局部的分析。唯有从资本的高度并结合生产和消费来分析社会经济发展，才是全面、科学的分析。

以往的经济学理论存在这一缺陷的原因在于理论研究的前提失衡。因为以往研究的前提是“商品的生产过程”，而不是“商品经济全过程”。以商品的生产过程为前提，其研究的重点是商品生产的准备环节和商品的生产环节，而不是消费环节，或者说主要是商品生产的准备过程和商品的生产过程，而忽视了对商品的消费过程及其重大作用的深入研究。市场经济理论研究的前提应是商品经济全过程，而不只是商品的生产过程。否则，其研究及研究成果必然是不充分的。

消费资本的确立和消费资本理论体系的建立，是21世纪资本理论的又一重大突破，是资本理论的第三次革命，是资本理论史上又一个新的里程碑。

至此，人们认识到在市场经济发展的过程中存在着三种资本形态。其实，这三种资本形态在人类经济发展的初期就已经存在了，它是随着经济发展的不同阶段而依次呈现出来的。我对已经呈现出的三种资本形态的内涵进行了界定，并根据三种资本的内在联系以及它们运行的特点和规律，将新的资本理论的结构和内容以完整的理论系统地揭示出来，重建了完整的新的资本理论体系。消费资本化理论则是新的资本理论体系完成的标志。

三、消费资本论完善和发展了市场经济理论，是新的市场经济理论形成的标志

在对消费资本论的深入研究中，我进一步分析了人力资本，并把人力资本提升到知识资本层面，从而进一步完善了市场经济资本构成体系，这是对

市场经济资本理论的重大突破，并据此提出三种资本相互结合、共同推动社会经济发展的新的经济增长方式，从而完成了新的市场经济理论体系的建设。

我们可以看到，新的市场经济理论具有两个最基本的特征：一是完整的市场经济资本构成包括货币资本、知识资本和消费资本三种资本；二是经济增长方式是由多种资本要素共同作用推动社会经济的发展。

知识资本的确立和消费资本论的提出，是市场经济理论不断发展的重大成果。它不仅有力地推动了各国市场经济的发展，而且由于它从市场经济资本构成和经济增长方式两个方面突破了原有的市场经济理论体系，使市场经济理论本身也发展到一个新的阶段。可以说，消费资本论的提出是新的市场经济理论形成的标志。

四、消费资本论揭示了企业利润形成的秘密，是人类社会一次伟大的发现

新的资本理论体系的建立，特别是消费资本论的提出，向人们揭示了商品经济的真实过程，从而揭示并科学地论证了以往经济学研究中回避的、没有揭示的社会财富和企业利润形成的秘密。这是因为新时期市场经济理论研究的前提是“商品经济全过程”，而不只是“商品的生产过程”。

商品经济全过程包括如下三个环节，或者说三个阶段。

（1）生产资本由于购买了生产场地、原材料和零部件，而完成了自己的责任和义务——这是商品生产的准备过程。

（2）工程师、科技人员和能工巧匠（工人们）利用已有的生产场地，把原材料和零部件转化为产品——这是知识资本发挥作用的过程，即商品的生产过程。

（3）产品只有在进入市场并由消费者购买之后，才能实现其价值和利润——这是商品的消费过程，这一过程是消费资本的载体——消费者完成的。

由此可以直接引申出如下几个结论。

（1）市场经济的资本构成应包括生产资本、知识资本和消费资本三个部分，而不是唯一的生产资本。

（2）社会财富，当然也包括企业利润，是由生产资本、知识资本和消费资本共同创造的。

（3）三种资本的载体即三种资本所有者，应当共同参与社会财富和企业

利润的分配。

对商品经济过程的分解，深刻地揭示了企业利润形成的秘密，这一发现从根本上动摇了存在几个世纪之久的不公平的分配制度，为彻底打破社会分配不公的格局奠定了坚实的理论基础。这是人类社会一次伟大的发现，由此将揭开人类社会生活和经济发展的新的一页。

五、消费资本论—— 一种新的经济运行体系

从市场经济发展史来看，到目前为止依次出现过两种经济运行体系：一是以亚当·斯密经济学为理论基础的“自由放任”的经济运行体系；二是以凯恩斯经济学为理论基础的强调政府在经济运行中的作用的经济运行体系。

但是从本质上看，这两种经济运行体系都是建立在生产本位理论基础上的经济运行体系，前者强调自由放任发展，后者则强调调控，目的都是使生产处于有序的发展状态。二者在经济增长方式、商业模式、企业制度以及分配制度上并没有本质区别。

而消费资本论认为，社会生产的最终目的是消费，生产和消费是一个问题的两个方面。只从生产的角度分析社会经济发展的动力是单方面、局部的分析，只有从生产和消费两个角度分析社会经济发展的动力，才是全面、整体的分析。

以消费资本论为基础建立起的经济运行体系，无论是经济增长方式、商业模式、企业制度，还是分配制度都与旧的经济运行体系有着本质的区别。因此，它是一种全新的经济运行体系。

新的经济运行体系包括新的经济增长方式、新的商业模式、新的企业制度和新的分配制度。新的经济运行体系的要点，是人类社会通过不断调整和完善经济增长方式来实现加速经济发展的目的。新经济运行体系的基本模式是由单一货币资本支持经济发展转化为货币资本和知识资本共同推动经济发展，进而转化为三种资本融合共同推动经济发展，以“消费资本导向、知识资本创新、货币资本推动”的经济发展模式为新的经济运行体系的精髓、灵魂。

（一）新的经济增长方式

经济增长方式是指国家、地区和企业经济发展的推动力构成及其发挥作

用的形式。经济增长方式的转型，是指经济发展的推动力构成的改变及其发挥作用的形式的变化。只有转变经济增长方式，才能使国家、地区和企业经济有突破性的发展和质的飞跃，进入一个崭新的发展阶段。

在新的经济运行体系下，推动经济增长的原动力为生产资本、知识资本和消费资本三种资本，其经济增长方式也是多元的。由单一的货币资本发展经济的传统增长方式，转化为货币资本和知识资本相结合的增长方式，再转化为三种资本联动的新型增长方式，是市场经济发展实践所必然遵循的总的趋势，也是市场经济一条非常重要的经济发展规律。

（二）新的商业模式

进入21世纪，市场经济已经完成由卖方市场向买方市场的过渡。它标志着市场经济由卖方（厂家、商家）占主导地位的时代已经结束，以买方（消费者）占主导地位、买方（消费者）同卖方（厂家、商家）平等合作的时代已经开始。适应卖方市场时期的商业模式已经陈旧，新时期需要提出创新的商业模式推动市场经济发展。

新的商业模式与旧的商业模式不同。以往的商业模式只包含“一个内容，一个过程”，即单一的商品交易内容和过程，买卖双方货款两清，即完成了销售的全部过程。而新的商业模式则包括“两个内容，两个过程”，即商品交易内容和过程，以及买卖双方利润分配的内容和过程。因为消费者的货款大部分进入下一个经营过程和生产过程，转化为资本，产生利润，因此商家和厂家应当将利润的一部分返给消费者。

新的商业模式的操作程序是：通过“地网”（门店连锁）和“天网”（电子商务）把消费者分散的、零星的、无计划的消费需求经过整理变成有计划的、规模的分类需求，提供给供应商，供应商按照分类需求供货，通过物流送到消费者手中。这可以使整个交易过程变得高效、便捷，同时又提供了一个巨大的利润空间。在商品交易过程完成之后，卖方根据消费者需求额度的大小，把企业的利润按一定比例分配给消费者。

（三）新的企业制度和新的分配制度

由三种资本共同创造企业利润，因而应由三种资本所有者共同参与利润分配的理论，将是确立新的公平分配制度的理论基础。这种新的公平分配制度，将从根本上打破存在已久的不公平的分配格局，从源头上解决分配不公的问题。

在这种理论基础上可以确立一种新型的、由三种资本共同参与的综合资本股份有限责任公司，作为支持新的公平分配格局的企业制度。这种企业制度下，三种资本共同推动企业的发展，并将保障三种资本所有者的权益。这种新型的企业制度将结束1602年开始建立单一货币资本股份有限公司以来的企业制度的历史，开创企业发展史的新纪元。

六、消费资本论将完成知识资本量化和消费资本量化这一世界性的重大前沿课题

新的资本理论体系的建立，特别是消费资本论的提出和知识资本的重新界定，使消费资本量化和知识资本量化成为可能，并将完成这一世界性的重大前沿课题。对三种资本的规模进行计量，以及对它们所发挥的作用进行评估，将为国家、地区和企业的经济增长所投入的资本做出十分精确的量化说明，这对国家、地方和企业的经济发展都具有十分重大的现实意义。

消费资本量化和知识资本量化还将有力地推动经济学分支学科，如计量经济学、统计学、会计学以及其他相关经济学分支学科的深入研究和发展。中加新世纪（北京）科技开发有限公司对消费资本量化和知识资本量化进行了长期深入的研究，已经取得了实质性的进展，即将研制成第一个建立在知识资本量化基础上的人力资源管理信息系统。

各位专家、各位来宾，消费资本论提出后，受到世界各国经济学家的高度关注和充分的认同。中加新世纪（北京）科技开发有限公司愿意同美国麻省理工学院斯隆管理学院和美国其他高等院校和研究机构的专家，进一步加强交流与合作，以便为21世纪人类社会经济发展提供新的理论导向。

最后，关于消费资本论，我最想说的一句话是：全世界消费者联合起来！

谢谢！

Speech on Sloan School of Management, Massachusetts Institute of Technology

October 11, 2007

Boston

Distinguished Professors, Faculty and Students,

Distinguished Economists,

Dear Mr. Andrew Wolk,

Dear Friends from News Media:

First, I would like to thank Sloan School of Management, Massachusetts Institute of Technology very much for the hospitable invitation given to the China World New Economics Research Institute and myself, which offers me this honor to communicate with everybody at present on economic theories of this new century, especially Consumption Capitalization Theory.

Today, on the sacred platform of Massachusetts Institute of Technology, one of the most tiptop institutes in the world, I would like to put forward my New Capital Theory, New Economic Operational System and New Enterprise System to the economists, government officials, and entrepreneurs all over the world.

Ⅰ In the course of Society Economy there appeared three forms of capitals in turn

In traditional economic theories, it is believed that there is only one kind of capital pushing economic development, namely Money Capital. However, the practice of the development of market economy proves that it is not true. Through the research of the market economy development history, especially the market economy in the recent two hundred years, people gradually realize that a complete market economy should include three important components, namely Money Capital, Knowledge Capital and Consumption Capital rather than the single or the only form Money Capital. In other words, it is the three kinds of capital that jointly push the development of market economy rather than the single Money Capital.

However, for many years, our market economy has always been having money capital solely flowering. Its function has been paid much attention to. The benefits of the owners of money capital also have been fully assured. On the contrary, Knowledge Capital and the owners of Knowledge Capital, especially Consumption Capital and the owners of Consumption Capital, for long, have been paid less attention to or totally ignored. Therefore, they have long been in a passive status, and the situation that we solely depend on Money Capital to develop the economy has been created. Though the economy is able to be developed to a certain extent, because for long we have been depending on money capital this only factor to develop the economy, the problems of capital shortage, innovation inertia, consumption shrink are unavoidable.

In recent years, the impact of Knowledge Capital begins to be paid much attention to by people. People realize that new science and technology is the crystallization of human knowledge and it plays an important part in the creation of wealth. That is to say, besides Money Capital, there is another kind of capital which is the crystallization of human knowledge—high new technology, is also the direct driver to push economic development. This is the second form of capital, i. e. Knowledge Capital, which people explicitly realized later. Its specific function shows: when money capital cannot fully satisfy the need of a country, a region and an enterprise's economic development, Knowledge Capital will serve as the magic stick to turn stone into gold. It can increase the value of Money Capital you currently owned by times or several ten times, push the region or the enterprise's own economic development and create much more wealth. This mode of Money Capital combined with Knowledge Capital for pushing economic development provides more strength and impetus than single Money Capital.

With the continuous development of market economy, people further deeply realize that consumers really are the ultimate decisive power of market competition because consumers are not only the masters of the market, but also the headspring transfusing new capital driver to the economic development. Therefore, the one who win the most consumers, will own the largest market and a large amount of capital transfusion. Consumption Capital grows out of this and the making of "Consumption

Capitalization Theory" is founded on this.

The core content of the "Consumption Capitalization Theory" is to extend consumption to the production fields and operation field. When consumers purchase the products of the enterprise, Manufacturers or commercial enterprises deem the purchase of products by consumers as an investment to their companies. They then return a certain proportion of the enterprise's profits back to the consumers according to certain time intervals. In this way, consumers' purchase behavior become a kind of saving behavior and investment behavior of participating enterprises' production, rather than simple consumption. Consumers become investors and their consumption turns into capital.

In fact, it brings consumers from the end of the product chain directly to the front as "investors" to enjoy the enterprises' growing achievements and at the same time inject a new motive force into the enterprise for developing. Thus both buyers and sellers are united as one under this kind of condition, merging into an organic whole and accomplishing the course of transforming consumption to capital. In this way, consumption capital is the same as Money Capital and Knowledge Capital, becoming a direct driving force to enterprises and local economic development.

Ⅱ Consumption Capitalization Theory is a new milestone in the history of capital theory and the symbol of the formation of the new theoretic system of market – oriented economy

Consumption Capitalization Theory breaks through the limitation of western traditional market economic theories and is a brand – new capital theory. It scientifically demonstrates the whole process of conversion from consumption to capital and points out that consumption is investment. Accordingly it is for the first time that Consumption Capital is brought forth as a new capital form in the history of world economic theories. In addition it systematically exposes the power of consumption and Consumption Capital of the Society Economy development by its integrated theory system. The initiation of Consumption Capitalization Theory is a significant revolution of views on the economic development of human society. Through a new point of view and thinking pattern, Consumption Capitalization Theory analyzes that consumption is also a driving force pushing the Society Economy development as production.

The previous economists including some economists who have won the Nobel Prize have a common theoretic defect: they emphasize production while neglect consumption. They have analyzed the significant effect of production on the economic development of human society from the high level of capital, but neither is that of consumption. They have carried out in – depth research on production and production capital, and explained in detail about the attributes, effects and significance of production capital, but never put forward a theory which systematically reveals the power of consumption and Consumption Capital.

In fact, the ultimate purpose of the economic development of human society is consumption. Production and consumption are two sides of a coin. Analyzing the economic development of the society only from production is a unilateral and partial analysis. Only the analysis of drive forces of the Society Economy development is done from the angle of both production and consumption, as could be comprehensive and scientific.

The reason why previous economists have this common defect in their theories lies in unbalanced premise of their theoretic research. The premise of their research is "the production process of commodities" rather than "the whole process of commodity economy". Taking "the production process of commodities" as the premise, they focus on studying "the preparation link of production" and "the production link of commodities", rather than "the consumption link". In other words, they focus on studying "the preparation process of the commodity production" and the "production process of commodities", while neglect studying "the consumption process of commodities" and its great effect, where the defect of the traditional theories of market economy lies in.

Therefore, the premise of the theoretic research of market economy should be the "whole process of commodity economy" rather than the "production process of commodities". Otherwise, its research and the research achievements will necessarily be insufficient.

The establishment of consumption capital and the foundation of Consumption Capitalization Theory system is another important breakthrough of capital theory in 21st century. It is the third revolution of capital theory and a new milestone in the history of capital theory.

Thus, people realize that there are three capital forms in the process of market economy development. In fact, three capital forms have already existed since the beginning of economic development of human society. They come to emerge in turn with different phases of economic development advancing. My contribution is as follows: we define clearly the connotation of three forms of capital which has already been pointed out, and reveal the content and structure of new economic theory as an integrated theoretical system according to interaction between three capitals and their operating characteristics and rule as well. So far we rebuilt a complete and new capital theory system. Therefore, Consumption Capitalization Theory is the symbol of the formation of the new theoretic system of market – oriented economy.

Ⅲ Consumption Capitalization Theory perfect and develop the Market Economy Theory, which is the symbol of the formation of the new market economy theory

In the in – depth research of Consumption Capitalization Theory, human capital is further analyzed and raised to knowledge capital, which further perfects the market economy capital constitution system thereby. It is a significant breakthrough to the market economy capital theory. From this, it is put forward the new Economic Growth Pattern with three kinds of capital interacting and jointly pushing the Society Economy development. Therefore, we complete the construction of the new market economy theory system.

We can see that there are two basic features of the new market – oriented economic theory: one is that an integrated market economy is constituted of money capital, knowledge capital and consumption capital; the other is that Economic Growth Pattern features in many capital factors jointly pushing the Society Economy development.

The establishment of Knowledge Capital and the initiation of Consumption Capitalization Theory is a great achievement of the continuous development of market – oriented economy theories. It not only impels the development of all nations' market – oriented economy effectively, but also develops the market – oriented economic theory itself into a new phase because it breaks through the old market – oriented economic theory system from two aspects: the constitution of market – oriented economic capital and Economic Growth Pattern. As it were, the initiation of Consumption Capitalization Theory is the symbol of the formation of new market – oriented economic theory.

Ⅳ Consumption Capitalization Theory reveals the secret of the formation of enterprises' profit—A great discovery of human society

The establishment of new capital theory system, especially the initiation of Consumption Capitalization Theory, reveals the whole real process of commodity economy, thereby it reveals and reasons scientifically the secret of the formation of social fortune and enterprise's profit which had been evaded and unrevealed by former economists.

The reason is that the premise of the theoretic research of market economy in this new era is the "whole process of commodity economy" rather than the only "production process of commodities".

The "whole process of commodity economy" includes the following three links or three stages:

Production capital accomplishes its liability after purchasing production sites, raw materials and machine elements. This is the preparation process of commodity production;

Engineers, technicians and craftsmen (workers) transform raw materials and machine elements into products in the production places. This is the process in which knowledge capital takes effect, namely production process;

Only after entering into the market and being purchased by consumers can the products realize their value and profit. This is the consumption process of commodities. This process is completed by consumers—the carrier of consumption capital.

(ⅰ) The capital constitution of market – oriented economy should include three components money capital, knowledge capital and consumption capital rather than the sole money capital;

(ⅱ) Social wealth, certainly including profits of enterprises is jointly created by money capital, knowledge capital and consumption capital;

(ⅲ) Carriers of the three kinds of capital, i. e. the owners of them, should jointly participate in the distribution of social wealth and enterprises' profits;

The analysis of this process reveals the whole actual process of commodity economy sufficiently, as well as the secret of formation of enterprises' profit. This new discovery essentially breaks the inequitable Distribution System which has been prevalent for several centuries, and establishes a stable theoretical basis to break through the inequitable distribution pattern ultimately. This is a great discovery of human society, hereby a new page of human's social life and economic development will be turned over.

V Consumption Capitalization Theory—A New Economic Operational System

From the history of market - oriented economy development, two Economic Operational Systems have appeared in turn up till now. One is the " Laissez - faire" system based on Mr. Adam Smith's economic theory; the other is the one based on Mr. Keynes' economic theory, which emphasizes on governments' function in the course of economic operation.

Essentially both of the Economic Operational Systems are based on production - oriented theory. The former emphasizes on "Laissez - faire", whereas the latter on regulation and control, so that the production can be put in a good order. However, they have no substantial differences in terms of Economic Growth Pattern, Business Pattern, Enterprise System and Distribution System.

Whereas Consumption Capitalization Theory believes that the ultimate purpose of the social production is consumption, and production and consumption are two sides of a coin. Analyzing the economic development of the society only from production's point of view is a unilateral and partial analysis. Only when the analysis of drive forces of the Society Economy development is done from the angle of both production and consumption, could it be comprehensive and integral.

New Economic Operational System based on Consumption Capitalization Theory has essential differences from the traditional Economic Operational System in terms of Economic Growth Pattern, Business Pattern, Enterprise System and Distribution System. Thereby, it is a bran new Economic Operational System.

New Economic Operational System includes New Economic Growth Pattern, New Business Pattern, New Enterprise System and New Distribution System. The main point of new Economic Operational System is that the purpose of accelerating the economy development of human society is achieved by adjusting and perfecting the Economic Growth Pattern; The basic model of new Economic Operational System is transforming from the traditional growth Pattern with the single money capital developing the economy, to the growth Pattern with money capital and knowledge capital combining, and then to a new growth Pattern with three kinds of capital interacting; while the Economic Growth Pattern— "Consumption Capital guiding, Knowledge Capital innovating and Money Capital pushing" is the pith and soul of the New Economic Operational System.

1. New Economic Growth Pattern

Economic Growth Pattern means the composition of the driving force of countries, regions and corporations' economic development and forms of their functions. The transformation of Economic Growth Pattern is the change of the composition of economic development's driving force, as well as the change of the forms of their functions. Only when the Economic Growth Pattern is transformed, could the economy of countries, regions (including enterprises) make a breakthrough in the development and achieve a qualitative advancement, so as to enter a bran new developing phase.

Under this new Economic Operational System, money capital, knowledge capital and consumption capital are the motive force driving the economic growth. Therefore, the Economic Growth Pattern is multivariate as well. Transforming from the traditional growth Pattern with the single money capital developing the economy, to the growth Pattern with money capital and knowledge capital combining, and then to a new growth Pattern with three kinds of capital interacting, is a general tendency which the economic development practice of all market economy countries in the world should necessarily follow, and is a very important economic development law of market – oriented economy.

2. New Business Pattern

Entering into the new century, the market – oriented economy has completed the transition from the sellers' market to the buyers' market, which is the symbol of the end of the era in which sellers (manufacturers and commercial enterprises) predominate in the market. The era, in which buyers (consumers) predominate in the market and both buyers (consumers) and sellers (manufacturers and commercial enterprises) cooperate equally, has begun. The Business Pattern which is suitable for the sellers' market has been proved out of date. New era needs new Business Patterns to promote the development of market – oriented economy.

New Business Pattern is different from the old one. Former Business Patterns merely have "One content and One process", i. e. the single content and process of commodity transaction. The whole process is accomplished as soon as the payment between buyers and sellers is settled. However, new Business Pattern has "Two contents and Two processes" . One is commodity transaction, the other is profits distributing between buyers and sellers. Because most of consumers' payments flow into the next operating and manufacturing process and turns into capital, thus yields some profits. Therefore Commercial Enterprises and Manufacturers should return a certain proportion of these profits to consumers.

New Business Pattern's operational procedure is as follows: Sort out the dispersed, scattered, unplanned needs of consumers and turn them into methodic, large – scale, classified ones through "Ground net" (Chain Store) and "Sky net" (E – business), and then provide them for suppliers. The suppliers provide goods in terms of the classified needs and send the goods to consumers through logistics. This could make the whole trade process more effective, fast and convenient, and at the same time it offers a potential to make immense profit. After trading, sellers distribute a certain proportion of the enterprise's profits back to the consumers according to their amount of consumption.

3. New Enterprise System and New Distribution System

Because the profit of enterprises is made jointly by three types of capital, the owners of the three types of capital should all participate in profit distribution. This will be the theoretical foundation for establishing the new equitable Distribution System. This new fair Distribution System will break the unequitable distribution pattern which has been prevalent for a long time, and ultimately solve the problem of unfair distribution.

A new composite capital incorporated company which involves three types of capital, can be established on the basis of this theory as an Enterprise System supporting the new equitable profit distribution pattern. Three types of capital jointly push the development of enterprises and the right of their owners will be protected under this kind of system. As a new Enterprise System, it will end the history of the old Enterprise System represented by single money capital limited liability companies established in 1602, and mark a new epoch in the history of enterprises' development in the world.

Ⅵ Consumption Capitalization Theory will accomplish Quantification of Knowledge Capital and Consumption Capital—an important cosmopolitan frontier subject

The establishment of new capital theory system, especially the proposal of Consumption Capitalization Theory and the redefinition of Knowledge Capital make it possible to quantify Knowledge Capital and Consumption Capital, and will accomplish an important cosmopolitan front – line subject on Quantification of Knowledge Capital and Consumption Capital. The quantification of three capitals and the evaluation of their functions will provide accurate quantized illustrations of the capital invested by nations, regions and enterprises for their economic growth, which is of great actual significance to the economic development of nations, regions and enterprises.

Moreover, the quantification of Knowledge Capital and Consumption Capital will effectively impel the in – depth study and development of other economic subjects, such as Econometrics, Statistics, Accounting and other relative subjects.

China World New Economic Research Institute has been engaged in a long – term and in – depth study on the quantification of Knowledge Capital and Consumption Capital, and has already made substantial progress. At the end of this November, the HR management information system based on the Quantification of Knowledge Capital will be developed and come on the scene for the first time.

Dear experts and friends present, Consumption Capitalization Theory has attracted great attention and received adequate acceptanceby economists all over the world as soon as it was put forward. Our institute hopes to further strengthen exchanges and cooperation with Sloan School of Management, Massachusetts Institute of Technology and other universities, research institutes in the United States as well, so as to provide new theoretical guidance for the economic development of human society in the new century.

At last, with regards to Consumption Capitalization Theory, what I would like to say most is: "Consumers of All Countries, Unite!"

Thank you!

知识资本量化研究的重要意义

——在澳门特别行政区生产力暨科技转移中心学术报告会上的演讲

2008 年 4 月 9 日于澳门

尊敬的杨俊文主席，尊敬的刘本立会长，尊敬的潘婉仪委员，尊敬的澳门科技大学校长，各位专家、各位来宾，女士们、先生们：

十分感谢澳门特别行政区生产力暨科技转移中心对世界新经济研究院和对我本人的盛情邀请，使我有机会就当代新资本理论，尤其是知识资本量化研究，同在座的各位进行有益的交流。

今天，我在中国澳门特别行政区科学与实践相结合的最高组织和管理机构——澳门生产力暨科技转移中心的讲坛上，向澳门各界人士，也向世界各国经济学家、政府领导人、企业家提出我的新的理论见解。

人类社会自 20 世纪下半叶以来，发生了急剧的变革，一种新的经济形态——知识经济渐渐显露并显示出强劲的发展势头。在知识经济社会，知识的生产率日益成为一个国家、一个行业、一家企业竞争的决定性因素，而不再是以体力劳动者为主的劳动生产率。当知识成为创造产品和服务来获得经济利润的资源时，知识也就成为知识资本；相应地，知识资本对经济发展的贡献成为人们关心的话题，而解决这一问题的关键就是能够量化知识资本。

知识资本量化研究的应用范围非常广泛，不仅可以应用在宏观上，用来统计资本积累总量，还可以应用在微观上，对于企业内部管理也具有重要意义。知识资本量化研究的重大作用具体如下。

第一，知识资本量化研究有助于精确量化国家或地区的投资规模，明确国民经济或地区经济中运行着的资本总量；为国家、地区和企业经济成长从资本构成方面提供了非常精确的量化说明，这将调动多种资本的效用，推动国家、地区和企业经济发展；也有利于调整资本构成，为下一个经济发展高峰积累经验，有助于提高三种资本的投资效益。

第二，知识资本量化有助于国家、地区建立新的经济运行体系和实现经济发展方式转型。新的经济运行体系和经济发展方式转型都是以市场经济的三种资本形态即消费资本、知识资本和货币资本为运行载体，因此对知识资本进行量化为国家、地区建立新的经济运行体系和企业实现经济增长方式转型提供了必要条件。

第三，知识资本量化有助于建立新企业制度。我们要建立货币资本、知识资本和消费资本三种资本综合的股份公司，就必须能够用货币资本量化知识资本，这样才能衡量知识资本载体和消费资本载体所占股份比例大小，从而构建三种资本综合的股份公司。

第四，知识资本量化可以从宏观层面、中观层面、微观层面提高国家、地区和企业的管理水平。将知识资本所有者拥有的知识资本进行量化，清晰地计算出知识资本值的大小，以便建立明确的知识资本长效激励机制，使知识资本所有者能够参与企业利润分配。这样才能激发知识资本所有者的积极性，使知识资本的创造力充分发挥出来。

以前员工只能作为基层的劳动者，而在知识资本长效激励机制之下，他们可以分享企业长期发展的成果，逐渐成为企业的主人。在这种激励机制下，员工产生一定的回报预期。这在很大程度上激发了员工的工作热情，彻底改变了被动的工作态度，使员工活跃起来，大大提高了他们的积极性和主动性。此外，知识资本长效激励机制会使员工自觉地提升业务水平，不断追求工作的完美和高效，从而提升了企业整体的绩效水平，同时促进了组织结构的优化，增强了企业凝聚力。员工对企业的忠诚度增强，主人翁意识也会不断增强。

第五，为经济学分支学科如计量经济学、会计学和统计学等的进一步发展创造了条件。

总之，知识资本量化研究带来理论上、制度上和思想上的创新，它是世界上最前沿的研究课题之一，是一个国家、地区的创新亮点，为社会的各个层面和领域带来了新内容。

世界各国知识资本量化方法的比较分析

——在第四届中国—东盟企业家交流研讨会上的讲话

2008 年 12 月 8 日于北京

尊敬的会议主席，尊敬的王利文秘书长，尊敬的国内外专家：

很高兴同各位专家就知识资本量化问题进行交流。各国专家在发言中对本次会议的中心议题有如下几种表述：知识经济、无形资产、知识产权、智力资本、知识资本及对它们的核算。对一个议题有五种表述，这充分说明，我们面对的议题正处于深入研究的过程中，对它的研究还远没有结束，也充分说明本次研讨会的必要性和重要意义。

我想简要地谈以下几个问题：①关于知识产权制度；②关于知识资本内涵的界定；③知识资本量化方法[①]。

我院将知识资本量化研究的目标分为四个层次，这四个层次依次是个人知识资本量化研究、组织（机构、企业等）知识资本量化研究、地区知识资本量化研究和国家知识资本量化研究。

指导思想：本项目开发和研究的指导思想就是新的资本理论体系，即市场经济资本构成包括货币资本、知识资本和消费资本三种资本，是三种资本共同作用推动着社会经济的发展。

基本思路：由于个人是知识资本的最终载体，本项目研究将以个人知识资本量化研究为出发点，这可以为我们对组织、地区和国家的知识资本量化研究打下坚实的基础。因为只有充分研究单体的知识资本的量化后，才可以进一步研究企业、地区和国家的知识资本总量。

为了对单体知识资本进行量化，必须设定知识资本的指标体系，以这个指标体系为基础，利用层次分析法进行数学建模，可以求出每个单体的知识资本的含量。这个测评指标系统将由要素系统和指标体系组成。具体如下。

（1）建立单体知识资本测评体系，其中包括要素系统和指标体系。

---

① 关于知识产权制度、知识资本内涵及知识资本量化方法的内容参考上一篇文章，在此不做累述，中加新世纪（北京）科技开发有限公司关于知识资本量化研究的内容。

（2）知识资本量化模型。①用语义差别隶属度赋值法将定性指标量化并赋值。为避免主观判断所引起的失误，增加定性指标的准确性可采用语义差别隶属度赋值方法，将定性指标分成1、3、5、7、9五个档次（同等的、好的、较好的、明显好的、极端好的），并对每个档次内容所反映指标的趋向程度提出明确、具体的要求，建立各档次与隶属度之间的对应关系。每档根据指标内容的趋向程度对应指标评价值1~9分不等，即第一档（极端好的）对应指标评价值为9分，第二档（明显好的）为7分，第三档（较好的）为5分，第四档（好的）为3分，第五档（同等的）为1分。②用模糊隶属度赋值法将定量指标无量纲化处理。按照对评价对象作用方向的不同，定量指标可分为正指标（要求数值越大越好）和适度指标（要求适中为好）。可以采用模糊数学中的隶属度赋值方法，给出正指标与适度指标的无量纲化处理公式。公式中以定量指标所适用的评分制中的最大值、最小值和平均值为标准，进行无量纲化处理，将定量指标原值转换成指标平均值。③用判断矩阵确定评价指标的权重系数。知识资本评价体系中的每个指标的重要性程度是不同的。知识资本的层次结构建立以后，上下层元素之间的隶属关系就确定了，AHP（层次分析法）还要求分析者对每一层元素相互之间的重要性给出判断，即确定每一层元素的相对权重系数。

我的建议如下。

（1）由与会的各国专家组成一个关于知识资本量化的专家委员会，轮流在各参与国定期举行会议。

（2）建立由参与国专家组成知识资本研究中心，进一步全面、深入地研究知识资本量化，并取得共识，形成世界统一的量化标准和量化方法。

（3）分别在各参与国建立知识资本交易中心，以便在实践中推广、运用研究成果，推动经济发展。

（4）加强参与国组织和个人的互访，同时可以就有关专题项目进行双边或多边合作。

谢谢！

附录二

部分媒体报道*

量化知识资本　提升知识产权价值

《中国知识产权报》2012 年 2 月 3 日

21 世纪以来，世界经济发生了深刻的变化。知识经济以其独特的魅力登上了社会经济发展的历史舞台。知识的迅速传播和知识资本的广泛应用，为新时期经济发展注入了强大的动力和无限的活力。作为知识经济的重要组成部分，知识产权可以实现对知识自身不可替代和无限增值等特征的体现，所以知识产权的出现是人类对知识价值认识的深化。

然而，知识到底能有多大的力量？知识资本该如何精确计量？这还有待知识资本量化研究这一前沿课题在理论和应用上进一步的创新。世界新经济研究院经过多年研究，开创性地提出了知识资本的计量单位、知识资本的计量标准以及知识产权等创新成果的量化原理和计量模型，并在理论创新基础上着手创新成果的推广应用。

一、资本量化迫在眉睫

在 21 世纪，人们清晰地看到，各国国民经济知识化水平越来越高，每个经济元素包含的知识和科技含量的比重越来越大。知识生产率日益成为国家、地区和企业经济发展的关键因素和主导力量，而不再是以体力劳动为主的劳动生产率。这标志着世界经济已经进入知识经济发展阶段。人类深刻地认识到，在物质产品生产过程之外，还存在着知识产品的生产过程。知识产品有力地推动着国家、地区和企业经济发展，成为一种崭新的资本力量和新的资本形态，即知识资本。知识资本与传统的货币资本不同，它是一种清洁的、

* 本附录汇集了部分新闻媒体的报道，包含《中国知识产权报》整版报道。

无污染的资本，可以无限复制，对货币资本发挥着点石成金的倍加效应，它将创造出比货币资本更高的利润率。

正是为了发挥知识在经济发展中的作用，人们制定了知识产权制度，将知识成果以货币资本的形式进行量化之后在市场上流通。然而，在这个时期，知识还未能成为真正的资本。因为知识产权是知识资本的成果，而不是知识资本本身。知识资本的很多成果，是无法完全用知识产权的方式表现的，它所能表现的只是一部分成果，即可以购买和流通的那些成果。在知识产权制度下，更大程度上是由货币资本代行知识资本的职责，而不是让知识资本本身参与管理并承担责任。货币资本所有者仍然是企业的控制者、企业责任的承担者和企业利润的享有者。

然而，在经济发展过程中，知识资本的作用已经十分重要，能够承担企业更多的责任和义务，也要求在企业中获得更大的权益。但是，人们——包括货币资本的所有者和知识资本的所有者自身——都还没有充分认识到这一点，而仅仅把知识资本的所有者看作货币资本的代理人，对知识资本尚未能发挥重大作用的原因，归咎于代理人。人们想了很多办法，试图解决代理人问题，但是由于缺乏清晰的科学理论支撑，人们无法抓住问题的实质，也就无法真正将知识资本的活力解放出来。因此，必须将知识产权体制转化为知识资本体制，才能充分发挥知识资本的作用，也才能使市场经济真正迅速地发展起来。而这就需要我们量化全部知识资本，而不仅是一部分知识成果。

知识资本量化是让知识资本在实际运用中真正发挥最大作用的关键性问题，但这一问题目前尚未得到彻底解决，这成为阻碍知识资本进一步促进经济发展的瓶颈。

二、对知识资本内涵的界定是量化的基础

货币资本实际上是以货币形态表现的生产资本，它包括在产品和服务的创造过程中，可以用货币购入的所有物质性的投入。知识资本是以知识形态表现的资本，包括在产品和服务的创造过程中，所有知识性、技术性的投入。消费资本是以消费形态表现的资本，包括在产品和服务的消费过程中，所有由消费者创造的市场力量及其价值表现。它是货币资本和知识资本之外的第三种资本形态。

知识资本分为广义的知识资本和狭义的知识资本。广义的知识资本是指

以人或其知识成果为载体所凝聚的知识资本总量，包括人力、管理、技术、经验及与之相应的知识与科技成果等要素。狭义的知识资本是指以人或其知识成果为载体的知识总量在工作岗位上一定期间内释放出来的现值，它包括员工积累的知识和技能的应用，以及正在创造的知识及其相应的成果等。

事实上，在进行知识资本量化过程中，普遍的观点认为，知识资本包括人力资本、结构性资本和顾客资本，其中顾客资本是指市场营销渠道、顾客忠诚度、企业信誉度等经营性资产，实际上这就是一部分消费资本，只不过人们还没有充分认识到消费资本的作用，而未能把它与人力资本和结构性资本相区分并提炼出来。

三种资本内涵的界定，尤其是知识资本和消费资本概念的提出，是对资本理论的又一次突破。它使人们对于知识资本的认识达到一个崭新的高度，为精确测量每个个体所拥有的知识资本量打下了基础，对我们进行知识资本量化研究具有重要的指导意义。

三、相关标准有待统一

目前，各国专家，包括美国、瑞典、法国、英国等国专家，提出的知识资本量化方法有二十几种。

纵观已提出的量化方法，主要有两条思路：一是宏观方法。这种方法是把企业的知识资本作为一个整体来估算。如美国的斯图尔特提出的市场余额法：无形资产 = 公司市值 - 有形净资产的账面价值。这种方法对企业的知识资本所包括的具体项目未做分类计算和说明，因而无法了解企业知识资本的具体构成，其实用性不是很大。二是微观方法。这种方法把知识资本分为各类独立项目，如美国哈佛商学院的卡普兰和诺顿提出的平衡计分卡，主要指标包括财务、流程、学习与成长、顾客。又如瑞典学者 Edvinsson 和 Malone 提出的斯堪地亚知识资本测评法，包括五个指标：财务、人力、创新、流程、客户。这类量化方法存在越位问题，把非知识资本值计入在内，比如客户或者顾客，显然属于消费资本，而不是知识资本。英国学者布鲁金提出的科技中介法把市场资产计入在内，存在同样的问题。

总体来看，知识资本量化存在如下几个问题：①知识资本计算结果不准确，与企业实有的知识资本量不符；②在量化方法上，缺乏统一的量化标准，因此，其计算结果在不同的国家和地区的可比性不大；③大多数量化方法都不是以知识资本单位的量化为研究的起点，而是以企业组织知识资本总体的量化为研究起点，这不科学，也就是说，我们还有待建立关于知识资本量化的相关理论支持。

四、计量方法更趋优化

世界新经济研究院以新的资本理论体系，即市场经济由货币资本、知识资本和消费资本三种资本构成为指导思想，以个人知识资本量化为出发点，开创性地提出了知识资本的计量单位和计量标准。因为个人是知识资本的最终载体，只有全面研究单体的知识资本量化后，才可以进一步研究企业、地区和国家的知识资本总量。

研究中，我们提出了知识资本计量单位的中文名称为“知量”，英文名称为“KC（Knowledge Capital)”。这是在世界知识资本量化研究史上第一次提出的知识资本的计量单位。由此我们可以准确地计量和表示知识资本成果和知识资本所有者拥有的知识资本的数量。知识资本的计量标准是指知识资本所有者通过智力劳动凝结一个标准计量单位的知识资本含量所需要的社会平均必要劳动时间。社会平均必要劳动时间是指在现有的社会正规的教育和培训条件下，在社会平均的研究水平和研究难度下，形成一个标准计量单位知识资本含量所需要的劳动时间，而不是某个单体知识资本所有者在个别情况下完成研究所需要的劳动时间。

在此基础上，我们提出了知识产权和发明专利的量化原理和计量模型。将所有的知识资本所有者的成果，包括拥有著作权的作品、拥有专利的技术及其他创新成果等都折合成社会平均必要劳动时间的量，就可以使不同领域、不同类型的专家的成果具有统一的计量标准赋值，就可以具有统一的计价标准，进而计算该项成果的货币值。

作为这一创新理论的实际应用成果，目前推出的《企业知识资本量化长效激励机制管理系统》软件集知识资本量化与管理研究的最新成果于一身，将引导知识资本在世界各个国家、地区、企业经济发展中广泛应用，使企业的分配制度真正具有公平性、客观性和激励性。

知识资本量化研究

《今日中国论坛》2009 年第 10 期

知识资本量化研究，有助于准确量化国家、地区和企业在经济发展过程中运行着的资本总量。为国家、地区和企业经济成长从资本构成方面提供非常精确的量化说明，对于解决国家、地区和企业经济发展提速，优化资本结构，充分发挥知识资本和消费资本的作用具有重大意义。

在探索知识资本量化的过程中，各国经济学家、管理专家和财务专家提出了许多富有建设性和具有一定可操作性的核算方法和模式，但也存在某些问题，尚需要深入研究并予以解决。

一、关于知识产权制度

在经历了约 300 年的工业经济之后，20 世纪 80 年代以来世界经济进入知识经济时代。知识以其独特的魅力登上经济舞台，成为未来经济发展的主导力量之一。资本的内涵和外延不断更新，知识资本日益对企业的发展起决定作用。因而确认知识资本，将其引入资本核算是未来经济发展的基本要求。

在知识经济时代，知识生产率日益成为国家、地区和企业竞争力的决定性要素。当知识能够生产产品和服务并创造利润时，知识也就成为知识资本。它将与货币资本一起共同推动经济发展。与此相应，知识资本对经济发展的贡献便成为人们关注的焦点，并引发人们对知识资本量化研究的关注。

尽管货币资本推动经济增长的速度是惊人的。但是单纯依靠货币资本发展经济很快就遇到了“瓶颈”。因为货币资本的不断增长，带来的是资源消耗的不断加速。因此，很快就出现有限的资源无法继续支撑经济高速增长需要的局面。

于是，为了人类社会进一步的发展，人们发现了新的支柱——知识经济。通过以知识的投入代替资源的投入来支撑社会经济持续快速增长。

为了发挥知识在经济发展中的作用，人们制定了知识产权制度，将知识的成果以货币资本的形式进行量化之后在市场上流通。然而，在这个时期，知识还未能成为真正的资本。由于知识产权是知识资本的成果，而不是知识资本本身。知识资本的很多成果，是无法完全用知识产权的方式表现的，它所能表现的只是一部分成果，即可以购买和流通的那些成果。在知识产权制度下，更大程度上是由货币资本代行知识资本的职责，而不是让知识资本本身参与管理并承担责任。因此，也就无法真正将知识资本的活力充分解放出来。我们认为必须将知识产权体制转化为知识资本体制，才能充分发挥知识资本的作用，也才能使市场经济真正迅速地发展起来。而这就需要我们量化全部知识资本，而不仅是一部分知识成果。所以说，知识资本量化是经济学理论发展到今天必须解决的问题，也是市场经济发展到今天必须解决的问题。

二、关于知识资本内涵的界定

在研究知识资本量化过程中，遇到的第一个问题就是市场经济究竟有几种资本，各种资本的内涵，特别是知识资本的内涵，应如何界定？它究竟有哪些部分组成？既不能遗漏，也不能把非知识资本计入在内。

有不少经济学家对经济发展现象有许多困惑之处，比如对经济增长速度和资本积累速度不成比例的困惑。这是因为传统的经济理论认为，推动经济发展的只有一种资本，即货币资本，而没有意识到知识资本和消费资本的存在，没有对这两种资本进行量化，因此，在统计资本总规模时，没有核算出这两种资本的数量，并计入在内。所以才会有资本积累规模增速不大而经济发展速度增幅却很大的这种迷惑。造成这种迷惑的根本原因是原有的资本理论落后于时代，落后于经济发展的实践。

在传统的经济学理论中，人们认为推动经济发展的只有一种资本，即货币资本。但市场经济发展的实践说明，事实并非如此。人们通过对市场经济发展史的研究，逐渐认识到：完整的市场经济应包括货币资本、知识资本和消费资本三个重要部分。而不是单一的或者唯一的货币资本。

根据这一结论，我在 2005 年 3 月初，应卡塔尔国第一副首相兼外交部部长的邀请，出席在多哈举行的第五届民主与贸易国际会议上，曾经指出，进入 21 世纪，各个国家、城市、企业将面临并且可以拥有三种资本，即货币资本、知识资本和消费资本，而不是单一的或者唯一的货币资本。这一理论将化解城市和企业发展过程中的资本短缺问题，而有力地推动经济发展。

进入 21 世纪，世界经济发生了深刻的变化。国家、地区和企业经济发展的背景较之以前有了本质的不同。一是市场经济已经完成了由卖方市场向买方市场的过渡，在买方为主的市场经济发展阶段，消费对生产和经济发展的制约作用日益凸显。因此，我们在今后的经济发展中，必须高度重视消费资本的重大作用。二是国民经济知识化程度越来越高，各经济元素中的知识和科技含量越来越大，知识的作用日益凸显。所以，在今后的经济发展中，必须高度重视知识资本的作用。因此，长期以来，强调单一依靠货币资本发展经济的传统的市场经济理论已经过时。

消费资本论的提出，是新的市场经济理论形成的标志。新的市场经济理论认为，完整的市场经济构成包括三种资本，经济发展方式也应该是多元的。所以，解决国家、地区和企业经济发展所需要的资金问题，总的思路应当是继续充实货币资本，高度倚重知识资本，大力开拓消费资本。由单一的货币资本发展经济的传统发展方式，转化为货币资本和知识资本相结合的发展方式，再转化为“消费资本导向、知识资本创新、货币资本推动”的三种资本融合、联动的新型发展方式，是全世界各个市场经济国家经济发展所必然遵循的总的趋势，也是市场经济一条非常重要的经济发展规律。在这样的历史背景下，对于知识资本和消费资本的研究显得颇为重要。

三、世界各国知识资本量化研究方法综述

目前，各国专家，包括美国、瑞典、法国、英国等国专家，提出的知识资本量化方法有二十几种。

纵观已提出的量化方法，主要沿着两条思路展开。

一是宏观方法。这种方法是把企业的知识资本作为一个整体来估算。如美国斯图尔特先生提出的市场余额法：

$$\text{无形资产} = \text{公司市值} - \text{有形净资产的账面价值}$$

这种方法对企业的知识资本所包括的具体项目未做分类计算和说明，因而无法了解企业知识资本的具体构成，其实用性不是很大。

二是微观方法。把知识资本分为各类独立项目，如美国哈佛商学院的卡普兰和诺顿提出的平衡计分卡，主要指标包括财务、流程、学习与成长、顾客。

又如瑞典学者 Edvinsson 和 Malone 提出的斯堪地亚知识资本测评法，包括五个指标：财务、人力、创新、流程、客户。这类量化方法存在越位问题，把非知识资本值计入在内。比如客户或者顾客，显然属于消费资本，而不是知识资本。

英国学者布鲁金提出的科技中介法也存在着同样问题，他是把市场资产计入在内。

总体来看，关于知识资本量化方面存在如下几个问题。

一是计算结果不准确，与企业实有的知识资本量不符；二是在量化方法上，缺乏统一的量化标准，因此，其计算结果在不同的国家和地区的可比性不大；三是大多数量化方法都不是从单体知识资本的量化为研究量化的起点，而是从企业组织这种知识资本总体的量化为研究起点，这不是很科学，说明还有待于建立关于知识资本量化的相关理论支持。

首先是知识资本内涵的界定。货币资本实际上是以货币形态表现的生产资本，它包括在产品和服务的创造过程中，可以用货币购入的所有物质性的投入。而知识资本是以知识形态表现的资本。包括在产品和服务的创造过程中，所有知识性、技术性的投入。

知识资本分为广义的知识资本和狭义的知识资本。广义的知识资本是指以人或其知识资本成果为载体所凝聚的知识总量，包括人力、管理、技术、经验及与之相应的知识与科技成果等要素。狭义的知识资本是指以人或其知识成果为载体的知识总量在工作岗位上一定期间内释放出来的现值，它包括员工积累的知识和技能的应用，以及正在创造的知识及其相应的成果等。

消费资本是以消费形态表现的资本，包括在产品和服务的消费过程中，所有由消费者创造的市场力量及其价值表现。它是货币资本和知识资本之外的第三种资本形态。

我之所以列出三种资本内涵界定的内容，是因为在进行知识资本量化过程中，有一种广为流传的观点，认为知识资本包括人力资本、结构性资本和顾客资本，其中顾客资本是指市场营销渠道、顾客忠诚度、企业信誉度等经营性资产，实际上这就是一部分消费资本，只不过人们还没有充分认识到消费资本的作用，而未能把它与人力资本和结构性资本相区分并提炼出来。

四、世界新经济研究院关于知识资本量化的研究方法

将知识资本量化研究分为四个层次，这四个层次依次是：①个人知识资本量化研究；②组织（机构、企业等）知识资本量化研究；③地区知识资本量化研究；④国家知识资本量化研究。

本项目开发和研究的指导思想就是新的资本理论体系，即市场经济构成

是由货币资本、知识资本和消费资本三种资本构成，是三种资本共同作用推动着社会经济的发展。

由于个人是知识资本的最终载体，因此，本项目研究将以个人知识资本量化研究为出发点，这可以为我们对组织、地区和国家的知识资本量化研究打下坚实的基础。因为只有研究单体的知识资本量化，才可以进一步研究企业、地区和国家的知识资本总量。

为了对单体知识资本进行量化，首先必须设定知识资本的测评指标体系，以这个指标体系为基础，利用层次分析法进行数学建模，可以求出每个单体的知识资本的含量。这个测评指标系统将由要素系统和指标体系组成。

建立单体知识资本测评体系，其中包括要素系统和指标体系。

知识资本量化模型。①用语义差别隶属度赋值法将定性指标量化并赋值。为避免主观判断所引起的失误，增加定性指标的准确性可采用语义差别隶属度赋值方法，将定性指标分成五个档次，并对每个档次内容所反映指标的趋向程度提出明确、具体的要求，建立各档次与隶属度之间的对应关系。②用模糊隶属度赋值法将定量指标无量纲化处理，将定量指标原值转换成指标平均值。③用判断矩阵确定评价指标的权重系数。知识资本评价体系中的每个指标的重要性程度是不同的。知识资本的层次结构建立以后，上下层元素之间的隶属关系就确定了，并对每一层元素的相互之间的重要性给出判断，即确定每一层元素的相对权重系数。

综上所述，我认为中加新世纪（北京）科技开发有限公司的关于知识资本量化的研究方法将对于相关单位和学者进一步开展知识资本研究和实践有重要的借鉴意义和现实意义。

中国知识资本量化之父——世界新经济研究院院长陈瑜教授

李春佳　李元元　本刊记者/曹宇婷

《世界英才》2014 年第 109 期

陈瑜，著名经济学家，教授。蜚声国内外的著名学者，经济学领域大成者，著作颇丰，理论独树一帜，形成了一个科学的、系统的、完整的经济学理论体系，在业界享有崇高声誉。陈瑜教授提出的消费资本论是世界经济史上革命性的里程碑式的创新，对我国经济和世界经济发展都将产生深刻的影响，具有重大的理论价值和对实践的指导意义。陈瑜教授被誉为“影响中国经济改革十大思想者”“世界杰出华人成就奖”和“消费资本之父”。

原始创新，一石千浪

消费资本论的提出，是人类社会经济发展的一次重大革命，是突破西方传统经济学理论的局限提出的新的资本理论。它科学地论证了消费转化为资本的过程，提出消费即是投资，并以完整的理论体系把社会经济发展中消费和消费资本的力量系统地揭示出来，从而在世界经济学说史上第一次提出消费资本这一新的资本形态。这是人类社会的一次重大发现，由此将揭开人类社会生活和经济发展的新的一页。消费资本论又是资本理论创新的里程碑，是21世纪资本理论的重大突破，它重建了完整的新的资本理论体系。消费资本论是新的资本理论体系完成的标志。

2006年，陈瑜教授将其三年多的理论研究成果结集为《消费者也能成为资本家——消费资本论的理论与应用》（以下简称《消费资本论》），并正式出版。一石激起千层浪，书的出版在经济学界以及社会各界引起了广泛的回响。短短3个月的时间，2万册即销售一空，到2007年6月，销量已达8万册。

消费资本化理论一经推出，即在中国的经济理论界引起了强烈的反响和重视，中央电视台、新华社等中国重要的媒体竞相报道，很多城市和企业相继邀请陈瑜教授做演讲和培训。2005年3月，卡塔尔国第一副首相兼外交部部长专门邀请陈瑜教授参加当月在多哈举办的第五届民主与贸易国际会议，陈瑜教授关于消费资本化理论的演讲，受到了与会各界的广泛赞誉，演讲稿被收入大会文件汇编。各国有关高等院校和社团组织，如美国麻省理工学院、澳大利亚悉尼大学以及澳大利亚金融家学会等纷纷发来邀请函请陈瑜教授去做报告。

陈瑜教授获得了广泛的赞誉和荣誉，商务部黄进博士高度评价陈瑜教授的消费资本论对中国和世界经济发展的重大意义和作用。陈瑜教授2005年荣获“中国十大财智英才奖”；2007年荣获“中国当代思想成就奖”和“世界杰出华人成就奖”，并被评为世界杰出华人；2008年荣获“国际创意产业杰出人物奖”；2009年荣获“共和国功勋人物奖”；2010年荣获“中国管理大奖——

终身成就奖”以及联合国开发计划署颁发的“联合国千年发展目标——人类经济社会进步奖”。

天道酬勤，硕果累累

2014 年，陈瑜教授出版了《陈瑜文选》一书。该书详细阐述了消费资本论在国民经济中各行业的应用。全书从思想原理到方法论、从方法论再到实践应用，阐述了一个完整的经济学理论体系，对世界经济的发展具有重大理论价值和实际意义。该书还全面地阐述了中国特色社会主义市场经济的定位、基本内容、基本特征和发展的基本规律，为社会主义市场经济理论的建设奠定了坚实的理论基础。

陈瑜教授在该书中提出的新经济运行体系，对中国经济和世界经济的发展具有重大的理论导向的意义：提出的新企业制度——“综合资本股份有限公司”，将结束 1602 年荷兰始建的、流行几百年的单一货币资本股份的传统企业制度，开启综合资本股份有限公司崭新的企业制度的新纪元；提出的新分配制度，将从源头上、从国民收入第一次分配解决分配不公、贫富悬殊、两极分化的问题；阐述的知识资本量化管理，是全球瞩目的、世界性的前沿课题，将带来管理科学的一场深刻的革命；关于消费养老的构思，为我国解决养老问题寻找到一条切实有效的出路。陈瑜教授指出，文化创意产业是人类社会经济发展动力转型的重大的历史性标志，是社会知识产品生产过程规模化的历史性开端。

陈瑜教授现任世界新经济研究院院长。在他的带领下，世界新经济研究院顺应市场经济发展的需要，坚持理论与实践相结合，将学术研究与经济发展进行结合，理论研究与城市、地区、企业经济发展实际相结合，提出了新的市场经济理论、新经济运行体系、新经济发展方式、新商业模式、新企业制度以及新分配制度等许多创新的思路、理念和解决方案。目前中加新世纪（北京）科技开发有限公司研发的《企业知识资本量化长效激励机制管理系统》软件，为企业核定员工基础工资、绩效工资、分红以及股份分配提供了重要的科学依据。此外，研究院提出的农业硅谷试验区的设计和方案，对于解决“三农”问题、社会主义新农村建设问题和广大农村实现小康目标有着十分重要的意义。

陈瑜教授的消费资本论诞生以来，经过了实践的检验，日臻完善，广泛应用于各个领域，包括文化创意产业、国企改革、民企改革、人力资源管理、智慧城市建设等。作为世界新经济研究院院长，陈瑜教授带领研究院的队伍，以民间资本为载体，为我国社会经济的发展做出了巨大贡献。

消费资本，造福全球

知识资本量化研究是目前全球瞩目的、世纪性的前沿课题，具有无限的科学价值和实际意义。它不但是重大科技创新，还将对国家、地区和企业经济的发展产生不可估量的作用。

中加新世纪（北京）科技开发有限公司被评为“中关村高新技术企业”“中国信息化服务创新标杆企业”“全国质量、服务、信誉 AAA 级信用单位”。

2013 年，该公司完成并正式发行了《企业知识资本量化长效激励机制管理系统》软件标准版。软件在 2012 年获得“中国科技创新最佳发明成果奖”，被中国北京国际科技产业博览会列为重点科研项目和重点科技产品，受到社会各界广泛的关注和高度评价，尤其深受企业界的高度认可和欢迎。建立在知识资本量化基础上的薪酬制度和管理机制，弥补了多年以来企业只有货币资本基础上的薪酬体系的不足。这是新时期企业管理一场深刻的改革，它将大大提升我国企业管理的现代化水平。这对调动企业员工的积极性、增强企业活力和动力、大幅度提高经济效益具有非常重要的意义。

进入 21 世纪，世界经济形势发生了深刻的变化，市场经济已经进入新的发展阶段，我们应当用新的市场经济理论，作为今后世界经济和金融发展的理论导向。传统的经济时代已经结束，新经济和新金融时代已经到来。“消费资本导向、知识资本创新、货币资本推动”的三种资本融合、联动共同推动经济发展的模式，将是市场经济国家发展所必然遵循的总趋势，也是市场经济发展的基本规律。

在党的十八届三中全会提出的各项决议的指引下，中国经济、金融业的发展正在进一步全面深化。我们可以通过应用消费资本理论来调整资本结构，化解我国经济和世界经济发展中的深层次问题。在此基础上，进一步调整相关的世界性事务的体制和规则，包括国际金融体系和规则，我们就可以把金融危机这一“焦点”变成世界经济发展的转折点和新起点，变成一个改变世界经济发展模式的机遇，开创国际金融和世界经济健康发展的新纪元。

新的金融体制从中国开始，新的世界经济发展模式也将由中国引领。

附录三

全球首届知识资本高峰论坛与会代表讲话

备受瞩目的全球首届知识资本高峰论坛于2009年8月22日至23日在北京隆重召开。本届论坛由知识资本国际联盟和世界新经济研究院建议发起，由国家知识产权局知识产权发展研究中心、中国产学研合作促进会、中国软科学研究会、中国高科技产业化研究会、北京知识产权保护协会、AREOPA国际集团、知识资本国际联盟联合主办。来自五大洲20多个国家的200多名专家学者、政府相关负责人、企业界代表云集一堂，共同探寻知识经济推动经济发展的规律和机制，以及知识资本在化解全球金融危机中的能量和作为。著名经济学家、第十届全国人民代表大会常务委员会副委员长成思危出席论坛并发表了重要讲话，国家科技部党组成员副部长吴忠泽、国家知识产权局副局长甘绍宁、香港知识产权署署长谢肃方到会致辞并发表讲话。会议由我国著名经济学家、知识资本国际联盟主席、世界新经济研究院院长陈瑜教授主持并发表主旨演讲。

与会专家学者和企业精英围绕论坛主题进行了广泛而深入的交流。大家一致认为，20世纪后半叶以来，世界经济发生了深刻的变化，一种全新的经济形式——知识经济正疾步向我们走来。它以其独特的魅力登上了社会经济发展的历史舞台。在知识经济时代，知识资本成为推动各国经济发展的关键资源和主导力量。知识资本的被认识使企业的所有制发生了前所未有的变化，以新型知识管理与知识分配为主要内容的企业制度开始形成，并深刻影响未来社会的所有制结构。知识资本理论的兴起，为人们认识经济发展的规律与机制、分析当前的经济危机提供了新的视角。

与会专家学者指出，人类社会从未如此深刻地感受到“知识就是力量”的真正含义，知识资本理论研究已经成为世界范围内的世纪性课题。面对世界性金融危机，越来越多的专家正在摆脱传统经济理论的束缚，用一种全新的，更加全面、科学的视角和思维，审视当今世界经济发展，积极为自己的

国家和全世界尽快化解危机难题寻找新的理论，探索世界经济发展的新途径。

此次论坛是一次高规格的国际性峰会，它具有全球性、学术性和紧密联系实际的特征。因此，本届论坛对于知识资本理论建设和世界经济发展，具有十分重要的意义。

第一，本届论坛为中外知识资本专家搭建了一个广泛的交流平台。专家们集聚一堂，共同探讨，充分吸纳和整合世界各国知识资本的研究成果，总结和研究知识资本推动经济发展的经验及其发挥作用的机制。这对知识资本理论建设与实际应用具有十分重要的意义。它标志着关于知识资本理论与应用的研究已经从初期分散的局部研究阶段，进入相对集中的全面系统研究阶段。这是知识资本理论与应用研究的一个飞跃！

第二，这是展示几十年来，特别是近几年知识资本理论与应用最新研究成果的重要平台。它为各个国家、地区和企业分享和应用最新成果提供了便利条件。这对世界经济和各国经济的发展具有重要意义。众所周知，应用知识资本理论研究的最新成果，一方面可以推动人们已经认识到的知识资本迅速而高效地发挥作用，促进国家、地区和企业经济的快速发展；另一方面可以发掘和激活蕴藏在各个国家、地区和企业中的知识资本存量，进一步增强国家、地区和企业经济的发展活力，走出全球金融危机所造成的困境，迎接知识经济时代的新机遇。

第三，此次峰会还将呼唤和推动各国知识资本专家联合起来、组织起来。经济全球化使我们成为“地球村”的近邻，也让我们告别了以往孤立的、单兵作战式的研究方法。为了更好地完成我们共同的历史使命，我们应当携起手来，组建一个统一的研究团队，形成知识资本国际联盟。

大家一致认为，在当前的情况下，从知识资本的角度分析和回答世界经济发展出现的问题，是理论工作者共同的责任和迫切的任务。一方面要从理论根源上反思几百年来传统经济学理论的缺陷及其与全球经济危机的关联，大胆创新，敢于突破，积极为新时代经济发展提供新的科学的理论；另一方面要贴近生活和实际，积极探索知识资本与货币资本、消费资本的有机融合，共同推动经济发展机制，同企业家一道把已经认识到的知识资本迅速而高效地运用于实践，促进国家、地区和企业摆脱危机和快速发展。同时，帮助企业想办法发掘和激活蕴藏在世界各个国家、地区和企业中的沉睡的知识资本，进而提升整体的核心竞争力，以化解全球金融危机所带来的各种困难，共同迎接知识经济时代带来的机遇和挑战。

在全球知识资本和知识资本量化研究史上，这是规模最大的一次高峰论坛，国内外大部分顶尖级知识资本专家都出席了本次会议，而且做了学术演讲，对于知识资本和知识资本量化的深入研究，起到了巨大的推动作用。这是一次具有里程碑意义的会议，对今后世界知识资本和知识资本量化研究，将产生十分积极而深远的影响。

举办这次论坛的经验告诉我们：可以用这样一种集思广益的论坛的方式，将关注知识资本的各界人士有机联系在一起，共同研究和探讨现阶段知识资本研究成果及未来发展方向。知识资本论坛将会作为我们总结和开拓知识资本研究的重要方式。

通过对知识资本的探求，我们深知：发展知识经济离不开从事知识资本研究的专家学者、熟悉知识资本运用的企业各界人士以及为知识资本研究与运用营造有利政策环境的政府官员的共同参与。本次邀请的国内外知识资本专家学者将围绕主题从各自研究和实践的角度进行深入探讨与交流，分享经验和成果。

“全球首届知识资本高峰论坛演讲集”将成为这一历史过程的记录。真诚感谢各位演讲者在本次论坛上所做的精彩演讲！

在全球首届知识资本高峰论坛上的开幕词

陈　瑜

论坛组委会主席、知识资本国际联盟主席、世界新经济研究院院长

尊敬的成思危副委员长，尊敬的诸位大使先生，尊敬的各位贵宾、各位专家、企业家和新闻界朋友，女士们，先生们：

经过长时间的酝酿和准备，在中国政府有关主管部门和海内外专家以及社会各界人士的积极参与和大力支持下，全球首届知识资本高峰论坛今天隆重开幕了！

我代表大会组委会、大会各主办单位，对成思危副委员长、各位贵宾，以及来自五大洲的专家、企业家的光临，表示衷心的感谢和最热烈的欢迎！

今天是一个具有里程碑意义的历史性时刻，在中华人民共和国首都北京

举行的全球首届知识资本高峰论坛，云集了数百名来自各国研究知识经济和知识资本的顶尖级专家、企业精英和国家政要。这是一次世界范围的“群英会”，也是世界知识资本的一个盛大节日。让我们共同预祝本届大会取得圆满成功。

女士们，先生们！

进入21世纪，世界经济发生了深刻的变化，一种全新的经济形式——知识经济正疾步向我们走来。它以其独特的魅力登上了社会经济发展的历史舞台。在知识经济时代，知识资本成为推动各国经济发展的关键资源和主导力量。它一经出现，就展示出对社会经济发展的巨大威力，并立即向传统经济发展模式发起挑战，引起各国政府领导人、企业家的高度关注，也激发了世界各国专家学者对知识经济和知识资本的研究热情。

人类从未像现在这样深刻地感受到“知识就是力量”的真正含义。知识的迅速传播和知识资本的广泛应用，为新时代的经济发展注入了强大的动力和无限的活力。人们越来越深刻地意识到单一货币资本主宰世界经济发展的时代已经结束，货币资本、知识资本和消费资本共同发挥作用的复合资本时代正在到来。

今天，知识经济、知识资本的研究已成为全球范围的世界性课题。面对世界性金融危机，越来越多的专家正在摆脱传统经济理论的束缚，用一种全新的，更加全面、更加科学的视角和思维，审视当今世界经济发展，积极为自己的国家和全世界尽快化解危机寻找新的理论，探索世界经济发展的新途径。

本届论坛对于知识资本理论的建设和世界经济发展，具有十分重要的意义。

首先，本届论坛为中外知识资本专家搭建了一个广泛的交流平台。专家们集聚一堂，共同探讨，充分吸纳和整合世界各国知识资本的研究成果，总结和研究知识资本推动经济发展的经验及其发挥作用的机制。这对知识资本理论建设与实际应用具有十分重要的意义。它标志着关于知识资本理论与应用的研究已经由初期分散的局部研究阶段，进入相对集中的全面系统研究阶段。这是知识资本理论与应用研究的一个飞跃！

其次，这是展示几十年来，特别是近几年知识资本理论与应用最新研究成果的重要平台。它为各个国家、地区和企业分享和应用最新成果提供了有利条件。这对世界经济和各国经济的发展具有重要意义。众所周知，对知识资本理论研究最新成果的应用，将使人们把已经认识到的知识资本迅速而高效地应用于实践，有利于促进国家、地区和企业经济的快速发展；同时可以发掘和激活蕴藏在世界各个国家、地区及企业中的知识资本存量，进而提升国家、地区和企业在知识经济时代的核心竞争力，以化解全球金融危机所带来的挑战，共同迎接知识经济时代新的机遇和挑战。

再次，本届峰会将呼唤和推动各国知识资本专家联合起来、组织起来。经济全球化使我们成为“地球村”的近邻，也让我们告别了以往孤立的、单兵作战式的研究方法。为了更好地完成我们共同的历史使命，我们应当携起手来，组建一个统一的研究团队，形成知识资本国际联盟。

女士们，先生们！

作为知识资本领域规格最高、规模最大、最具权威性和影响最广泛的专业论坛，本次论坛将充分体现理论与实践相结合的原则，将知识资本的理论研究成果充分应用于国家、地区和企业经济的发展。在本次论坛上，中外专家、企业家将激情对话，尽情展现学术的绚丽火花与商业的无限活力。本次论坛将设定主题演讲、圆桌会议、分会讨论、精英对话、晚宴、酒会等多种形式，全面阐释论坛各项会议议题，我衷心希望本次论坛能够成为促进各个国家、地区和企业科学规范地开发利用知识资本的盛会。让我们共同努力，为推动中国知识资本的开发利用，建设中国特色的经济发展新纪元贡献力量！

最后，预祝全球首届知识资本高峰论坛取得圆满成功。谢谢大家！

在全球首届知识资本高峰论坛上的演讲

陈　瑜

论坛组委会主席、知识资本国际联盟主席、世界新经济研究院院长

尊敬的各位专家：

很高兴同各位专家就知识资本量化问题进行交流。我想简要地谈以下几个问题：知识产权制度，知识资本内涵的界定，知识资本量化方法。

一、关于知识产权制度

在经历了约300年的工业经济之后，20世纪80年代以来世界经济进入知识经济时代。知识以其独特的魅力登上经济舞台，成为未来经济发展的主导力量之一。资本的内涵和外延不断更新，知识资本日渐对企业的发展起决定性作用。因而确认知识资本，将其引入资本核算是未来经济发展的基本要素。

在知识经济时代，知识生产率日益成为国家、地区和企业竞争力的决定性要素。当知识能够生产产品和服务并创造利润时，知识也就成为知识资本。它将与货币资本一起共同推动经济发展。与此相应，知识资本对经济发展的贡献便成为人们关注的焦点，并引发人们对知识资本量化研究的关注。

尽管货币资本推动经济增长的速度是惊人的，但是单纯依靠货币资本来发展经济很快就会遇到“瓶颈”。货币资本的不断增长带来的是资源消耗的不断加速，因此有限的资源将无法继续支撑经济的高速增长。

于是，为了人类社会进一步的发展，人们发现了新的支柱——知识经济：通过以知识的投入代替资源的投入来支撑社会经济持续快速增长。

为了发挥知识在经济发展中的作用，人们制定了知识产权制度，将知识的成果以货币资本的形式进行量化之后在市场上流通。然而，在这个时期，知识还未能成为真正的资本。由于知识产权是知识资本的成果，而不是知识资本本身。知识资本的很多成果，是无法完全用知识产权的方式表现的，它所能表现的只是一部分成果，即可以购买和流通的那些成果。在知识产权制度下，更大程度上是由货币资本代行知识资本的职责，而不是让知识资本本身参与管理并承担责任。因此，知识资本的活力也就无法真正充分释放出来。我们认为必须将知识产权体制转化为知识资本体制，才能充分发挥知识资本的作用，也才能使市场经济真正迅速地发展起来。而这就需要我们量化全部知识成果，而不仅是一部分知识成果。所以说，知识资本量化是经济学理论发展到今天必须解决的问题，也是市场经济发展到今天必须解决的问题。

二、关于知识资本内涵的界定

（一）市场经济的资本构成

在研究知识资本量化的过程中，首先遇到的问题就是：市场经济究竟有几种资本？各种资本的内涵，特别是知识资本的内涵应如何界定？关于市场经济究竟由哪些部分组成，我们既不能遗漏，也不能把非知识资本计入在内。举例来说，我们在计算张三家的资产时，不能把李四家的财产也算在他的名下。

有不少经济学家对经济发展现象有许多困惑之处，比如对经济增长速度和资本积累速度不成比例的困惑。这是因为传统的经济学理论认为，推动经济发展的只有一种资本，即货币资本，而没有意识到知识资本和消费资本的存在，没有对这两种资本进行量化，因此，在统计资本总规模时，没有核算出这两种资本的数量，并计入在内。所以才会有资本积累规模增速不大而经济发展速度增幅很大的困惑。造成这种困惑的根本原因是原有的资本理论落后于时代，落后于经济发展的实践。

在传统的经济学理论中，人们认为推动经济发展的只有一种资本，即货币资本。但市场经济发展的实践说明，事实并非如此。人们通过对市场经济发展史的研究，逐渐认识到：完整的市场经济应包括货币资本、知识资本和消费资本三个重要组成部分，而不是单一的货币资本。

根据这一结论，我在 2005 年 3 月底，应卡塔尔国第一副首相兼外交部部长的邀请，出席在多哈举行的第五届民主与国际贸易大会时曾经指出，进入 21 世纪，各个国家、城市、企业将面临并且可以拥有三种资本，即货币资本、知识资本和消费资本，而不是单一的货币资本。这一理论将化解城市和企业发展过程中的资本短缺问题，而有力地推动经济发展。

关于这一理论，在这里我不想做详细阐述。各位专家可参阅我于 2006 年 3 月出版的《消费资本化理论与应用》（广西科学技术出版社出版）、2006 年 12 月出版的该书英文版 *Consumption Capitalization Theory and Its Applications* 以及 2008 年 11 月出版的《消费资本论》（中国统计出版社出版），也可以参阅我于 2007 年 10 月在美国麻省理工学院斯隆商学院所做的关于消费资本论的演讲。

（二）知识资本的量化方法

进入 21 世纪，世界经济发生了巨大的变化。国家、地区和企业经济发展的背景较以前有了本质的不同。一是市场经济已经完成了由卖方市场向买方市场的过渡，在以买方为主的市场经济发展阶段，消费对生产和经济发展的制约作用日益凸显。因此，我们在今后的经济发展中，必须高度重视消费资本的重大作用。二是国民经济知识化程度越来越高，各经济元素中的知识和

科技含量越来越高，知识的作用日益凸显。所以，在今后的经济发展中，必须高度重视知识资本的作用。因此，长期以来，强调单一依靠货币资本发展经济的传统的市场经济理论已经过时。

消费资本化理论的提出，是新的市场经济理论形成的标志。新的市场经济理论认为，完整的市场经济资本构成包括三种资本，经济发展方式也应该是多元的。所以，解决国家、地区和企业经济发展所需要的资金问题，总的思路应当是继续充实货币资本，高度倚重知识资本，大力开拓消费资本。由单一的货币资本发展经济的传统发展方式，转化为货币资本和知识资本相结合的发展方式，再转化为“消费资本导向、知识资本创新、货币资本推动”的三种资本融合、联动的新型发展方式，是全世界各个市场经济国家经济发展所必然遵循的总的趋势，也是市场经济一条非常重要的经济发展规律。在这样的历史背景下，对于知识资本和消费资本的研究显得颇为重要。

目前，各国专家提出的知识资本量化方法有二十几种。纵观已提出的量化方法，主要沿着两条思路展开。

一是宏观方法。这种方法是把企业的知识资本作为一个整体来估算。如美国斯图尔特提出的市场余额法：

无形资产 = 公司市值 - 有形净资产的账面价值

这种方法对企业的知识资本所包括的具体项目未做分类计算和说明，因而无法了解企业知识资本的具体构成，其实用性不是很大。

二是微观方法。这种方法把知识资本分为各类独立项目，如美国哈佛商学院的卡普兰和诺顿提出的平衡计分卡，主要指标包括财务、顾客、流程、学习与成长。又如瑞典学者 Edvinsson 和 Malone 提出的斯堪地亚知识资本测评法，包括五个指标：财务、人力、创新、流程、客户。这类量化方法存在越位问题，把非知识资本值计入在内，比如客户或者顾客，显然属于消费资本范畴，而不是知识资本。英国学者布鲁金提出的科技中介法存在同样的问题，这种方法把市场资产计入在内。

总体来看，在知识资本量化方面存在如下几个问题。

（1）知识资本计算结果不准确，与企业实有的知识资本量不符。

（2）在量化方法上，缺乏统一的量化标准，因此，其计算结果在不同的国家和地区的可比性不大。

（3）大多数量化方法都不是以知识资本单位的量化为研究的起点，而是以对企业组织的知识资本总体的量化为研究起点，这不是很科学。说明我们还有待于建立关于知识资本量化的相关理论支持。

（三）知识资本内涵的界定

货币资本实际上是以货币形态表现的生产资本，它包括在产品和服务的创造过程中，可以用货币购入的所有物质性的投入。而知识资本是以知识形态表现的资本，包括在产品和服务的创造过程中，所有知识性、技术性的投入。

知识资本分为广义的知识资本和狭义的知识资本。广义的知识资本是指以人或其知识成果为载体所凝聚的知识总量。它包括人力、管理、技术、经验及其相应的知识与科技成果等要素。狭义的知识资本是指以人或其知识成果为载体的知识总量在工作岗位上一定期间内释放出来的现值。它包括员工积累的知识及其成果的应用，以及正在创造的知识及其相应的成果等。

消费资本是以消费形态表现的资本，包括在产品和服务的消费过程中，所有由消费者创造的市场力量及其价值表现。它是货币资本和知识资本之外的第三种资本形态。

我之所以列出三种资本内涵界定的内容，是因为在进行知识资本量化过程中，有一种广为流传的观点，认为知识资本包括人力资本、结构性资本和顾客资本，其中顾客资本是指市场营销渠道、顾客忠诚度、企业信誉度等经营性资产，实际上这就是一部分消费资本，只不过人们还没有充分认识到消费资本的作用，而未能把它与人力资本和结构性资本相区分并提炼出来。

三、知识资本量化方法

（一）各国知识资本量化主要研究方法

知识资本量化研究，将有助于准确量化国家、地区和企业经济在发展过程中运行着的资本总量；为国家、地区和企业经济成长从资本构成方面提供非常精确的量化说明，对于解决国家、地区和企业经济发展提速、优化资本结构、充分发挥知识资本和消费资本的作用具有重大意义。

在探索知识资本量化过程中，各国经济学家、管理专家和财务专家提出了许多富有建设性和具有一定可操作性的核算方法和模式，但也存在某些问题，尚需要深入研究予以解决。

美国的主要研究方法：①平衡计分卡；②成本法；③市场余额法；④经济价值增益模式；⑤人力资源损益法；⑥知识资本盈余法。

瑞典的主要研究方法是无形资产监测法。

英国的主要研究方法是科技中介法，用三种方法来计算知识资本的价值：①成本法；②市价法；③收益法。

其他一般计算方法主要为现金流量折现法。

（二）中加新世纪（北京）科技开发有限公司的知识资本量化研究

1. 知识资本量化研究的四个层次

我公司将知识资本量化研究的目标分为四个层次：①个人知识资本量化研究；②组织（机构、企业等）知识资本量化研究；③地区知识资本量化研究；④国家知识资本量化研究。

本项目开发和研究的指导思想就是新的资本理论体系，即市场经济是由货币资本、知识资本和消费资本三种资本构成的，是三种资本共同作用推动着社会经济的发展。

由于个人是知识资本的最终载体，本项目研究将以个人知识资本量化研究为出发点，这可以为我们对组织、地区和国家的知识资本量化研究打下坚实的基础。因为只有研究单体的知识资本量化，才可以进一步研究组织、地区和国家的知识资本总量。

2. 单体知识资本量化

为了对单体知识资本进行量化，首先必须设定知识资本的测评指标体系，再以这个指标体系为基础，利用层次分析法建模，可以求出每个单体的知识资本的含量。这个测评指标体系将由要素系统和指标体系组成。

（1）建立单体知识资本测评指标体系，其中包括要素系统和指标体系。

（2）知识资本量化模型。①用语义差别隶属度赋值法将定性指标量化并赋值。为避免主观判断所引起的失误，增加定性指标的准确性可采用语义差别隶属度赋值方法，将定性指标分成五个档次，并对每个档次内容所反映指标的趋向程度提出明确、具体的要求，建立各档次与隶属度之间的对应关系。②用模糊隶属度赋值法将定量指标无量纲化处理，将定量指标原值转换成指标平均值。③用判断矩阵确定评价指标的权重系数。知识资本评价体系中的每个指标的重要性程度是不同的。知识资本的层次结构建立以后，上下层元素之间的隶属关系就确定了，并对每一层元素的相互之间的重要性给出判断，即确定每一层元素的相对权重系数。

最后，我的建议如下。

第一，成立知识资本量化的专家委员会，轮流在个参与国定期举行会议。

第二，由与会的各国专家组成知识资本研究中心，进一步全面、深入地研究知识资本量化，并取得共识，形成世界统一的量化标准和量化方法。

第三，建立知识资本交易中心，以便在实践中推广、运用新的研究成果，更好地推动市场经济发展。

第四，加强各国之间的组织和个人的互访，同时可以就有关专题项目进行双边或多边合作。

谢谢。

当前知识产权保护中的几个重要问题

毛金生

国家知识产权局知识产权发展研究中心主任

一、知识产权保护与金融危机

金融危机下，贸易保护主义有所抬头，中国企业面临的知识产权竞争加剧，对中国企业的知识产权纠纷增多。

2009 年以来在美国遭遇知识产权纠纷的公司，如表 1 所示。

表 1　　美国遭遇知识产权纠纷公司汇总

公司名称	联想集团有限公司（以下简称联想）	UT 斯达康	华为技术有限公司（以下简称华为）	中兴通讯股份有限公司（以下简称中兴）	海尔集团（以下简称海尔）
遭遇知识产权纠纷的次数	8	6	2	3	3
占历史总次数的比例	36%	37.5%	66%	75%	50%

企业加强知识产权保护力度是应对国际金融危机的重要手段。2009 年 1 至 7 月，我国对外贸易累计进出口总值 11467.1 亿美元，比 2008 年同期（下同）下降 22.7%。其中出口 6271 亿美元，同比下降 22%；进口 5196.1 亿美元，同比下降 23.6%。一些具有较强的知识产权实力的企业也表现出了较强的抗风险能力。

以华为为例，在全球金融危机中，华为 2008 年仍然实现了高速增长，销售收入达 170 多亿美元，其中 75% 的销售收入来自海外市场。事实上华为目前已经在全球 22 个地区设有 100 多个分支机构，拥有 14 个研发中心、20 多个联合创新中心。2008 年，华为 PCT（专利合作条约）申请量居全球第一，累计申请专利超过 35000 件。

二、中国知识产权保护政策的思路

当前中国知识产权保护工作的基本特点是：①起点高；②效率高；③鲜明的双轨制。因此，强化知识产权执法力度是当前工作的主要方向。2008 年，随着《国家知识产权战略纲要》的颁布，知识产权保护工作被提到了战略高度。行政、司法机关正在为改善知识产权保护状况做出努力。

同时，我们也要避免走向过度的知识产权保护，知识产权保护应服务于经济社会的发展。因为过度的知识产权保护将使利益向权利人过分倾斜，导致竞争不足，使市场失去活力，创新的动力不足。尤其是过度的知识产权保护会诱发“Patent Troll”现象的发生，对正常的经济活动产生严重干扰。

2003 年，美国司法部和联邦贸易委员会联合发布《专利保护与竞争政策的平衡》，指出美国专利保护过度的结果是导致“专利丛林”，后续的创新动辄得咎。

英国知识产权委员会的报告指出，知识产权保护要和发展政策融合，知识产权保护强度要和经济发展水平相适应。

三、近期中国知识产权保护的重点工作

一是大力实施《国家知识产权战略纲要》中确定的关于知识产权保护的战略任务；二是关注外向型企业开拓国内市场中的知识产权保护问题；三是做好企业“走出去”的知识产权保护工作。

香港如何利用知识资本向股东汇报增值情况

谢肃方

香港知识产权署署长

一、香港对中小型企业创新支持情况

（一）香港中小型企业

根据香港政府统计处的统计，金融服务业、贸易和物流业、旅游业、专业及工商业支援服务业是香港经济的四大支柱行业。这四大行业是香港经济发展的驱动力量，为其他行业的发展提供动力，并创造了就业机会。香港 2007 年按当下生产成本要素计算的 GDP 是 15520 亿港元，其中有 9253 亿港元是由这四大行业贡献的（占 59.6%），2007 年这四大行业雇用员工人数占香港劳动力的 48%。

与这四大支柱行业不同，香港的中小型企业的情况更复杂。尽管四大行业拥有更大的经济影响力，香港的中小型企业依然是当地零售业和其他服务业的中坚力量。与此同时，他们也与内地的工业产品有着更紧密的整合，特别是在珠江三角洲地区。

根据香港特别行政区政府的相关消息，截至 2008 年 3 月，香港共有约 26.5 万个中小型企业，他们构成了香港本地 98% 的营业单位，占据了私营部门创造就业的 50%。

（二）对知识密集型企业的现有支持

香港在创造型产业方面具有优势，比如影视、设计、卡通和动漫、数字媒体技术、广告和建筑等行业。目前，有大约 3.2 万个与创造型产业相关的单位，雇用了超过 17 万的劳动力，每年为香港的 GDP 贡献 600 亿港元（约占 4%）。

香港特首领导了一个特别工作组研究经济挑战，该小组提出了六类需要得到特别关注的知识密集型组织（机构、企业等），分别为测试和认证研究、

医疗服务、创新科技、文化创意、生态环境和教育机构。这六类组织根据其对香港经济的重要性被认为最有潜力加入传统四大支柱行业。香港成立“创意香港办公室”，耗资3亿港元为这六类组织及其相关产业提供额外的支持。这个新成立的机构将会管理基金，并提供基金审批、营销和培养年轻的创造性人才等一站式服务。

在过去的10年里，香港政府投重资支持研发和创造型产业。数码港和科技园区的建立，为高科技产业与高水准的物流支持合作提供了大环境。连续数年，数码港和科技园区都为顶尖级的IT企业提供创业基地和知识产权服务，同样也为影视行业的研究和运作、本地研发和技术转让提供支持基金。

二、引入知识资本管理（Intellectual Capital Management，ICM）项目的原因

（一）创新及支持方面可能存在的差距

尽管香港政府在对香港中小型企业创新的支持方面做了很大努力，但是问题依然存在。比如早期的支持体系主要致力于：①为私人金融部门支持不足的领域提供合理的资金支持；②识别和消除创新产业发展中的政策性障碍；③在创新产业领域培训人才；④在香港有限的房屋市场中提供专业的创业基地。

除此之外，香港政府的政策并不是建立在一个鼓励建设性使用知识资源的理论构架之上的。

（二）香港知识产权署的公共教育项目

从1997年开始，香港知识产权署开始广泛开展宣传和教育工作，以期提升公众对知识产权保护重要性的意识。

考虑到香港中小型企业参与珠江三角洲地区经济活动的整合度问题，香港知识产权署在广东地方政府的帮助和支持下，为在珠三角地区重要经济中心运营的企业举行了一系列的研讨会。

针对目前的情况，香港知识产权署决定换个角度研究这些问题：预防远胜于治疗。在推广这种新方式的过程中，香港知识产权署逐步意识到建立理

论指导对支撑项目计划的好处，因此我们开始从理论基础和市场概念两方面同时修正知识资本管理项目。

三、中小型企业面临的问题

多年的项目经验帮助我们深刻地认识到本地区内中小型企业所面临的问题。因为我们的延伸项目以知识产权保护为中心，本地区中小型企业对知识产权的保护很自然地就成为我们的主要事情之一。

但是，知识产权保护体系的不足只是问题的一部分，中小型企业面临的问题更多地来自自身的管理缺陷，这些问题包括：①不清楚该保护何种知识资源；②缺乏知识管理架构或战略思考；③忽视风险评估方法；④对可利用的风险转移方法缺乏理解；⑤普遍不愿意投入管理支持；⑥倾向于仅在知识产权侵权行为发生之后才试图解决问题；⑦排斥采取诉讼和法律补救措施。

四、知识资本管理（ICM）项目的设计参数

知识产权署的项目与“创意香港办公室”等其他相关项目互补，设计了一个能被所有类型或规模企业采用的理论管理框架。

政府的 ICM 项目必须考虑到股东的价值和现实约束：①寻求以最小的财力和人力（8 个职员和 300 万港元的预算）为更多的组织提供信息；②服务是免费的；③致力于最大限度地为客户提供便捷服务，减少客户的时间投入（直接接触一般不超过 6 个小时），根据客户的条款为之提供服务；④项目时间约 12 个月；⑤提供战略选择，但是不提供战略和法律上的建议。

考虑到资源有限，目前该项目的客户群体主要定位在中小型企业，这些企业必须是香港本土的（因为项目的基金来自香港纳税人），并且为香港本地服务。

该项目计划联系 3 万家中小型企业，其中的 300 家可以完成这个项目。这些完成项目的企业将被授予“参与证书”，项目同时鼓励参与企业依据自己的情况编写知识产权报告。

1. 培训

该项目的最初阶段将对 8 个知识资本顾问进行培训。这些顾问都是从当地的劳务市场雇用的，签订为期 1 年的合同，他们拥有学位，具备金融服务背景和良好的本地中小型企业运作经验，他们能够熟练运用中文和英文两种

语言，并拥有良好的个人品质。

香港知识产权署对培训项目公开招标，香港理工大学中标，该学校提供了为期3周，包括实习和评估的培训课程。在指导培训项目的时候，来自瑞典和日本的国际专家也加入本地专家的行列。

2. 执行

咨询服务过程如下。

（1）第一轮的准备。

在开始之前，我们会准备一些公司的背景信息。基于这些资料我们开始准备第一轮的会谈。

（2）第一轮会谈。

我们的顾问去客户的办公室，第一轮的会谈，我们需要占用客户2～3小时的时间，来和客户一起讨论一个工作表。

（3）第二轮的准备。

我们分析第一轮会谈中得到的信息，并做出第一个草图或价值树用于跟客户研讨，同时我们打算跟客户商谈权重和风险。

（4）第二轮会谈。

我们会花费2～3小时向客户汇报我们的工作，并跟客户一起决定权重，一起分析风险，一起找到降低或规避风险的办法。

（5）客户的预期成果。

我们将提交一份书面的知识资本报告供内部参考，准备一份公开的知识资本报告提供给客户的股东。我们将预测并研究长期的专业服务以完善客户的项目。

支持上述行动的文件包括ICM 15概念的介绍、一个简单的服务协议和一个约束顾问职责的不公开协议。在准备与客户签订协议的过程中，知识产权署会向客户简要介绍不公开协议的性质、目的并保护私人数据。尽管陈述不是那么详尽，但是这是中小型企业培训过程的重要部分。

与“纯粹”的ICM顾问服务不同，知识产权署的方案包含促进知识产权管理的重要因素和保护措施，这是为企业降低与知识资本有关风险的一种工具。

3. 初步结果

该项目于2009年3月5日推出，在此前后，企业参与研讨会、公共广告、媒体报道、直接说明。

自从项目推出以来，178 家企业参与该项目，其中 151 家已经完成了该项目，5 家在准备知识资本报告。参与企业商业活动的范围包括：管理和资助服务，艺术，娱乐，生物科技，商业顾问和培训，建筑，设计，教育，电子和电子产品，环境，金融和保险服务，旅馆，健康和社会工作，进出口贸易，批发和零售，信息技术与通信，制造，资产管理，社会事业或非政府组织，运输、仓储和物流。

4. 顾问反馈

这些顾问在向香港中小型企业提供服务方面富有经验。客户可以自己决定选择合适的顾问来进行第一次会面，有时管理层也会参与进来，接触过程中会发现有些企业的委托人不是那么合适。顾问认为在一些小型企业中存在着员工对企业管理等方面理解水平不足的问题。

5. 客户回馈

目前为止，客户对本项目都持肯定的态度，但是也有一些回馈认为服务没有足够深入（我们恰恰认为这是积极的回应）。一些客户希望得到更深层次的一对一指导。

有时会存在一些误解，比如因为这项服务是由知识产权署提供的，就会有人认为，在个人侵权案例中这将有助于侵权方获得合法指导、注册专利和获得商标权等方面的协助。还有人会对计划中并不会包含的服务存在期盼，比如希望顾问能够以美元为单位来评估企业的知识资产。

许多客户有对案例研究和出版知识资本报告案例的需求，这样他们可以将其作为企业的参考或是说服企业高层的依据。目前，汉语版的高质量的知识资本报告尚未形成，客户希望出版这样的报告，但是这需要由顾问执笔。

五、结论

我们把该项目定位为“轻量级的知识资本管理”项目，显然没有打算将其作为成熟的知识资本管理项目。我们已经在 4 个月内签约了超过 120 家企业，这使我们很乐观地认为可以为该项目找到衡量指标体系。

我们的项目与其他政府扶持项目相互补充，并使用了一个与其他项目不同的视角：我们对什么是创造型产业没有预设概念。我们的项目关注的“创

造型产业可以是任何产业，只要管理者选择了去创造”。

我们相信知识资本管理可以：①提高中小型企业识别潜在的创新领域、谋求发展的能力；②提供能在未来方向方面做出更多有用决策的规则；③识别现有员工的价值和他们自身知识资本之间的差距；④指出企业知识资本的内在风险；⑤更好地评估可以保护知识产权的技术的价值；⑥制定可以预防知识产权侵权行为的策略，而不是在问题发生之后做修补。

创新型产业的发展需要政策的扶持，知识资本管理（ICM）项目具备理论基础，不过推进 ICM 项目并不像说起来那么容易。

在企业中发展创新产品和服务不一定要预设一个创造型产业名单。创新可以来自任何部门，采取任何形式。创新很可能来自车库，就像创新可以来自高科技园区一样。

ICM 项目既不难以掌握，也不需要巨大的资金投入。我们的“轻量级的知识资本管理”经验证明了企业管理者可以很容易地掌握项目的基本概念。在经过一个半小时的介绍后，大家就不会再问出“这是什么”的问题，而是思考“我为何要使用它”。这种简单的方法能有效地促进中小企业创新。

研究与实践：知识资本与新一轮产业革命

熊继光

上海艾赛软件科技有限公司总裁、国际软件自动化（上海）公司董事长

知识资本由人才资本、结构资本和市场资本三部分组成。其中，人才资本是核心，是企业价值实现和增值的重要基础。人才资本的价值，集中体现在企业的创新能力上，直接反映在企业产品与服务的竞争优势和市场效果上。

霍金说，21 世纪是复杂性世纪。率先以复杂性科学为利器实现本领域的技术、工程或者科学的革命，占据本领域的制高点的企业，其知识资本将实现数量级的增值而产生巨大的经济利益。对一个企业而言如此，对一个国家而言更是如此。

系统科学是继量子力学和相对论之后最伟大的科研成果，而复杂性科学则是系统科学的最新和最重大的进展，是 21 世纪科学的前沿，而不仅是学科

的前沿。

经典科学以还原论（认为系统整体是其各部分之和，采取将整体分解成各个局部，然后从各个局部出发来解决整体的问题）和线性化为核心，取得过辉煌的应用成果，但在处理复杂的非线性系统时，往往导致失败。

实际上，我们所面对的客观世界，本质上都是非线性的，因为它存在于动态的环境中，会与其所处的环境发生信息与能量和质量的交换，其发展过程是非线性的，会出现奇异点，发生突变——它们是新物种、新生命创生的源泉。

复杂性科学认为：事物的运动过程是不可逆的；不稳定性是普遍存在的；初始条件的微小变化可能产生惊人的放大作用（“蝴蝶效应”）；事物具有不确定性；系统的行为和特性由局部和整体共同决定；系统的自组织具有普遍性；事物有发生突变的普遍性；系统在远离平衡点时也可能达到稳定状态；适应性造就复杂性等。

一、预言

新一轮基于复杂性科学的更深刻、更广泛的总体性产业革命（随着认识的飞跃而涌现的各行各业各领域的求变需要，将导致全方位的总体性产业革命）的来临被预言，正是由于人们越来越认识到，事物、系统、社会、生态以及整个客观世界本质上都是非线性的、复杂的，都可能需要进行从原来基于线性过程和还原论的体系到基于非线性过程和复杂性科学的革命性体系的转移。这种全方位的广泛需求的涌现，意味着下一轮基于复杂性科学的产业革命，将不再是局限于某些个别产业、个别领域的产业革命，而是全产业、全方位、总体性的产业革命。

二、新一轮产业革命的体系转移通用工作框架——五维结构综合法的创立

复杂性科学还非常年轻，目前至少出现了六种比较流行的学派，包括系统动力学派、适应性系统学派、混沌学派、从定性判断到定量处理的综合集成学派（以钱学森院士和戴汝为院士为代表）、结构基础学派以及暧昧学派。各个学派的理论各有所长和比较适合的应用范围。显然，我们还很难应用复杂性科学的某个学派的单一理论来解决各行各业的所有复杂系统问题。但是，

如果我们综合各个学派所提出的理论之精华，形成普遍适用的基本原则集合作为应用指南，就可使之成为改造世界的利器。为此，本人创立了五维结构综合法（见图1），其相关的“五元”为主体、新体系、环境、对象/产业领域以及系统科学与复杂性科学原则（见图2）。

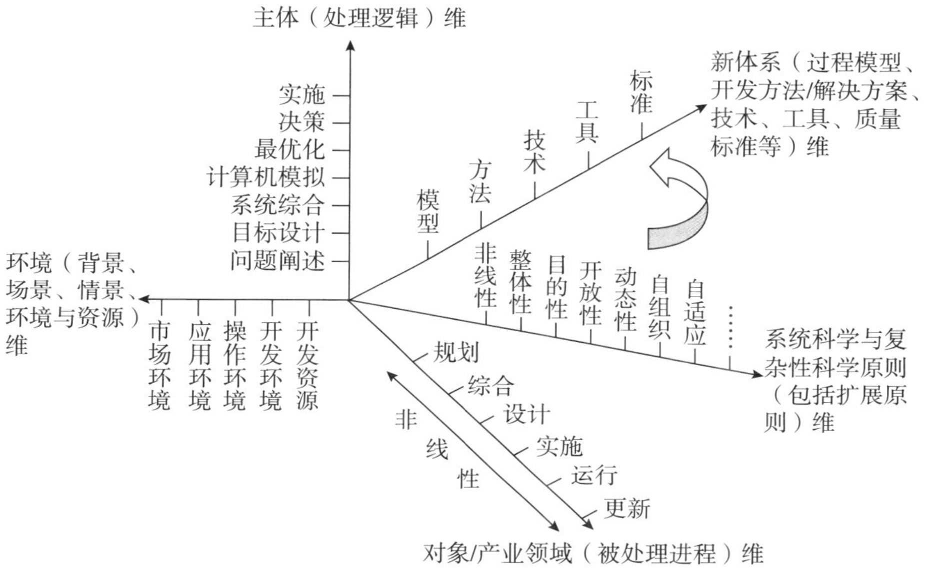

图1　五维结构综合法

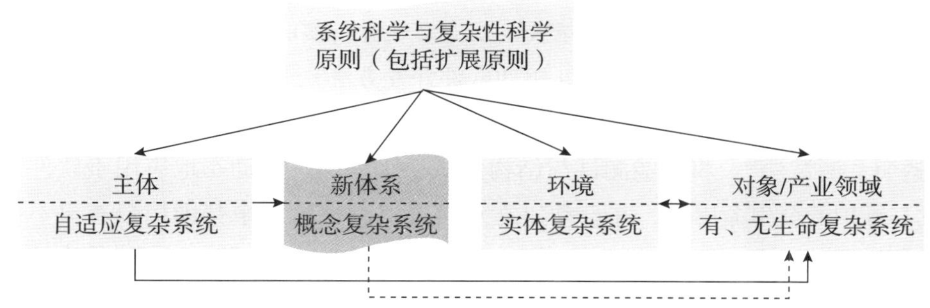

图2　五维结构综合法的“五元”及其相互关系转移通用工作框架

五维结构综合法不仅是各行各业的革命性体系转移的工作框架，也是完成了体系级转移后的系统级（解决各个具体的非线性复杂系统问题）的应用工作框架。其应用的要点是采取两步走的工作顺序，先以复杂性科学的一系列原则为纲，进行新体系的过程模型的创建、新开发方法或新解决方案的确立、新技术与新工具和新支撑平台的开发、新质量保证策略与措施和标准的制定等，然后在新体系被创立后，再用它来处理一个个具体的复杂系统问题。

三、“新一代基于现代系统科学与复杂性科学的非线性整体软件工程体系”的创立与产品化

传统的软件工程体系是基于线性过程和还原论的典型，存在着软件开发效率低、成本高、质量差、风险大等一系列严重缺陷，不仅至今软件项目的成功率只有40%左右，而且由于软件的错误而造成的IT灾难频频发生。因此，应用复杂性科学的辉煌成果来处理软件工程体系，并使用五维结构综合法实现软件工程体系的革命性转移，具有立竿见影的效果和重大意义。

于是，“新一代基于现代系统科学与复杂性科学的非线性整体软件工程体系”被创立。这一新体系简称NSE（Nonlinear Software Engineering）体系，遵从现代系统科学和复杂性科学的一系列基本原则，特别是其非线性原则和整体性原则（整体的行为与特性是通过其组成部分的相互作用而涌现的，是其各部分所不具备的），一切都从整体、全局出发。例如，即使仅修改了一行源码，都视之为对整个软件系统的修改，都要定量地（而不仅是定性地）找出它跟几个需求的实现有关，涉及几个模块的功能，关系到几个测试用例，影响到哪些文档等，从而预防该修改可能引起的不一致性错误的发生。

NSE体系是一个完整的软件工程新体系，由10个部分组成，包括NSE软件开发过程模型（非线性、增量式、双向多轨并行实时迭代模型）、NSE软件开发方法（缺陷预防与可追溯性驱动软件开发方法）、NSE软件质量保证体系（“以防为主”的软件质量保证体系）、NSE测试支撑体系（采用作者所创的“透明盒测试法”，将功能测试与结构测试融为一体，可动态地应用于软件开发与维护的全生命周期，并自动建立双向可追溯性机制来帮助用户查出不一致性错误）、NSE软件可视化体系、NSE软件维护支撑体系（实现软件维护的系统化与量化，主动预防软件修改不一致性副作用的引入）、NSE支撑工具与支撑平台（Panorama++和“艾赛银弹”，是NSE体系的产品化应用）等。在NSE体系下，“软件”被重新定义。“计算机软件，是指计算机程序与其相关数据和文档，以及在其开发与测试和质量保证过程中所建立的动、静态度量结果数据库，连同使用它们的一系列在线智能代理（Online Intelligent A-

gents，高度自动化与智能化工具），用以支持软件的可视性、可变性、可追溯性、可靠性、一致性以及测试过程与测试结果的动态可重现性，实现软件验收过程的全自动化和软件维护过程的系统化、量化与规范化，使软件成为一个人造的自适应复杂系统。”显然，这样定义和开发的软件，将成为云计算的坚实基础。

理论比较和初步的应用表明，NSE 体系能用于有效地解决软件开发效率低、成本高、质量差和风险大的一系列根本性问题，并有效地处理软件的复杂性、一致性、可视性与可变性，实现多、快、好、省的软件开发与维护，使软件维护工作量与费用（占了大多数软件开发组织 75% 甚至更多的总工作量与总费用）减少到原来的 1/3 左右（从原来盲目的、局部的软件修改维护，到系统化与量化软件修改维护，通过双向可追溯性机制主动预防软件修改副作用的发生），与新产品开发所占的比例差不多，相当于实现软件开发生产率加倍而成本减半。对于这一新体系感兴趣的朋友，请参见《新一代软件工程体系与实践——基于现代系统科学与复杂性科学的非线性整体软件工程体系及其应用》一书（2008 年 12 月由清华大学出版社出版），或者访问我应邀在 2009 年 7 月于美国拉斯维加斯召开的 WORLDCOMP09 计算机科学、工程与应用超级国际会议（由 22 个相关国际会议同时同地联合举行）上为与会学者所开的辅导课 A Complete Revolution in Software Engineering Based on Complexity Science（“基于复杂性科学的、完整的软件工程革命”）的内容介绍网页：

http：//www. world - academy - of - science. org/worldcomp09/ws/tutorials/tutorial_xiong。

四、结语

把握时机，以复杂性科学为利器，全方位地完成全产业的总体性产业革命，实现国家与企业知识资本的数量级增值。不言而喻，如果我们能在各行各业和各个领域都率先应用复杂性科学这个继量子力学和相对论之后最辉煌的科技成果，以及相应的五维结构综合法这一可能普遍适用的革命性体系转移工作框架，来完成从基于线性过程和还原论的现有体系，到基于非线性过程与复杂性科学的革命性新体系的转移，实现国家与企业的知识资本的数量级增值将成为可能，并将带来巨大的经济效益。显然，不管哪个学科、工程、产业的体系级革命性转移，都一定是一项极为艰苦而卓越的工作。以 NSE 体系的创立为例，别的不说，光其实施支撑平台软件本身，就含有上万个功能点、上百万行计算机源码，由 50 多位软件工程师历经数年完成，可见整个 NSE 体系的创立工作之艰巨。因此，建议各行各业和各个领域的主管部门或者核心企业联盟，组成双保险或者多保险的几个专家团队来进行攻坚，才有可能取得突破，真正完成本产业、本领域的革命性体系转移，带来巨大的经济效益。我深信，新一轮基于复杂性科学的产业革命，将催生一系列新的过程模型、新的开发方法或者解决方案以及一系列新事物、新标准、新物种和新生命。

北京、上海知识产权产业的初步计算与比较

刘海波

中国科学院科技政策与管理科学研究所研究员

一、美国的知识产权产业

美国经济学家联盟（Economists Incorporated）的首席经济学家斯维克（Stephen E. Siwek）2005 年发表了《增长的引擎：美国知识产权产业的经济贡献》（*Engines of Growth*：*Economic Contributions of the U. S. Intellectual Property Industries*），这是第一个量化了美国的知识产权产业对经济的贡献的研究。在研究中，斯维克首先界定了知识产权产业，把知识产权产业分为知识产权集成产业、其他专利产业和非专门的支持性产业。

（1）知识产权集成产业（Convergence Industries）。这些产业主要依赖于版权、专利权和其他形式的知识产权保护，以数字化的形式来创造、操作、分配、展示和运输声音、文本和视频信息。集成产业创造了能直接消费的数字化产品，或者是那些被生产者利用来消费数字化产品的工具。属于这种产业的有半导体、软件、电影、声音录制、广告、印刷和视频及光盘租赁。

（2）其他专利产业（Other Patent Industries）。这些产业是建立在专利保护基础上改进产品、提升效率、创新和发现更新的方法以改善工作者和消费者生活。属于这种产业的有汽车、航空、生物技术、医药、化学。

（3）非专门的支持性产业（Non - Dedicated Support Industries）。这些产业支持由上述知识产业制造出的物质分配和产品及服务的运输。它们将近

20%的商业依赖于建立在知识基础上的产品和服务的分配和运输。属于这种产业的有零售商、批发商和物流企业。

2003 年美国知识产权产业的增加值如表 1 所示。

表 1　　2003 年美国知识产权产业的增加值　　单位：百万美元

知识产权产业	增加值	占 GDP 的比例	年增长率
知识产权集成产业	1054669	9.6%	7.5%
其他专利产业	530454	4.8%	4.0%
非专门的支持性产业	317400	2.9%	2.7%
总计	1902523	17.3%	14.2%

该报告的基本结论是：

第一，知识产权产业已经成为推动美国经济增长的最重要的动力，占私人企业经济增长的近 40%，占美国可供出口的高附加值产品和服务的 60%。

第二，知识产权产业对美国未来经济增长发挥关键作用，如果没有这些产业，预计美国未来十年 GDP 要比现在降低约 30%。

第三，知识产权产业是美国 GDP 的重要贡献者，占私人企业对 GDP 贡献的 1/5，占可供出口的高附加值产品和服务对 GDP 贡献的 2/5。

二、知识产权产业的意义和特点

斯维克关于美国知识产权产业的界定和计算，启发了我们从产业角度探索知识产权经济贡献的思路。产业是经济的基础，经济结构的核心是产业结构，经济增长质量的好坏在相当程度上取决于产业的增长和产业结构变化。

知识产权产业是以知识产权制度为发展基础、以知识产权能力为核心优势、以高科技为关键支撑、以数字化为显著特征的产业。这个产业是知识产权、高科技、数字化相结合的产业，具有鲜明的时代性、横断性和集成性的特点，代表着新技术的发展方向（专利代表技术前沿和新动向）、新商业模式的发展方向和新技术产业化发展的方向（综合利用知识产权权利和制度推进新技术产业化是产业发展的方向）。

第一，知识产权制度是知识产权产业的发展基础，没有知识产权制度，就没有知识产权产业。实际上，进入 20 世纪 90 年代，随着世界主要国家在美国的影响和带动下大力实施新专利政策（pro – patent policy），很多产业都主动、积极地寻找和创建本产业的知识产权基础，把产业的发展建立在知识产权制度上。知识产权产业是这些产业中突出典型的集合。

第二，知识产权能力是知识产权产业的核心优势，在知识产权产业发展所需的各种要素中，知识产权能力居于核心地位。知识产权能力包括知识产权的创造、保护、管理和运用能力，这四个方面的能力构成了知识产权产业的核心竞争力，并且在与其他类型的产业对比中，处于有利的或优势的地位。

第三，高科技是知识产权产业的关键支撑，在知识产权产业的各方面、各环节发挥着关键性的支撑作用。高科技在知识产权产业发展中扮演的角色是不可替代的。

第四，数字化是知识产权产业的显著特征，从生产线上的数控设备，到消费电子中的数码产品，都表现出了明显的数字化特征，而且知识产权产业的数字化特征强化了产业发展对知识产权能力的要求。

三、北京、上海知识产权产业的初步计算与比较

（一）北京和上海知识产权产业的界定

参考斯维克方法界定两城市的知识产权产业，结合北京、上海两地实际情况，同时出于数据可取得性考虑，将知识产权产业分为高度依赖知识产权的新兴产业、高度依赖新技术的制造业和知识产权专业服务业。

（1）高度依赖知识产权的新兴产业。对于北京市，这类产业包括北京的文化创意产业和研发产业；对于上海市，包括文化产业和研发产业。按照两个城市统计局对文化（创意）产业的界定，北京的文化创意产业和上海的文化产业相当于斯维克界定的美国知识产权产业的第一类（知识产权集成产业）和第三类（非专门的支持性产业）。而研发产业也是我国近年来高度关注的、没有知识产权制度就难以成立的产业。在计算上，两个城市的研发产业采用科学研究、技术服务和地质勘探业的数据。

（2）高度依赖新技术的制造业。这部分知识产权产业相当于斯维克界定的美国知识产权产业的第二类（其他专利产业）。

（3）知识产权专业服务业。从统计数据上看虽然很小，但它仍是重点。在计算数值上很难体现，故在本次计算中略去。

（二）知识产权产业占GDP比例及其对GDP贡献率的计算

参考《北京统计年鉴2007》《北京统计年鉴2006》《上海统计年鉴2007》《上海统计年鉴2006》《上海工业商业年鉴2007》《上海工业商业年鉴2006》《中国高技术产业统计年鉴2007》《中国高技术产业统计年鉴2006》的数据，计算知识产权产业占两地GDP的比例及其对GDP增长的贡献率。

1. 高度依赖知识产权的新兴产业

（1）文化创意产业。

北京市文化创意产业2005年、2006年的增加值分别是700.4亿元和812.1亿元，分别占北京市当年GDP的10.17%和10.31%。

上海市文化产业2005年、2006年增加值分别是509.23亿元和581.38亿元，分别占上海市当年GDP的5.56%和5.61%。

（2）研发产业。

在本次计算中，利用科学研究、技术服务和地质勘探业的数据代表研发产业数据，但北京市文化创意产业中已经统计了设计服务，故剔除重复值作为研发产业的增加值。北京市科学研究、技术服务和地质勘探业2005年、2006年的增加值分别为341.8亿元和424.5亿元，其中2005年和2006年设计服务的增加值分别为75.1亿元和81.8亿元，所以剔除设计服务后，得到研发产业2005年和2006年增加值为266.7亿元和342.7亿元，分别占北京市当年GDP的3.87%和4.35%。

对于上海市，直接利用科学研究、技术服务和地质勘探业数据近似代替研发产业。上海市科学研究、技术服务和地质勘探业2005年和2006年的增加值分别为212.91亿元和234.12亿元；占上海市当年GDP的2.32%和2.26%。

2. 高度依赖新技术的制造业：现代制造业

北京市现代制造业2005年、2006年的增加值分别是585.2亿元和659.8亿元，分别占北京市当年GDP的8.5%和8.4%。

按照上海市现代制造业的统计标准，结合国民经济行业代码选取通信设备制造业、雷达及配套产品制造业、广播电视设备制造业、电子计算机制造业、家用视听设备制造业、电子测量仪器制造业、电子专用设备制造业、电子元件制造业、电子器件制造业、电子机电产品制造业、电子专用材料制造业、医疗设备及仪器仪表制造业、医药制造业、航空航天制造业、汽车制造业的增加值作为上海市现代制造业的增加值，得 2005 年和 2006 年行业的增加值为 1205.08 亿元和 1400.96 亿元，分别占当年 GDP 的 13.15% 和 13.51%。

综合可得，北京市 2005 年、2006 年知识产权产业的增加值为 1552.3 亿元和 1814.6 亿元，占北京市当年 GDP 的 22.54% 和 23.06%；2005 年和 2006 年上海市知识产权产业增加值为 1927.22 亿元和 2216.46 亿元，占上海市当年 GDP 的 21.03% 和 21.38%。

具体计算见表 2、表 3、表 4、表 5。

表 2　　北京市知识产权产业统计目录

类别名称	2005 年行业增加值（亿元）	2006 年行业增加值（亿元）
文化创意产业	700.4	812.1
文化艺术	32.0	35.6
新闻出版	114.7	134.2
广播、电视、电影	77.9	73.2
软件、网络及计算机服务	265.0	333.0
广告会展	50.5	48.1
艺术品交易	8.6	8.4
设计服务	75.1	81.8
旅游、休闲娱乐	38.0	48.8
其他辅助服务	38.6	49.0
研发产业	266.7	342.7
设计服务	75.1	81.8
现代制造业	585.2	659.8
电子类	260.5	289.1
机电类	132.6	154.2
交通类	130.0	142.7
医药类	55.0	66.1
其他类	7.1	7.7
总计	1552.3	1814.6

表 3　　上海市知识产权产业统计目录

类别名称	2005 年行业增加值（亿元）	2006 年行业增加值（亿元）
文化产业	509. 23	581. 38
新闻服务业	0. 08	0. 09
出版发行和版权服务	42. 08	49. 07
广播、电视、电影	24. 17	29. 31
文化艺术	17. 71	19. 31
网络文化服务	58. 19	69. 33
文化休闲娱乐服务	82. 26	99. 33
其他文化服务	83. 33	91. 64
文化用品、设备及相关文化产品生产	148. 48	164. 17
文化用品、设备及相关文化产品销售	52. 93	59. 13
研发产业	212. 91	234. 12
现代制造业	1205. 08	1400. 96
通信设备制造业	90. 86	97. 85
雷达及配套产品制造业	—	0. 12
广播电视设备制造业	7. 32	3. 87
电子计算机制造业	214. 4	255. 92
家用视听设备制造业	27. 59	25. 64
电子测量仪器制造业	24. 62	34. 37
电子专用设备制造业	25. 74	35. 96
电子元件制造业	173. 12	101. 79
电子器件制造业	95. 87	200
电子机电产品制造业	70. 15	100. 11
电子专用材料制造业	9. 07	2. 16
医疗设备及仪器仪表制造业	68. 59	93. 53
医药制造业	79. 22	83. 51
航空航天制造业	7. 33	6. 61
汽车制造业	311. 2	359. 52
总计	1927. 22	2216. 46

表 4　北京市知识产权产业贡献率

产业分类	占 GDP 的份额（2005 年）	占 GDP 的份额（2006 年）	对 GDP 增长的贡献
文化创意产业	10. 17%	10. 31%	11. 35%
研发产业	3. 87%	4. 35%	7. 73%
高度依赖知识产权的新兴产业	14. 04%	14. 66%	19. 08%
高度依赖新技术的制造业	8. 5%	8. 4%	7. 58%
知识产权专业服务业	—	—	—
知识产权产业	22. 54%	23. 06%	26. 66%

表 5　上海市知识产权产业贡献率

产业分类	占 GDP 的份额（2005 年）	占 GDP 的份额（2006 年）	对 GDP 增长的贡献
文化产业	5. 56%	5. 61%	6. 00%
研发产业	2. 32%	2. 26%	1. 76%
高度依赖知识产权的新兴产业	7. 88%	7. 87%	7. 77%
高度依赖新技术的制造业	13. 15%	13. 51%	16. 29%
知识产权专业服务业	—	—	—
知识产权产业	21. 03%	21. 38%	24. 06%

（三）比较与分析

北京和上海是我国经济、科技等综合实力最强的两个城市，比较、分析其知识产权产业的不同方面的发展状况和特点，有利于进一步加深对知识产权产业对经济增长贡献的理解。

北京市文化创意产业 2006 年实现增加值 812. 1 亿元，同比 2005 年增长 15. 90%；上海市 2006 年文化产业实现增加值 581. 38 亿元，同比增长

14.17%。两个城市产业增长率均较高，但从数值上看，北京高出上海近四成，北京文化创意产业对国民经济的贡献率约为上海的2倍。从研究开发来看，北京相比上海优势也较明显，北京2006年研发产业的增加值为342.7亿元，而上海2006年增加值为234.12亿元。一方面，北京是我国智力、科技资源最密集的地区，拥有国家级科研机构400多所，高等院校60多所，拥有中科院和工程院院士600多人，占全国两院院士总数的50%以上。这些战略资源使北京有实力进行主动型的自主开发，实现源头创新。另一方面，北京研究开发的投入水平较高。2006年，北京研发经费支出155.7亿元，占全国的17.4%，占GDP的比重为6.3%，达到世界发达地区水平。相对于投入，北京研发的产出水平也较高。2006年北京发明专利授权量为3864件（上海发明专利授权量为2644件），占全国的15.4%，技术市场成交额为697.33亿元（上海技术市场成交额为309.51亿元），占全国的38.4%。均领先于其他省市。此外，发表论文数和出版专著数、新产品销售收入占全部产品销售收入的比例等反映出科技产出水平的指标也居全国之首。因而，北京的高度依赖知识产权的产业发展较上海较快。

对比分析两个城市的现代制造业增加值及整个城市知识产权产业总的增加值，北京与上海还存在一定的差距。造成这种现象的原因在于区域支撑的缺位制约了北京现代制造业的进一步发展，在上海与其周边地区进行技术、经济的合作与分工过程中，区域内初步形成了具有较强竞争力的现代制造业产业带。上海因其在技术、人才、资金等方面的优势，成为区域现代制造业的研发和技术创新中心、营销中心以及管理控制中心，占据产业链的高端地位。上海的郊区县和商务成本较低、工业基础较好的周边地区成为生产配套基地。优势互补、分工协作使上海与其周边地区形成合力、共同发展。与上海相比，北京现代制造业发展的区域支撑明显不足。虽然北京正逐步成为区域现代制造业的研发、营销中心和总部所在地，但生产制造、协作配套环节的薄弱成为北京现代制造业进一步发展的制约因素。上海通过区域合作解决这一问题，而北京在郊区县、京津冀地区、环渤海地区等各个区域层次上都存在不足：虽然北京正努力在郊区县建设现代制造业的生产配套基地，但水、电等生产要素缺乏，工业基础相对薄弱等不利因素制约了北京郊区县这一功能的发挥；对北京周边的河北等地来说，相对落后的经济基础限制了其对首都现代制造业的支持作用。与北京毗邻的天津，虽然工业基础较好，现代制造业也具有一定实力，具备与北京联动发展的客观条件，但主观上缺乏与北京分工协作的意识和主动性；而传统上，北京与环渤海其他地区的经济联系较弱。由于缺乏有力的区域支撑和有效的生产配套，没有形成完整的上下游产业链，北京许多研发成果在外地实现产业化，一些产业关联性较强的项目选择在上海投资，北京一些企业的经济效率不能得到最大限度的提升，研发与生产不能有效地互动，这些都抑制了北京现代制造业的发展。

国际经济环境下知识资本的价值

斯特凡诺·赞邦

意大利费拉拉大学

一、无形资产、知识资本与新经济环境

1. 无形资产日益引起人们的兴趣

• 从“土地、资本、劳动力”到“知识、（金融）资本、技术”（所谓的“知识社会”）。

• 基于公司价值创造的进步。

— 从工业化到后工业化经济（先进的服务性公司/技术）。

— 后福特时代的交互式生产方式。

— 分散化/知识的扩散。

• 组织存活与成长的绩效驱动力从一维变为多维。

• 传统会计体系的消亡（从标准普尔500到数值为2~4之间的市盈率）。

• 发现无形资产的战略意义。

2. 新的价值创造程序及其应用

• 公司生产过程的变化。

• 制造业已大大减少，而研究、创新、市场营销、专业知识以及顾客关系、企业家及其管理水平成为战略要点。

• 无形资产是在这些战略要点的关键。

• 如今，无形资产是价值创造的主要动力。

3. **无形资产的定义**

● 无形资产可以被定义为一种没有物质形态的企业资源，它能为企业创造预期利益。

— 知识资本是一种受法律保护的无形资产。

— 它包括与创新相关的无形资产（如研发，专利），也包括与市场相关的无形资产（如品牌），人力资源（如能力和技巧，培训），以及组织的无形资产（内部结构，系统和程序）。

—“硬”无形资产（可交易的）与“软”无形资产。

4. **知识资本**

● 知识资本（Intellectual Capital，简称“IC”）是组织可用的无形资产的总和，包括内部的（能力、技巧、领导力、程序、专业知识等）和外部的（形象、品牌、战略同盟及顾客关系维护等），并且能够使组织在持续寻找竞争优势的过程中，将其转化为一系列有形的，资本化的以及人才资源来创造股东价值。

• 无形资产只有能被组织持续内化或利用时，才能成为知识资本。

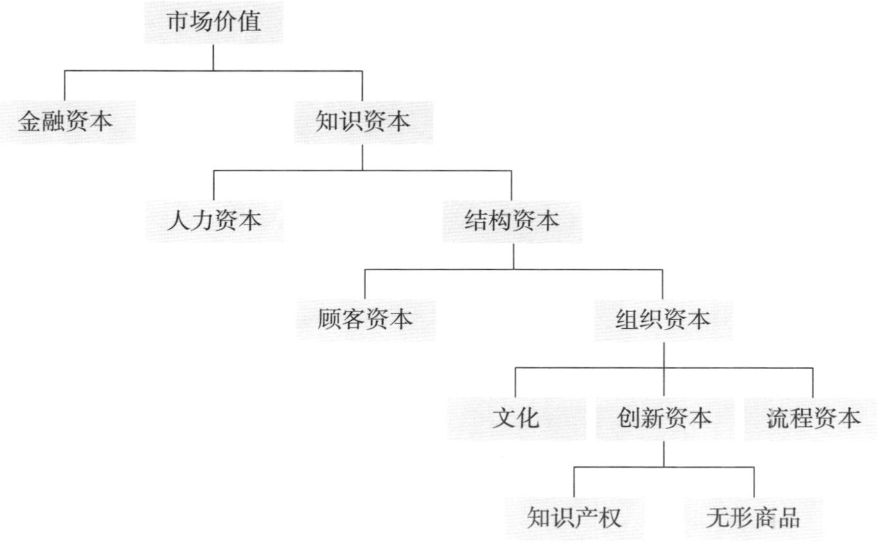

图 1　从市场价值中分解出知识资本

资料来源：知识资本报告，Skandia，1998。

5. **重新聚焦知识资本管理**

- 在知识的更新换代中，需要将知识资本重新置于管理人员的控制当中。
- IBM 首席执行官彭明盛说：“当今经济正在围绕知识资本进行重新集聚，只有整合技术与信息才能进行创新。”

6. **无形资产与风险**

- 无形资产的投资伴随着不确定性。
- 无形资产可能会迅速蒸发，造成巨大的损失→无形资产也可能是一个潜在的负债。
- 没有无形资产计算与评估方法，存在风险。

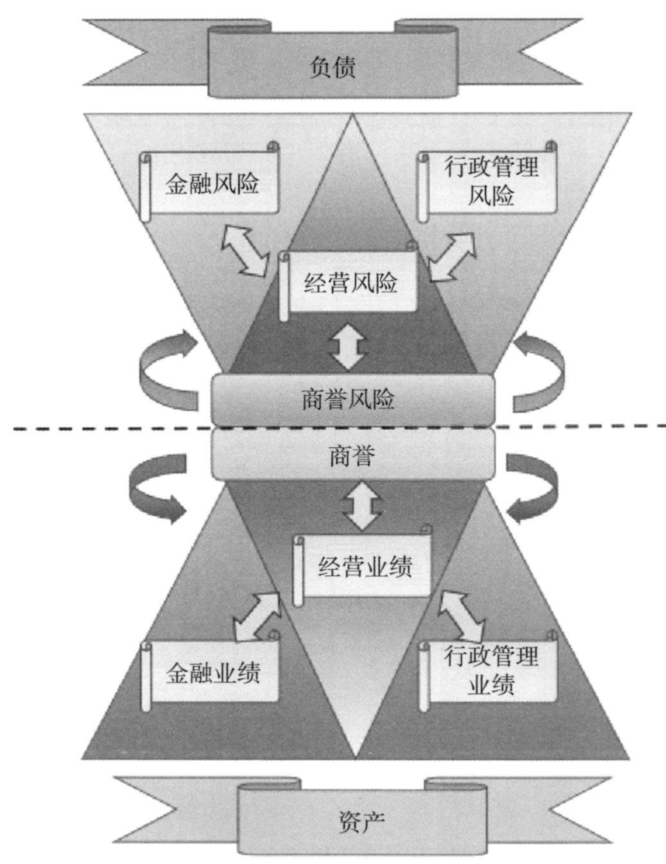

图 2　商誉和商誉风险

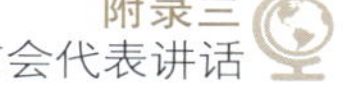

二、宏观与政策决策视角

（1）无形资产就像一个连接组织，它创造的价值被隐藏在整个生产中，从而与经济系统连接成一体。

（2）无形资产经常被错误地计算：在宏观层面上通常是被低估→国家会计/统计上缺乏数据→国民生产总值被系统性地低估→美国以及其他很多国家的统计机构已经认识到这是个很严重的问题。

（3）知识资本是地区、城市和产业成长的引擎。

（4）地区和宏观层面上的无形资产：

• 在政策决策上会导致一系列潜在问题→错误指标→对国家发展和政策回馈的错误诊断。

• 我们需要更好地了解有形资产和无形资产的结合，能够创造更大的价值。

• 我们需要一个新的关于无形资产的经济政策。

三、传统无形资产会计处理方法

企业需要将无形资产纳入其管理体系，这样才能拥有一个清晰的价值创造管理过程。必须进行信息管理，但企业缺乏系统的、可靠的无形资产信息。

1. 无形资产传统会计处理方法存在的问题

• 会计人员对无形资产的计算存在疑惑。

• 重点强调负债和非关联性，无负债就无法进行会计确认。

• 对内部产生的无形资产（如研发、品牌、培训）无法进行会计确认。

• 保守的计算准则，作为成本的当期支出。

• 商誉只能是无形资产的一个笼统表述。

• 通常情况下，长期增长驱动力的信息很有限（KPI：关键绩效指标）。

• 过去的信息。

2. 无形资产信息缺乏会导致一系列的经济后果

• 容易导致短期行为；错位分配决策；市场反复无常；信息不对称；内部信息；企业信用危机等。

• 人们只能看到资金或财务上的危机。

3. 错位计算的代价

• 企业层面：战略错误的风险。

- 行业层面：行业间以及行业内资源配置不当。
- 资本市场层面：企业价值的被高估或者被低估，资源错配，市场反复波动。
- 国家和跨国层面：错误指标产生错误政策。

四、管理知识资本的新方法

1. 平衡计分卡

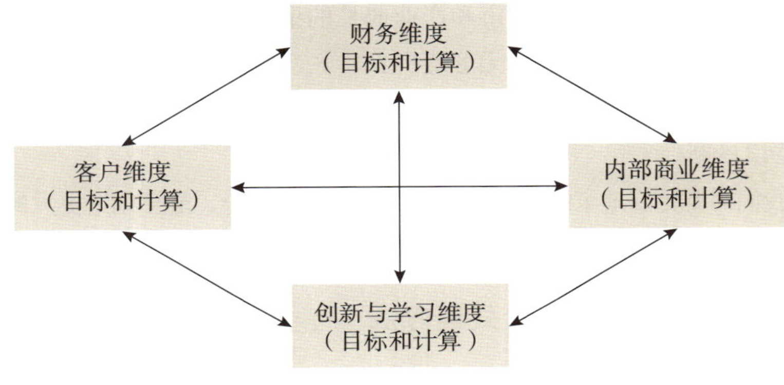

图 3　平衡计分卡

2. 无形资产检测器

表 1　　无形资产检测器

外部架构	内部架构	员工能力
成长/更新	成长/更新	成长/更新
—员工增长 —市场份额增长 —顾客满意度	—IT 投入 —研发时间	—平均职业能力的增长 —岗位职能
效率	效率	效率
—单个客户收益 —单个中介机构销售额	—行政人员所占比重 —单个员工销售额	—单个员工增加值 —能力最好员工所占比重的变化
稳定性	稳定性	稳定性
—重复订单	—组织年代 —新进员工率	—员工流动率

3. 价值链评分板

讨论与学习	执行	商业化
内部更新 · 研究与发展 · 员工培训与发展 · 组织资本流程	知识产权 · 专利、商标和版权 · 特许经营协议 · 专有技术	顾客 · 营销联盟 · 品牌价值 · 顾客变动
所需能力 · 技术购买 · 溢出利用 · 资产支出	技术灵活性 · 临床实验、食物与药品管理 · 参数实验，工作引导 · 发起人	绩效 · 利润、收益和市场份额 · 创新收益 · 专利和知识权利 · 知识收入和资金
网络化工作 · 研发联盟与联合经营 · 供应商与顾客整合 · 工作社区	网络 · 阈值 · 在线购买和销售 · 主要网络	增长预期 · 生产线和上市日期 · 预期效率 · 计划创新 · 预期平衡点

图 4　价值链评分板

4. 阿雷奥帕的层次模型

（1）知识资本的构成。

- 关系资本：客户、供应商、商业伙伴、市场形象等。
- 组织资本：专业知识、创新、管理控制系统和研发。
- 人力资本：技术和能力、员工流动率、教育水平、领导力和员工满意度。

（2）知识资本的益处与特点。

- 创造一个精准测量的文化环境。
- 知识管理与内部共享。
- 明确与无形资产相关的价值驱动力和风险。
- 对投资/撤资决策和支持。
- 定义新的补偿与激励机制。
- 改进内部治理形象。
- 有助于招聘最好的人才。

- 帮助投资者和财务分析师们更好地监测企业价值创造过程。
- 获得更便宜且更便捷的银行资金。
- 在金融市场上增加透明度。
- 有助于企业并购和上市。
- 提升公司外部形象和商誉。
- 在竞争中持续保持有利地位。

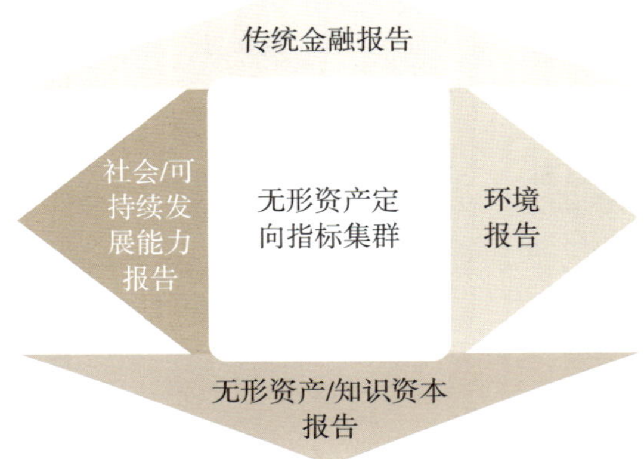

图 5　知识资本和社会责任

五、结束语与政策建议

- 当今世界经济环境给管理者、投资者和政策决策者提出了新的挑战。
- 有必要通过一种新的信息和报告系统来理解价值创造与无形资产之间的关系。
- 无形资产同时也伴随着风险。
- 金融分析需要处理无形资产和相关风险。

政策建议：

- 在微观与宏观层面上，都需要测量无形资产的方法。
- 企业层面的知识资本测量更为重要，因为它可以从微观与宏观上提供更好的经济指标。

中国的贡献：

- 中国正面临着新一轮经济模式的改变。在这个阶段，企业、城市、地

区和国家知识资本的管理能力，发展和报告水平将会变得极为重要。2005 年，上海浦东新区的企业已经可以用人力资本作为注册资金（以 35% 为上限）。今天，中国的政策决策者、投资者和管理者已经能够在全球背景下，共同合作，参与构建一个新的知识资本管理和报告体系。

- 经济的发展更多是基于无形资产，它将成为经济增长和价值创造的主要动力。

日本经济产业省利用 IC 报表进行知识资本管理并尝试建立国际标准化 IC 报表

花堂靖仁

日本早稻田大学商学院教授

一、日本产业经济省为何发起知识资本管理研究

知识经济时代，企业创造价值的动力发生重大变化：

- 从有形资产到无形资产。
- 在发达、成熟的国家，知识资本已成为最重要的因素。

1. 日本房地产泡沫后，知识资本管理研究成为经济发展的新模式

- 将知识资本管理发展成为价值创造的驱动力。

知识资本管理（Intellectual Assets based Management，IAbM）：在商业中，运用知识资本作为赢得竞争与创造价值的源泉。

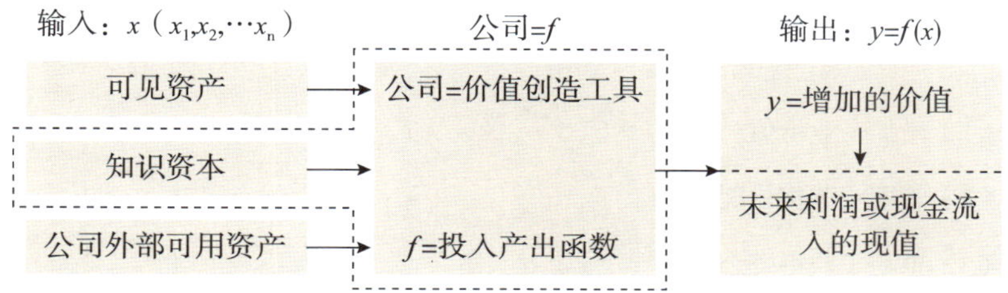

图 1　知识资本管理新模式

知识资本本身不仅是 x，也是转换机制，能够持续地创造价值。

知识资本超过了有形资产，它们将拥有更多可能的未来成就。

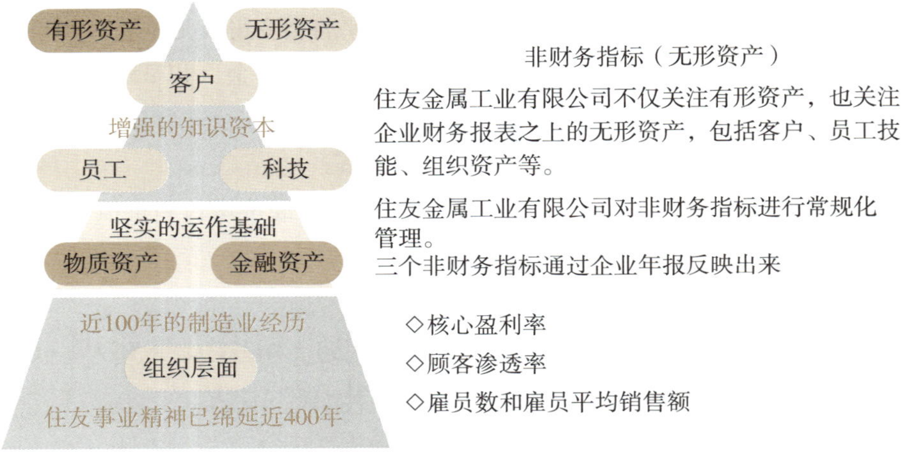

图 2　日本住友金属工业有限公司传统年报补充信息

资料来源：http：//www. sumitomomeals. co. jp/e/shareholdears – and – investors/pdf/08AR_english/pdf。

日本共有 65 家公司制作了知识资本报表（见表 1）。

表 1　　包含知识资本报表公司数量统计

公布	2005 年	2006 年	2007 年	2008 年	2009 年 1 ~7 月
独立知识资本报表	2	10	16	32	4
包含在年报中	0	3	2	1	1
以其他形式报告	1	2	2	2	1
总计	3	15	20	35	6

知识资本管理披露的益处见图 3。

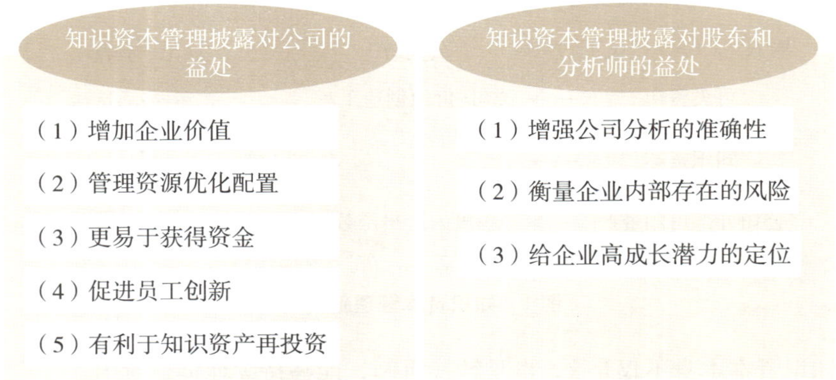

图 3　知识资本管理披露的益处

2. **商人与股东共同分享** XBRL（Extensible Business Reporting Language）**报告**

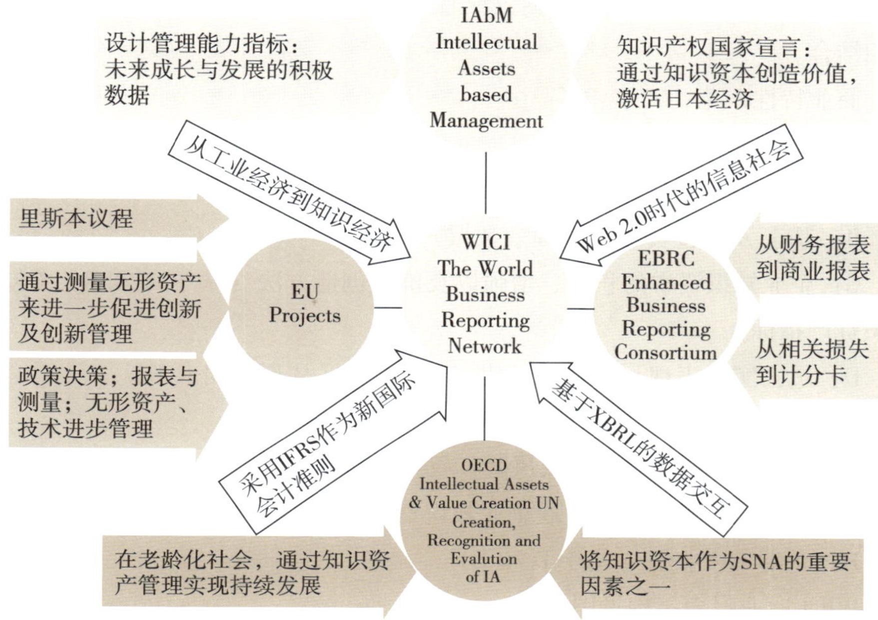

图 4　XBRL 报告

EBRC 框架 2.0 版见表 2。

表 2　　EBRC 框架 2.0 版

商业概览 概括	战略 概括	资源与程序 概括	成就 概括
经济学 产业分析 科技趋势 政治 法律 环境 社会	远景与任务 优点 缺点 机遇 威胁 目标与项目 公司战略 商业单位战略 商业组合	资源的形式 —财务 —物质 —社会关系 —组织 —人力 关键程序 —设定远景与战略 —内部资源管理 —产品/服务管理 —外部关系管理 —政府/危机管理	GAAP based GAAP derived 基于行业 特定企业 基于资本市场

3. **在 Web 2.0 时代，引入一个新的披露体系**

- 在价值创造过程中，根据企业自身商业周期，将非财务信息与财务信息相结合。

商业特性概览：

（从过去到现在）

A：原来的管理策略

B：基于 A 的投资（包含绩效数据）

C：企业知识资本的积累、增强以及价值创造方法（基于 A 和 B）（包含知识资产指标）

D：过去实际表现，如利润（由 C 创造的）（从现在到未来）

E：根植于企业的知识资本

F：明确未来的不确定性或风险，找到处理方法

G：追加投资来维持和发展企业知识资本

H：预期未来收益（基于 D 和 E）

WICI 商业报表结构见图 5。

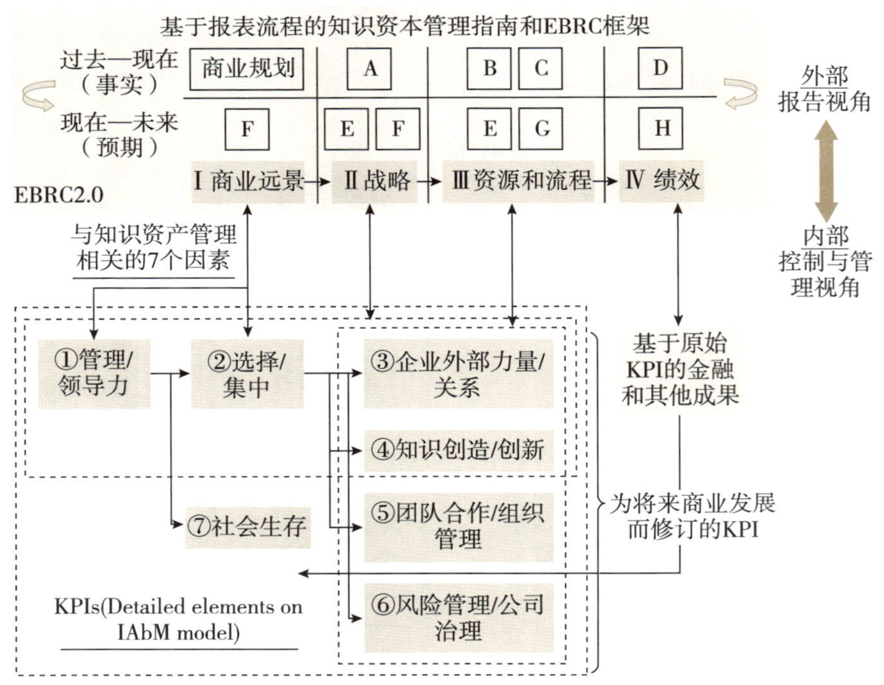

图 5　WICI 商业报表结构

二、将来的任务：如何解决财务报表的局限性

1. **过去**

- 日记账 + 分录账 + 总分类账
- 货币计算
- 交易结束即关闭账户
- 计算存货和流入资金
- 为管理层而做的报表
- 财务报表

2. **现在**

- 货币报表
- 每个财务年度清结账户
- 计算已实现的收益，为投资提供信息
- 为投资者而做的报表

3. **将来**

- 知识资本报告 + 财务报表
- 以货币和非货币形式做会计报表
- 商业周期，财务年度清结账户
- 评估知识资本价值和财务收益
- 为管理和各利益相关方而做的报表

4. **如何建立知识经济中心的关键概念？**

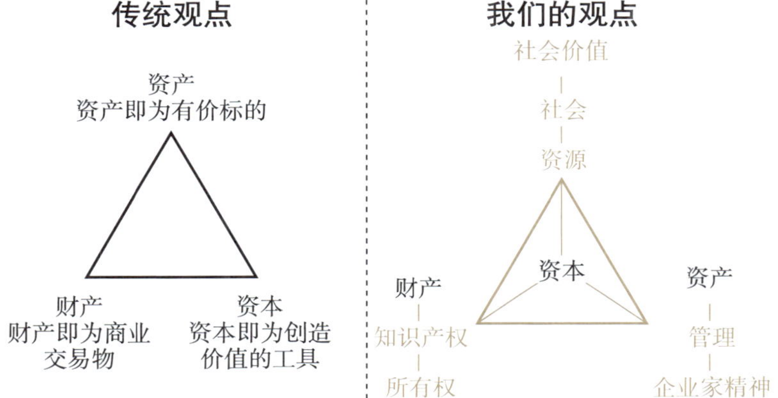

图 6　如何建立知识经济中心的关键概念（传统观点和我们的观点）

5. **企业资源结构是什么?**

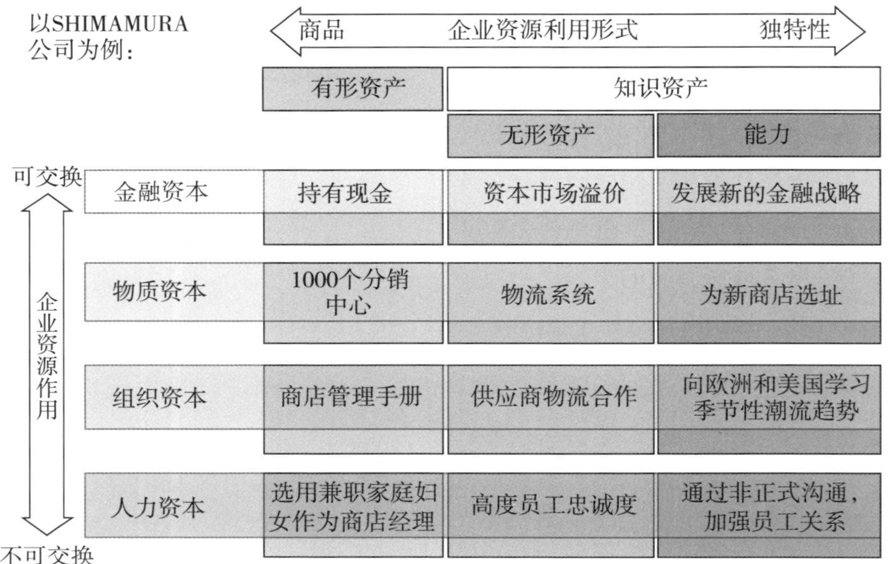

图 7　SHIMAMURA 企业资源结构

6. **如何准备 IASB 的管理注释?**

(1) 准备管理注释的作用。

在此框架下所做的管理注释有助于财务报表使用者更好地认识与企业管理相关的战略及规划。

它可以在多个方面帮助财务报表使用者，比如：

- 企业风险管理与控制；
- 财务报表上反映出来的资产是如何实际运作来帮助企业的；
- 非财务因素是如何影响财务报表的。

(2) 准备管理注释的普遍原则。

- 用管理的眼光来审视企业的运作、发展和地位；
- 它是财务报表的补充与进一步完善；
- 对未来有指向作用。

(3) 准备管理注释的主要原则。

- 管理的观点。

对于商业管理重要的信息，对于解读财务报表、测量和预期财务表现也

同样是非常重要的。

- 财务报表的补充信息。

补充财务报表：包括对财务报表中数据、数据来源以及数据形成过程的解释。

完整财务报表：包括企业财务与非财务信息以及没有在财务报表中反映出来的绩效信息。

- 未来的定位。

用管理的视角来反映企业未来将要走的方向。

企业未来成长取决于当前表现，管理者需要评估企业成长潜力。

企业实际表现如何以及为何会低于/符合/超过先前制定的企业管理。

注释：

- 对财务报表中有助于决策的信息和约束进行量化。

7. **如何结合** CSR（Corporate Social Responsibility，**企业社会责任）报表与** IAbM **报表？**

- 企业认为哪些知识资本是 CSR 的组成部分。
- IAbM 报表与 CSR 是同一事物的两种表现形式，都是描述企业与社会的连接面。

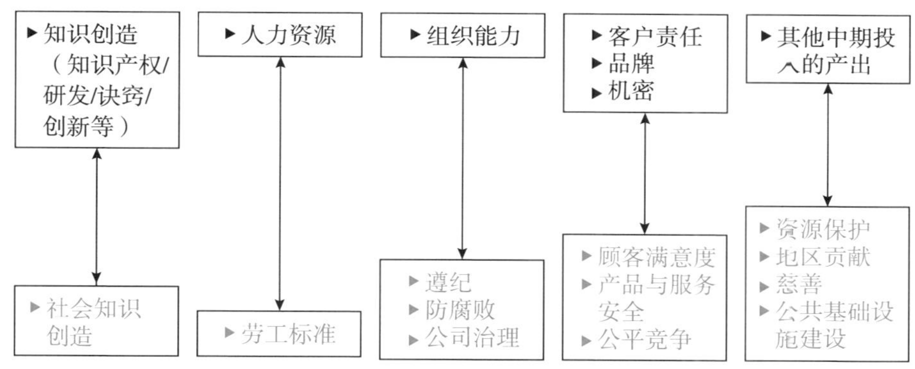

图 8　CSR 与 IAbM 的结合

8. **强制报告还是自愿报告：哪种更好呢？**

- 【强制报告】

必要性：企业需要检查每项活动的支出与收益。所以，股东通常很难获得如此繁杂的信息，特别是企业自身不愿意向股东提供负面信息。

危险：根据日本的经验，强制报表成为企业提供信息的上限。在提供了强制性报表后，企业便不会再主动提供任何相关甚至必要的信息。

- 【自愿报告】

必要性：我们在社会上共同分享民主，市场经济，自由竞争和交流。特别是在知识经济时代，提供信息是我们日常生活中不可避免的一部分。就企业而言，自愿提供及时且必要的商业报表是非常重要的。

危险：在缺少普遍企业报表框架的情况下，对于企业提供的财务与非财务报表将会缺乏可比性、相关性和可信性。社会信息披露系统也可能随之瓦解。

9. XBRL 是连接财务与非财务数据的关键

XBRL 是一种基于 XML（Extensible Markup Language）的技术，它能帮助用户改进商业信息处理流程的准确性、及时性和可比性。这样的话，它就能有助于商业企业与股东之间的相互交流。

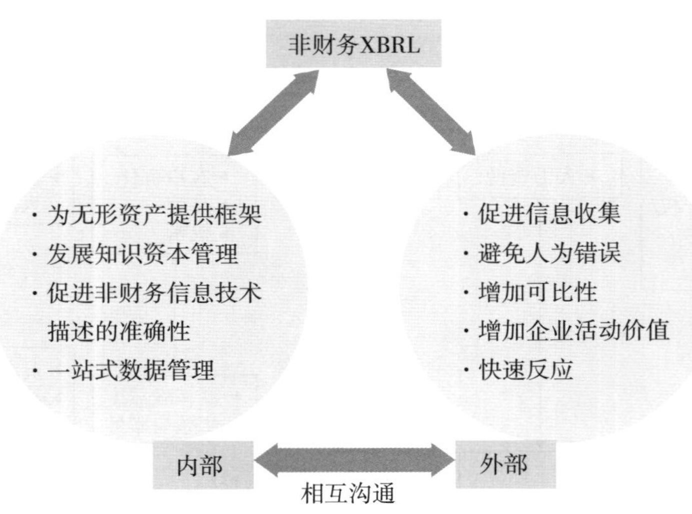

图 9　XBRL 是连接财务与非财务数据的关键

保持商业数据与信息披露的可追踪性。

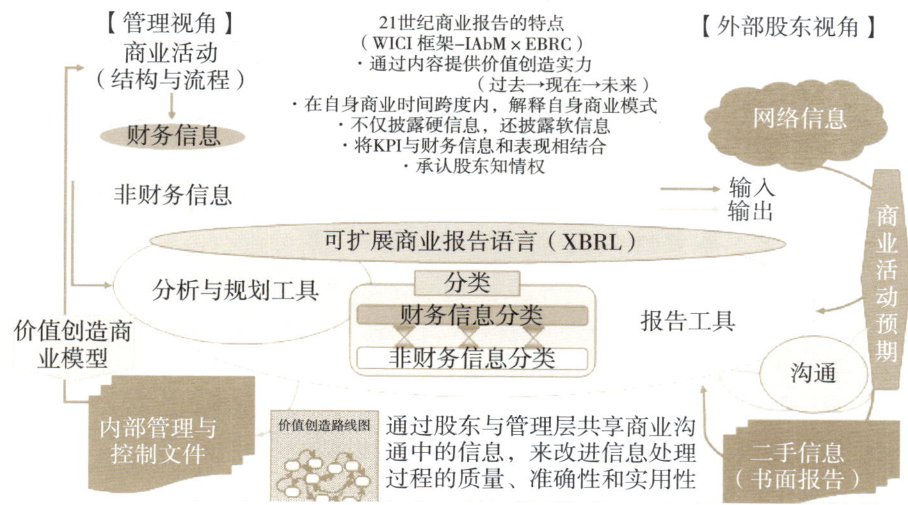

图 10　商业数据与信息披露可追踪

全新的 21 世纪知识资本管理报表结构如图 11 所示。

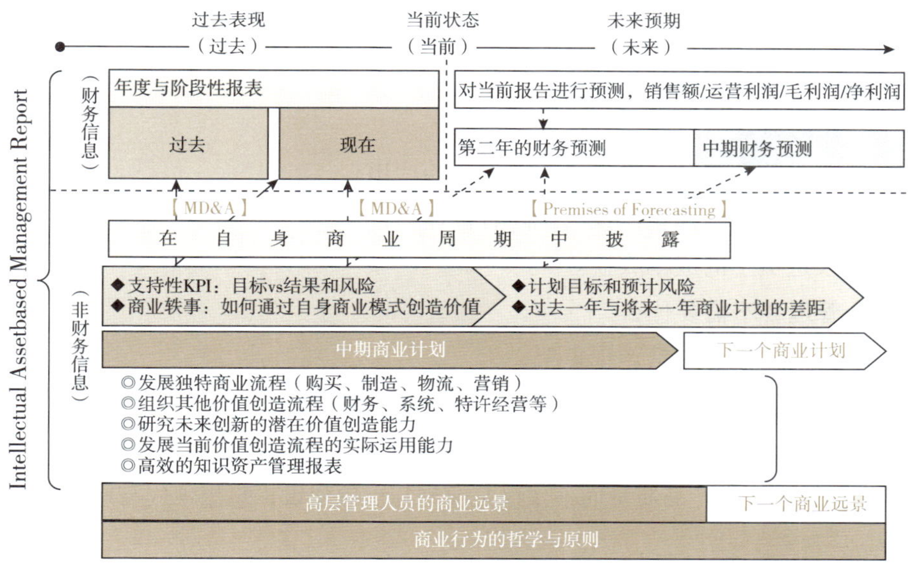

图 11　全新的知识资本管理报表结构

知识资本研究20年实践的经验与启示

巴鲁士·列夫

纽约大学

一、管理者需要什么?

1. 首先是资源分配指导

(1) 杜邦:

- 第一阶段,测算3次研发以及品牌建设的投资收益率;
- 第二阶段,即将发生的创新投资的决策模型。

(2) 瑞士再保险公司:估算信息技术支出的收益情况。

(3) 陶氏化学公司:保护公司的知识产权。

(4) 生物科技公司:使投资者信服研发与品牌的潜在收益。

(5) 领先的软件企业:内在增长与业务收益的对比。

(6) 领先的咨询公司:知识管理。

(7) 麦肯锡公司:企业复苏的机密。

2. 新的篇章

- 改进革新程序:投入是为了更大的产出;
- 无形资产与知识产权的风险管理体系;
- 改进员工的成本收益。

3. 管理者不需要什么

- 告知他们无形资产很重要;
- 测算剔除业务引进与销售的无形资产价值;
- 加强形象与商誉:"笨蛋,就是产品质量。"丰田、谷歌、思爱普与哈佛大学,他们关注于产品质量而不仅仅是商誉与形象建设;想想现代与斯普林特。

二、投资者想要什么

1. 一些信息

- 标准化(公司间的比较)与认证(可审计性);

- 处理被证实的价值驱动。

2. **价值驱动案例**

- 制药公司与生物科技产品管线（例子）；
- 零售商的“相同存货售卖”“有机增长”；
- 运输公司的“负载系数”；
- 半导体公司的“出货比”（订单累积）；
- 油气公司的“负载使用比增长”；
- 所有的企业：超前管理。

3. **新的篇章**

- 改进财务报表披露信息（资产识别，专利信息）；
- 质量管理打分（我目前的工作）；
- 无形资产的风险测量。

4. **投资者不想要什么**

- 绝大部分目前出版的知识产权报告；
- 信息非标准化，考证困难；
- 绝大部分为非价值驱动；
- 许多报表更像公关工作；
- 确保专利与知识产权的安全。

三、政府应该做什么

1. **提供公司与投资者需要的但是无能力收集的私有信息**

- 美国国家基金会的研发调查案例（美国）；
- 发展创新测算（欧盟）。

2. **新的无形资产测算与报告的试验**

- 美国国民账户：软件资本化与研发子账户。

3. **政府不应该做什么**

- 将金钱浪费在“性感”项目上（绿色技术、纳米技术）；
- 国家与超国家（欧盟）研发指导方针；
- 参与私有竞争。

4. **新的篇章**

- 什么是非营利性组织所渴求的；

- 援助与慈善项目的效率评价工具；
- 医院与卫生机构的效率测算体系；
- 教育项目与初创的成本效率测算；
- 地方政府与市政的效率测算。

5. **主要挑战**

- 官方经常不想知道也不愿别人知道。

6. **综述**

- 20 多年从事于无形资产的工作不仅是令人兴奋的也是现实所需要的，但也面临着新的困难和挑战。
- 无形资产的重要性已经是每个人都认可了的，我们应该告诉管理者、投资者与决策者怎样改进他们正在从事的工作。
- 我们应该用批评性的眼光看待过去 20 年所做的工作，但并不是说这些工作是无效的。

知识资本报告和评估

——欧洲金融分析师协会对目前现状和未来道路的分析

亚历山大·G. 威尔兹尔

知识资本委员会委员

一、EFFAS（欧洲金融分析师协会）在哈佛商学院百年校庆上关于知识资本的演讲

- 全球范围内，知识资本的测量、报告、评估和长远价值创新的主要趋势
- 公司知识资本结构的报告，知识资本的目标和执行经验
- 全球最佳实践的商业案例
- 与哈佛商学院的长期合作

二、EFFAS CIC（知识资本委员会）全球拓展：最近的亮点

1. **美国**

- 2008 年 10 月，经济合作与发展组织在美国华盛顿的国家科学院举办

了关于生命科学的知识市场

- CIC 小组的贡献：从投资者的角度对知识资产进行测量、报告和评估

2. **亚洲**

- 2008 年 11 月在东京举办的 NIKKEI/WICI 研讨会
- CIC 小组的贡献：21 世纪企业价值创造的评估

3. **欧洲**

- 知识资本日渐重要，在公司支出上的反映，知识资本的投资等同于无形资产的投资

三、知识资产——第四生产力

1. **经济合作与发展组织对知识资产的定义**（2008）：**“能够在未来创造价值，没有实际形态的资源”。它包含了：**

- 私有知识
- 人力资本
- 关系资本
- 组织资本

2. EFFAS **对知识资本的定义**（2008）

- 员工、管理技能、人力资本
- 软件
- 研发、创新和创新能力
- 品牌和专利
- 策略
- 工艺
- 与供应商、合作者和顾客的关系

3. **知识资本披露的十原则**

- 厘清未来价值创造的关系
- 方法论的透明度
- 标准化
- 时间的一致性
- 披露和隐私之间的权衡
- 公司和投资者之间利益的一致性

- 预防信息泛滥
- 可靠性和责任感
- 风险评估
- 对安置和时间的有效披露

4. EFFAS **对** IC **披露的建议**

公司知识资本和基于知识资本的价值创造均应被披露，作为一个独立的知识资本报告：

- 纳入整个公司的报告体系
- 最好的实践案例：英飞凌科技（奥地利）股份公司
- 作为每年报告的组成部分
- 包含在管理评论（或者管理讨论和分析）中
- 最好的实践案例：印度的信息系统技术有限公司

英飞凌科技（奥地利）股份公司的知识资本报告：2009 年及以后

- IFAT 知识资本报告三年一度的出版
- 指标框架的一致性

内部基准：总体水平的时间序列和间隔（IFAT）

- 战略和进程的重点

作为 ICR 05 战略上中期和长期目标（知识目标）；

企业基于知识资本的价值创造过程的 ICR 模型在 2005 年被引进。

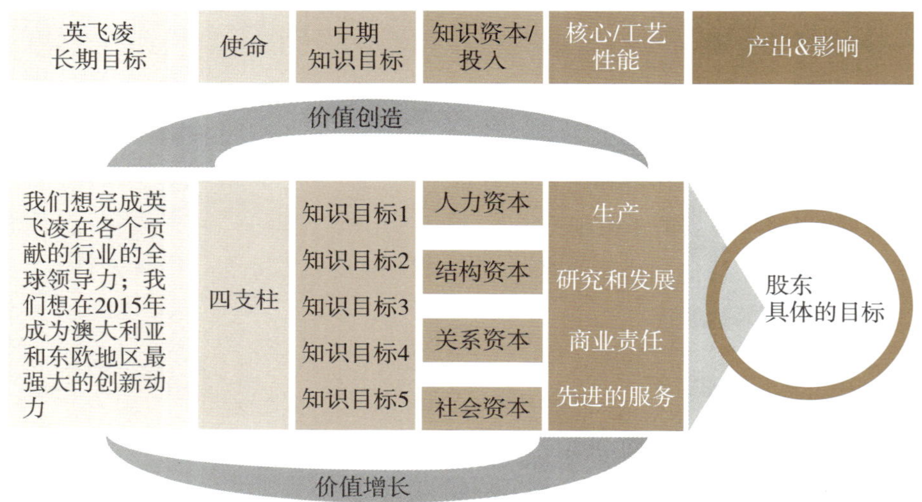

图 1　英飞凌知识资产报告模型

最好的企业案例：印度的信息系统技术有限公司（将 IC 报告引入年度报告）

信息技术——引导知识资本的披露

• 信息系统技术有限公司（全国证券交易商自动报价系统协会：从 2008 年起的所有股票代码数据）

• 收入：40 多亿美元

• 信息系统的定义，设计和提供技术支持的业务解决方案

• 遍及全球 40 多家公司和亚洲、欧洲以及美国的发展中心

• 劳动力：91000 多名员工

• 信息系统的商业模型和报告：2007 年哈佛商学院和工商学院的案例

• 从会计年度 1995/1996 年起，每年小组报告进行了知识资本披露

信息系统技术——价值报告的关键因素

• 数据的收集来自多个部门以及全球的子公司

• 年度（不包括内部的季度报告）

• 报告的职责：公司财务审计官领导的公司金融团队

• 无形度量和员工数据联系在一起而没有和经理人报酬直接联系

• 内部衡量被用来评估经营业绩

• 员工的评定是基于额外的财务数据

信息系统技术——价值报告披露模型

信息系统技术公司价值报告中度量集如下：

• 品牌价值

• 包含无形资产的资产负债表

• 经济价值

• 无形资产的核心负债表

• 人力资源账目和附加价值声明

EFFAS CIC 商业案例：电信业

• 以下引用的数据是基于 2008 年在欧洲和美国 ODDO 安全协会以及法国等所做的研究

• ODDO 在 2008 年 10 月发表了关于该结果的论文

• 这个研究是 EFFAS 协会与哈佛商学院合作，对知识资本领域的具体方法研究的一部分

• EFFAS CIC 的目标是了解 IC 对公司价值创造的驱动力和发展公司具体

的知识资本度量以供分析师和投资专家用于投资建议和策略的制定。

电信部门——知识资本驱动的行业

- 无形资产在电信行业的价值创造中占到71%，有形资产仅占到26%
- 长远地观察高资本密集型行业，其主要的价值创造驱动力是知识资本
- 知识资本的有效管理在电信行业的价值创造中起着关键作用
- 鉴于经济增长的限制（规则、用户饱和、激烈的竞争等）和交流方式的改变，基于对运营商的知识资本分析的方法可以识别众多的优点和劣势，这些优点和劣势会在公司随后的财务中体现
- 创新是电信设备制造商的主要机会，对电信运营商来说是把双刃剑

知识资本的三个主要成分：

- 人力资本（组织或者个人）

10 标准：增长模型，年龄的金字塔管理，吸引力大小，员工股票所有权，管理或者重组措施，主要工作人员的离职/到任，工作场所的气氛，管理能力，每个员工的盈利和债务。

- 资本结构和组织（内部/公司水平）

技术资本，知识产权，创新能力，隐式及显式的内部流程，企业文化和语言，环境变化时快速适应环境的能力等。

- 关系资本（内部/网络水平）

公司和客户，供应商和合作者的相互关系。

知识资本——未来的道路

知识资本披露需要清晰公司和投资者之间的利益，公司需要给外界提供更多数量和更高质量的信息，投资者将在其价值框架内使用这些信息。

我们所希望看到的良性循环，即公司首先要经常管理和评估其无形资产的驱动力；随后，通过报告其对市场的驱动力来提高其可见度。因此，从竞争者的角度激发了更大的价值。这将减少资本成本，从公司价值基础作用的角度进一步纠正其沟通和透明度。

让无形资产创造有形财富

彼得·霍夫曼-邦

与知识资本相关的指标：

- 并购
- 宏观因素
- 现金流贴现
- 股价
- 投资

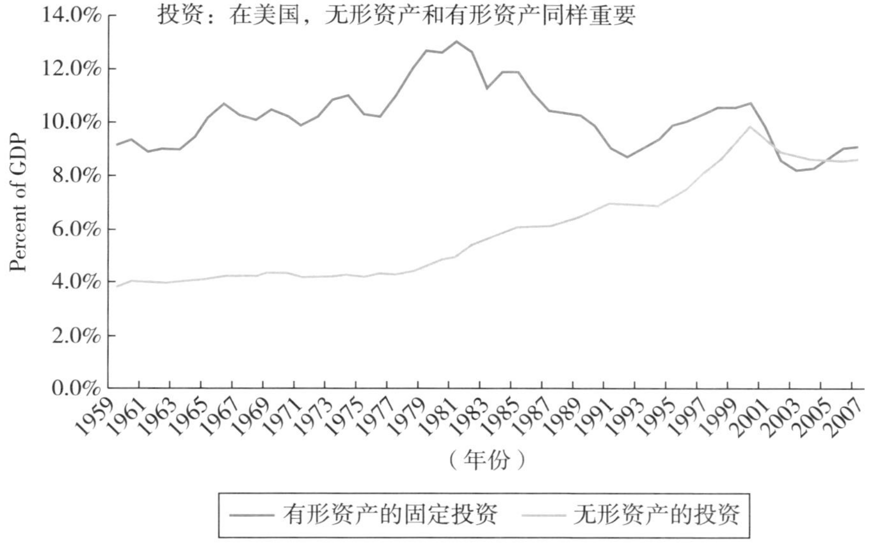

图 1　1959—2007 年美国无形资产和有形资产投资趋势

这意味着什么？

- 不能单纯依靠资产负债表来衡量价值
- 与盈利和叙述式报表的相关性
- 盈利并不能说明任何事情，只表明企业的潜力
- 知识资本却能说明一切

知识资本并非价值：

- 更多的是表明潜在价值
- 当知识资本被运用时，价值就产生了
- 有关价值创造的简化解释
- 知识资本潜力加上管理潜力再加上有形资产管理，就是企业价值创造的过程

隐含意义：

- 不知道：没有清单
- 如果有清单：这是对的吗？有何作用？
- 程序化发展：持续跟踪改进

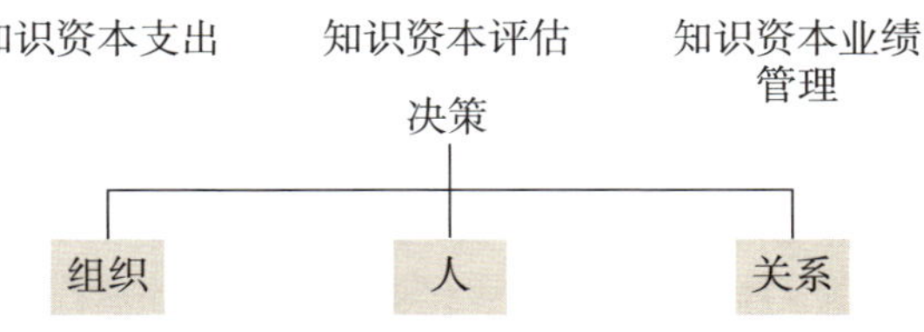

图 2　知识资本支出、评估和业绩管理

首席财务官是释放企业知识资本的关键：

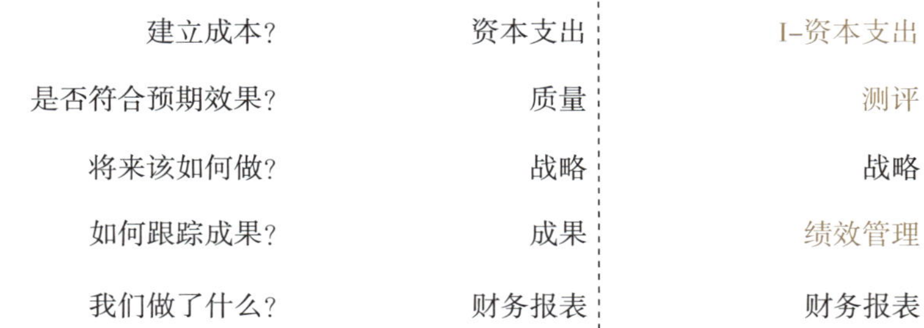

图 3　首席财务官工作内容

转化为财务语言：

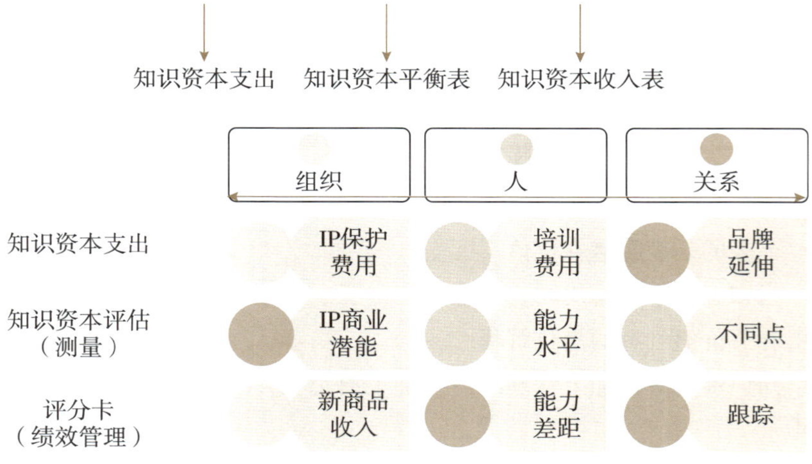

图 4　财务结果——持续相关控制

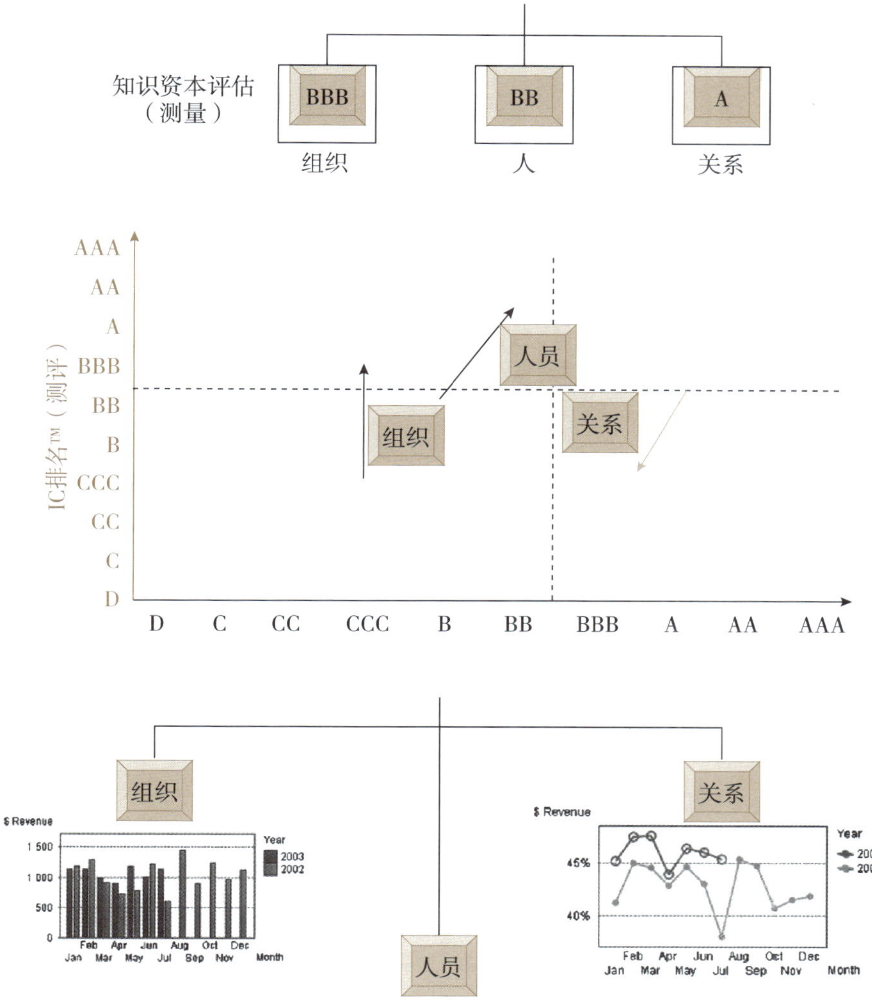

知识资本评估
（测量）

BBB　BB　A

组织　人　关系

IC排名™（测评）

AAA
AA
A
BBB
BB
B
CCC
CC
C
D

人员　组织　关系

D　C　CC　CCC　B　BB　BBB　A　AA　AAA

组织　关系　人员

$ Revenue

1 500
1 000
500
0

Year
2003
2002

Feb Apr Jun Aug Oct Dec
Jan Mar May Jul Sep Nov　Month

$ Revenue

45%
40%

Year
2003
2002

Feb Apr Jun Aug Oct Dec
Jan Mar May Jul Sep Nov　Month

图 5　知识资本业绩管理转化为财务语言

股东利益：

“能给我们提供很多宝贵的信息”。——华沙证券交易所经济分析师

“开辟以往被忽视的，但极具金融潜力的地区”。——EEMEA（Eastern Europe，Middle East and Africa）总裁

“揭示未被发现的危险，避免做错误的投资”。——SAAB 产业合作副总裁

保护品牌和商誉：感知和现实

乔纳森·骆

美国 Predicitv 公司的合伙人兼创始人

1. 知识资本衡量因素中的商誉和品牌

（1）管理。

- 领导才能
- 战略执行
- 沟通和透明

（2）关系。

- 品牌咨询
- 商誉
- 联盟和关系网

（3）组织。

- 技术和程序
- 人力资本
- 现场组织和文化
- 创新
- 知识产权
- 适应性

2. 商誉过去遭受的损失

与2008年相比，信托业务在遍及的20个国家里下降62%。——《财富》

在调查的15个行业里，美国信托业务有13个在下降。——北美商业改进局

美国信托业务创10年最低点。17%相信高管，29%相信高管提供的信息（2008年为36%），13%相信广告（2008年为20%）。——Edelman Trust Barometer

88%公司商誉处于“不好”或“差”状态。——Harris Interactive

（1）中国与巴西的差异。

信托业务在中国与巴西的增长情况：

表 1　　中国与巴西信托业各增长情况

	2008 年	2009 年
巴西	61%	69%
中国	54%	71%

这表明了什么？商誉在中国特别重要。

- 调查表示 98% 中国公司商品销售受到商誉影响
- 关系和文化氛围，消费者的爱国精神正在提升
- 国内品牌正在赢得全球认可
- 全球竞争者不能单纯依靠品牌和商誉就能占据中国市场

（2）《财富》杂志统计最受钦佩的公司的因素。

表 2　　《财富》杂志统计最受钦佩的公司的因素

2008 年	2009 年
创新	战略稳定性
领导力	全球人才
金融实力	领导力

（3）影响公司商誉的因素。

表 3　　影响公司商誉的因素

建筑/房地产	医疗保健
道德	服务经验
信任	员工
绩效	服务质量
合作	结果
服务/客户体验	设施/技术

（4）后萧条时代兴起的公司商誉的影响因素。

- 质量
- 对待职员的态度
- 透明度

- 经济预期
- 提供就业
- 社会责任
- 创新

（5）启示：客户需要什么。

- 调查显示客户丧失对专家的信任
- 需要自我控制
- 公平
- 更加依靠自己、家庭和朋友
- 怀疑专家和各种信息
- 不再坚信预测

（6）常见做法。

- 沟通：

单边沟通

进程报告

公关关系

义务报告

（7）新兴趋势。

更多的企业管制，强制性报告：

- 标准
- 确保
- 模型/策略
- 全球标准
- 对话
- 沟通
- 多边股东对话
- 工业基准

（8）标准。

- 确认选择
- 输入和输出
- 公司界限定义

（9）关注社会媒体的影响。

社会媒体影响的渗入：

- 欧洲　36%
- 亚洲　11%
- 美国　48%
- 美国　女性52%，45%男性
- 美国　2000万博客，其中200万需付费
- 45万人靠博客为生，人数大于消防员和计算机编程人员

（10）社会媒体影响。

- 社会媒体信息分析
- 对股票价格和市场价值的影响

Date	Stock	Shares	Market Value
10/30/2007	$76.18	170051	$12,954,485
3/31/2008	$44.86	170051	$7,628,488

图1　社会媒体对股票价格和市场价值的影响

负面的媒体报道使公司的市场价值迅速下降。尽管当时的CPI（消费者物价指数）和DJIA（道琼斯工业指数）都在上升，但这足以说明，“坏事”经过媒体报道以后，就会产生巨大的影响。

- 每天博客信息为每股股票价格的贡献是2.77美元，每季度为市场价值的贡献是4.71亿美元。

（11）市场价值的影响。

- 主流媒体信息比博客影响力大
- 主流媒体引导博客
- 博客的出现是主流媒体信息的回放

保护品牌和商誉

- 评估风险和机遇
- 理解环境、文化和经济
- 测试信息和渠道

- 不要紧紧抱住一项技术或程序
- 定期测量影响
- 信任、质量和服务是全球消费者的需求
- 认准不放

市场每天都在评估你的无形资产，不管你是否想让它这么做。

闭幕词

陈　瑜

论坛组委会主席、知识资本国际联盟主席、世界新经济研究院院长

女士们，先生们!

在全体与会代表的共同努力下，由世界新经济研究院和国家知识产权局研究中心联合发起举办的全球首届知识资本高峰论坛顺利完成预定议程，并取得了丰硕成果。在此，我谨代表全球首届知识资本高峰论坛组委会，向所有关心、支持本次论坛的各级领导和各界朋友，向参加论坛的海内外专家、学者、投资家、企业家，向报道盛会的各新闻媒体和记者朋友表示衷心的感谢和崇高的敬意!

在过去的两天时间里，各位专家学者围绕着知识资本这一主题，在各自所在的领域就所关心的话题进行了交流和研讨，碰撞出了许多真知灼见，产生了诸多思想的共鸣。思想碰撞和知识交流有助于增进相互的理解和共识，更有助于实现文明的和谐发展与共同繁荣。如果没有世界知识分子和各行各业企业家的参与，没有相关领导部门的支持，此次论坛是无法取得今天这样的成就的。我建议大家向在座的各位满怀热情、理想和知性的专家学者们，富于实践创新和探索精神的企业家们，以及心怀民生的各级政府领导人，致以最热烈的掌声。

进入 21 世纪，随着知识与知识资本日益成为世界经济发展的核心动力，世界各国对知识资本的研究也提上日程。全球首届知识资本高峰论坛正是一个知识资本研究与应用的交流平台。高峰论坛作为世界范围内第一个围绕知识资本这一主题展开研究的论坛，此次会议规模宏大，与会知名学者众多，

论题广泛，发言精彩。各位学者在本次论坛上的学术贡献必将在国际学术界引起积极的回应，加深国际社会对知识资本的认识，从而为知识经济社会的和谐发展与共同繁荣做出重要的贡献！

两天的会议虽然短暂，但是我们探索的知识资本王国的话题是无穷无尽的，我们深信，只要我们坚持不懈、孜孜不倦，就一定会获得成功。

为了知识资本的进一步深化研究与应用，为了新时代世界经济的蓬勃发展，希望大家联起手来，继续一起为了全世界的和谐与繁荣而努力奋斗。在此我宣布2009年全球首届知识资本高峰论坛圆满闭幕，祝各位领导、各位嘉宾、各位朋友返程一路平安。谢谢大家！

知识资本国际联盟北京宣言

2009年8月8日于北京

20世纪80年代以来，世界经济发生了巨大的变化：一种全新的经济形态——知识经济正疾步向我们走来。它以其独特的魅力登上了社会经济发展的历史舞台，成为推动各国经济发展的关键性资源和主导力量，并以不可阻挡的奔放势头向传统的经济发展模式发起挑战，由此激发了世界各大洲经济学家对知识经济以及知识资本量化和管理的研究热情。

2009年8月22日至23日，是一个具有里程碑意义的历史性时刻，全球首届知识资本高峰论坛在中华人民共和国首都北京隆重召开。这里云集了数百名来自各大洲不同国家研究知识经济、知识资本的顶尖级专家和中国知名学者、企业精英、国家政要。从这样的背景和事实中可以得出以下结论：人类从来没有像现在这样更加深切地感受到“知识就是力量”的真正含义；知识的空前传播和知识资本的广泛应用，为新时代经济社会注入了强大的动力和无限的活力；人们越来越清晰地认识到，单一货币资本主宰世界经济发展的时代已经结束，货币资本、知识资本、消费资本共同发挥作用的复合资本时代正在到来！

知识经济、知识资本的研究已经成为全球范围内的世纪性课题，它如巨大的磁铁，吸引着一批有识之士瞩目，凝聚着一批有志于此的经济学专家和学者聚焦。

面对全球性金融危机，更多的学者开始跳出传统经济学的藩篱，用一种崭新的、更加宽广的、更加科学的视野和方法，审视现实、规划未来，积极为自己的国家和全世界尽快化解危机难题寻找新的理论，探索新的方向和路径。

为了这一崇高责任和神圣使命，本届高峰论坛将专家们的交流成果，提出的理念、思想和达成的共识，凝练和提升，形成文字向读者展示。

一、知识资本理论的发现和应用

知识资本的发现是人类历史上一次伟大的发现，知识资本的应用是人类历史上一次伟大的实践。

1969 年，美国人加尔布雷斯第一次提出知识资本概念。他认为，知识资本是一种知识性的活动，是一种动态的资本，而非固定的资本形式。此后，知识资本概念正式以理论形态被世人认可，并迅速燃起了世界各大洲经济学家的研究热情。

1980 年，日本学者弘之伊丹出版了专著《发动无形资产》，对知识资本与企业价值的关系做了系统的开创性的研究。

1986 年，卡尔·艾里克·斯维比出版了第一本探讨员工知识和创造力的著作，对知识资本的本质进行了深入的分析，认为知识资本体现在公司员工的竞争力和公司的内外结构上。斯维比被称为知识管理的奠基人和开拓者，也是第一个认识到需要测量知识资本量的人。他率先为无形资产建立了会计制度，并在自己的公司里进行周密的测试。

20 世纪 90 年代以来，有越来越多的经济学家和管理学家投入对知识资本的研究，不断为知识资本理论和实践的发展做出贡献。其中，美国《财富》杂志的编辑托马斯·斯图尔特等人是特别值得一提的卓越者。托马斯以其敏锐的历史洞见，推动着知识资本研究工作不断向深度和广度发展。1991 年，他在其经典性论文《知识资本：如何成为美国最有价值的资产》中指出，知识资本已经成为美国最重要的资产；1994 年，他又进一步论证了知识资本是企业最有价值的资产。托马斯将长期以来被大家忽视的知识资本及其重要性揭示出来，指出知识资本虽然常常以潜在的方式存在，但都是企业、组织和一个国家最重要的资产。另外，两位权威的知识资本专家埃德文森和沙利文则认为，知识资本是企业真正的市场价值与账面价值之间的差距，这就使知

识资本的概念更加通俗易懂，同时为知识资本量化分析指明了方向。

中国经济学界对知识资本的关注和研究起步于世纪之交，世界新经济研究院院长陈瑜教授的研究成果代表着中国人对这一理论研究的高度。他的主要贡献：一是提出了新的资本理论，指出完整的市场经济应该由货币资本、知识资本和消费资本三种资本构成，而且随着科技进步与发展，几乎每个经济元素包含的知识和科技含量越来越高，知识对社会经济发展的作用越来越大；二是率先开发出了知识资本量化长效激励机制管理系统，将定性与定量的方法相结合，建立了知识资本量化模型，为国家、地区和企业实施对知识资本管理和分配提供了具体可行的方法；三是提出了推动市场经济发展的总体思路和基本运行方式，即继续充实货币资本，高度倚重知识资本，大力开拓消费资本，将单一的货币资本发展经济的传统发展方式转化为“消费资本导引、知识资本助推、货币资本保障”的三种资本融合、联动的新型发展方式。这就科学地揭示了全世界一切市场经济国家经济发展必须遵循的铁律。

二、知识资本理论研究的问题和任务

人类认识的一般顺序是实践先于理论，理论是实践的观念反映。与蓬勃发展的知识经济相比，关于知识资本的研究相对滞后，总体上还处于初级阶段。从这样的基础前行，我们任重道远，未来知识资本的理论研究和应用研究将面临诸多问题和繁重任务。

一要进一步加强有关知识资本的基础性理论研究。要回答这样一些问题：什么是知识资本？知识资本理论的基本问题是什么？知识资本推动经济创新和发展的过程、特征和机制是什么？知识与科技、经济社会的关联怎么样？知识资本理论包含着哪些范畴和基本规律？知识资本理论体系应该如何建构？

回答这些问题，首先要对知识资本概念的内涵做出科学界定。因为知识资本是知识经济的细胞，是全部知识资本理论的逻辑起点。人们对知识资本内涵的认识和科学界定经历了一个从人力资源到人力资本，再到知识资本的不断深化过程。

学界最初的表达是，人力资源是货币资本投入教育后转化而成的由人的个体所承载的知识和技能。人力资源作为资本投入生产和流通领域创造价值，即转化为人力资本。20 世纪 60 年代，西奥多·舒尔茨给人力资本的概念下了定义，即人力资本是指凝结于劳动者身上，通过投资费用转化而来的表现为劳动者技能和技巧的资本。莱斯特·瑟罗则进一步将人力资本定义为个人的生产技术、才能和知识。到了20世纪末，人们看到了人力资本中知识技能的重要性越来越突出，知识资本的概念逐步取代了人力资本。2008年，中国学者陈瑜在他的《消费资本论》一书中，比较全面地揭示了知识资本的含义，指出，知识资本是以知识形态表现的资本，它的外延应是包括在产品和服务的创造过程中所有知识性、技术性的投入。知识资本有广义和狭义之分。广义知识资本是指以人及其知识成果为载体所凝聚的知识总量，包括人力、管理、技术、经验及与之相应的知识与科技成果等要素。狭义知识资本是指以人及其知识成果为载体的知识总量在工作岗位上一定期间内释放出来的现值，它包括员工积累的知识和技能的应用，以及正在创造的知识及其相应的成果等。

无疑，这是我们目前对知识资本科学内涵的认识所达到的高度，也许还应发展和完善。但这些认识不仅为深入研究知识资本以及与之相关的基本概念和基本原理奠定了基础，而且为进一步构建科学的知识资本理论体系提供了前提。

二要进一步深化对知识资本量化方法的研究。相对于前者，这种研究更侧重于应用。知识资本量化研究，将有助于准确地量化国家、地区和企业经济发展过程中运行着的知识资本在全部资本中所占有的比例，为国家、地区和企业经济发展从资本构成方面提供可靠的标准和精准的量化说明。这对于优化资本结构，提速经济发展，更充分地发挥知识资本在创造财富中的作用具有十分重要的作用。

因此，不少国家政府早就组织专家学者们着手于这方面的研究了，并相继提出了20多种知识资本量化方法。这些方法基本上是沿着宏观和微观两种思路展开的，主要存在两方面缺欠和不足：①因为量化方法不是以知识资本单体量化为研究起点，所以计算结果多与企业实有知识资本总量不相符合，甚至相距很大；②在量化方法上遵循的不是统一的尺度和标准，所以计算结果在不同国家、地区和企业之间难有可比性。但是，这些探索是有益的，每种方法都有可取之处，对进一步寻找并建立统一的量化标准和方法具有一定的启迪和借鉴意义。正如密勒所说："曾经是正确的东西，虽然可能很渺小，但却好比种子，定会在另一些正确的东西中延续其生命。"

实际上，近年来在不断探索中，我们已经初步找到了知识资本量化的方

法和路径，并成功地开发出了很有实用价值的软件：以个人知识资本量化研究为出发点，将知识资本量化研究的目标分为个人、组织（机构、企业等）、地区和国家四个层次；进而设定知识的指标体系，采用分层分析方法构建数学模型，最终求出每个单位的知识资本的含量。由于个人是知识资本的载体，只要求出单个人的知识资本含量，就可以比较准确地计算出组织、地区和国家的知识资本总量，就能够科学地建立起知识资本量化的方法和模型。

三要进一步加强对现代知识产权制度的研究。这种研究从一定意义上与知识资本量化研究是互为因果，相互促进。为了尊重知识，发挥知识在经济发展中的作用，人们制定了现代知识产权制度，将知识的成果以货币资本的形式进行量化之后在市场上流通。但严格来说，在这阶段，知识还未能成为真正的资本。由于知识产权是知识资本的成果，而不是知识资本本身，所以知识资本的许多成果无法完全用知识产权的方式表现，它所能表现的只不过是一部分，即可以购买和流通的那一部分。可见，在现代知识产权制度下，知识资本的职责在很大程度上是由货币资本代行和承担的，所以它的活力很难充分释放出来。这就要求我们必须在科学解决知识资本量化基础上，改革和完善现代知识产权体制，使之由知识产权体制转化为知识资本体制。只有这样，才能充分发挥知识资本的作用，也才能推动经济社会更迅速、更科学的发展。

四要进一步加强对经济伦理的研究。研究知识资本理论、建构知识资本理论体系必须与经济伦理联系起来。知识资本与货币资本、消费资本共同推动经济社会发展，创造财富，而伦理必须确保发展和创造是正当进行的。

经济伦理包括三个层次：经济制度、企业和个人决策。我们应该关注的不仅仅是企业和个人，还应该关注发挥包括知识资本在内的各种资本在发展经济、创造财富时，对经济制度、国家利益和人类的福祉带来什么样的影响。

一方面，知识资本价值如何实现，是由知识资本的拥有者和使用者的价值观决定的。运用知识资本发展经济和创造财富，动机可以是追求私利，也可以是为了国家和民族的繁荣富强。另一方面，理想信念、个人发展的乐趣以及服务于社会和他人的乐趣，也是至关重要的。我们的理论和研究更重要的是要考虑到动机和最终结果这两者之间的统一。如果研究知识资本推动经济发展时，脱离经济的充分基础，一味简单、片面地空谈知识作用和技术意义，那就永远接近不了真理。从这个意义上说，我们应该把经济伦理放在知识资本及其知识经济的核心地位上，应该让经济伦理贯穿在知识资本推动经济社会发展过程的始终，要把可持续发展、生态文明建设、社会效益、公平分配作为不可或缺的理念，纳入我们的研究视野。我们的使命之一，就是帮助社会一切生产经营单位树立科学发展观念，引导其在经营战略和经济活动中，始终做到既考虑利润增值的需要，又考虑保护环境，着眼于长远发展和促进社会福祉目的的实现。

五要集中力量从知识资本角度加强对当前金融危机的成因进行研究。知识资本与金融资本具有很强的耦合关系。第一次工业革命以来的历史表明，随着知识、技术发展和新产业出现，利润和预期市场的扩大，货币资本会大量投入新产业和新基础设施中，逐取高额利润。但是，这种投入达到一定程度时，利润下降，人们的预期破灭，从而导致金融危机和经济危机。这是一条不可抗拒的规律。2008 年席卷全球的金融危机就是由知识资本积累和转化、信息技术变革和发展而引起的。我们记得，20 世纪 70 年代开始，金融资本快速进入对信息技术和网络技术的投资，进入产业发展新范式的构建阶段。到了 20 世纪 80 年代末期，投资大量扩张，纳斯达克指数一路上涨。但是，高投入并没有带来预想的高回报，人们的预期受到一定程度的影响，金融资本开始寻找新的机会。它们把触角伸向了东南亚，从而引发了亚洲金融危机。

按理来说，当时美国经济就应该出现萧条，但危机为什么直到 2008 年才全面爆发？有两个原因：一方面，在知识爆炸时代，信息技术革命的脚步不会因网络泡沫的破灭而停止，尤其是无线通信技术的革命，带来了网络基站等新的基础设施建设，手机等电子产品如雨后春笋般涌现出来，知识资本、技术进步不断推动各种终端产品向小型化、功能化、实用化方向发展，创造了新的产品和市场。另一方面，为了避免经济衰退，美联储连续降息，增加了市场的流动性，贷款增多，投资过热，诱导不当消费，刺激房地产市场。为了弥补网络泡沫破灭带来损失，大量资金流入了房地产市场，但是这个泡沫很快也破灭了。于是，次贷危机引发了金融危机，扩散至全球，演化为一场金融风暴，对实体经济产生了巨大的负面影响。

找到了原因，就明晰了化解危机和摆脱困境的办法。我们认为，2008 年的金融危机属于技术变革周期中的波动，是由于美国信息技术带来的金融资本和产业资本分离，过度虚拟化的结果。因此，只有通过根本性的调整，使金融资本和产业资本再次结合才能化解危机。我们相信，在货币资本和知识

资本、消费资本三者结合和共同推动下，全球经济一定会走出危机低谷，实现新的复苏。

三、知识资本理论研究与实践的重大意义

近两个世纪以来，人类社会所创造的物质财富比之前所有时代财富的总和还要多，人类的生活水平与科学技术得到了空前的进步。但是，高投入、高消耗的传统经济发展模式，在世界各国人民创造物质财富的同时，也给我们赖以生存的自然环境留下了难以愈合的伤痕。资源枯竭、环境污染、动植物生存环境日益恶化，这种种问题都成为悬在世界各国人民头上的达摩克利斯之剑，迫使人们加快步伐，寻找全新的、可持续发展的经济增长模式。

在这样的历史大潮下，知识经济携着一阵春风，出现在我们的面前。知识资本理论研究与实践也随之如雨后春笋般在世界各国展开。

知识资本理论作为一种新兴的经济理论，以高科技为主要特征，以知识为基础，是能够给企业带来利润的无形资产。人类社会的生产力开始进入这样的一个阶段，知识正在取代土地、物质资本等传统的资本日益在生产中起着主导作用。在 21 世纪，只有以知识的投入代替资源的投入，经济才能持续长久地发展。知识资本的出现，使企业的所有制发生了变化，新型的以知识管理和知识分配为主要内容的企业制度开始出现并深刻影响未来社会的所有制结构。知识资本理论的兴起，丰富了生产资料的内涵，为认识所有制提供了新的视角，为全世界经济可持续发展提供了一条康庄大道。

未来的时代是知识经济时代，更是一个知识资本起主导作用的“自由王国”。研究知识资本理论，发展知识经济，为我们的子孙后代创造一个良好的物质与精神生活环境是我们共同的使命，让我们在不同的国度共同踏上通往知识资本自由王国的征程。各国专家们已经取得的研究成就，标志着我们已经叩开了“自由王国”的大门。当然，这是一个充满神奇的世界，还有数不清的必然的东西，等待着我们去触摸和认识。

经济全球化使我们成为“地球村”的邻居，也让我们告别了以往孤立的、单兵作战式的研究方法。为了更好地凝聚和优化稀有资源，早在 2008 年 12 月第四届中国—东盟企业家交流研讨会上，世界新经济研究院院长陈瑜教授就正式发出了“成立一个由各国专家组成的关于知识资本量化研究的学术委员会，建立一个世界性的知识资本研究中心，搭建一个有利于彼此交流的平

台”的倡议，得到了与会者的一致赞同。于是，就有了2009年3月在香港成立的“知识资本国际联盟”，就有了在北京举办的“全球首届知识资本高峰论坛”。

近距离的接触让我们彼此有了深切的了解，深切地了解、锻造了“知识资本国际联盟”面向世界和未来的共同的理念和追求。

今天，我们比以往任何时候都更加懂得，面向世界，就意味着让我们更自觉地投入世界，与世界共忧，思人类所共思之题，创人类尚未创立之业，解人类仍未解之谜，让知识资本理论的参天巨树挺拔于世界知识之林；面向未来，不仅意味着时间的无限性，也意味着勃发的想象力和上下求索、众志成城的豪迈精神。未来不停地呼唤，“自由王国”的大门永远敞开着，迎纳所有涉过暗夜的来者。在未来的行进中，“必然”将一个个被征服，成为一个个“自由”。未来的天地如梦，我们的任务就是变梦想为现实。

朋友们，清晓的光已照亮崎岖的山路，走，便是当前的任务。让我们负重前行，毫不踌躇，肩并着肩，手拉着手，共同开辟知识资本理论的新境界，一道开创知识资本应用的新纪元，携手谱写知识经济时代的新篇章！

参考文献

[1] 马克思．资本论（第 1 卷）[M]．北京：人民出版社，2004.

[2] 斯密．国富论 [M]．唐日松，等译．北京：华夏出版社，2007.

[3] 杨建飞．西方经济思想史 [M]．武汉：武汉大学出版社，2010.

[4] 陈瑜．消费资本论 [M]．北京：中国商业出版社，2018.

[5] 李洁明，祁新娥．统计学原理 [M]．7 版．上海：复旦大学出版社，2017.

[6] 茆诗松，吕晓玲．数理统计学 [M]．2 版．北京：中国人民大学出版社，2016.

[7] 蒋泽军．模糊数学理论与方法 [M]．北京：电子工业出版社，2015.

[8] 哈努谢克，沃斯曼因．国家的知识资本：教育与经济增长 [M]．银温泉，译．北京：中信出版集团，2017.

[9] 沙利文．价值驱动的智力资本 [M]．赵亮，译．北京：华夏出版社，2002.

[10] KAPLAN R S，NORTON D P. The balanced scorecard—measures that drive performance [J]．Harvard Business Review，1992.

[11] KAPLAN R S，NORTON D P. Using the balanced scorecard as a strategic management system [J]．Harvard Business Review，1996.

[12] STEWART T A. Intellectual capital：the new wealth of organizations [M]．New York：Doubleday，1997.